XUNZHENG JIAOZHENG
KEYAN XIANGMU XILIE CONGSHU

循证矫正科研项目系列丛书

总主编：姜金兵

未成年犯不良交往矫正项目研发报告与指导手册

管荣赋 /主编

本项目科研开发及撰写人员：

徐肖东　韩晓勇　李凤奎　潘雄伟　陈小杭

学术统筹：杨建伟

中国法制出版社
CHINA LEGAL PUBLISHING HOUSE

前　言

项目矫正模式是21世纪前后国际矫正领域最大的变革之一，其主要根据罪犯的矫正需要，研发相应的矫正项目作为实施载体，追求矫正的有效性。矫正项目是建立在犯罪原因的基石之上，针对犯因性问题而确立和构建的。大量研究表明，不良交往是罪犯实施犯罪的主要犯因。不良交往是指个体与具有负面影响的他人或群体所进行的妨碍其正常健康生活的交往活动。其主要特征表现为交往对象的不良、交往活动的不良和交往环境的不良。

关于不良交往的研究，在20世纪80年代早期开始的青少年犯罪原因论研究中就已出现。但当时只是将其作为社会原因的一个方面，没有进行深入具体的研究。从20世纪90年代开始，犯罪学、心理学、社会学等关于犯罪与不良交往的专门论述逐渐增多，同时开始注意使用实证研究方法。其相关理论模型也经过翻译介绍而被人广泛接受，其主要相关理论有：一是班杜拉的社会学习理论。强调人的主体因素特别是认知因素在学习过程中的重要作用，认为主体（人）、行为及环境三者之间构成动态的交叉互动关系，重视人的自我系统和自我效能感，指出人的更普遍、更有效的学习方式是观察学习。二是萨瑟兰的差异交往理论。认为一个人的行为主要是由他的社会交往所决定的，一个人犯罪行为的形成，主要是由于同有犯罪行为的人交往的结果。根据差异交往理论，罪犯的犯罪行为如其他行为一样，是从其他人那里学来的。这种学习的过程完成于关系密切的群体中，再加上群体具有的环境影响力，当一个人学习犯罪行为时，也学到了犯罪的技能，同时还学到了犯罪的动机、理由和态度。三是犯罪动力定型理论。认为一个人走上犯罪道路的过程，其形成发展轨迹大多经历四个阶段，即不良习气及恶劣心理品质阶段—不良行为阶段（负文化观念的逐步形成）—犯罪习惯的“动力定型”阶段（流氓哲学、强盗逻辑的产生）—集群（团伙）阶段。

人际交往是人的社会化进程中十分重要的一环。不良交往既是一个人犯罪的“中介变数”，又是预防与矫正犯罪的重要障碍。罪犯如果不能摆脱其原有的不良人际关系，在回归社会后便极易重蹈覆辙、重新犯罪。建构罪犯不良交往矫正项目既有研究的紧迫性，也有现实的需求性，更有实施的可行性。

据调查，在押罪犯70%以上属共同犯罪，50%以上同伙关系早已形成；近60%的人犯罪与朋友有关；60%以上罪犯结交过有违法犯罪行为的人；罪犯的交友倾向是最青睐“讲义气”“有相同兴趣”的人。可见，不良交往既是当前犯罪现状形成的重要因素，也是导致违法犯罪的主要犯因。因此，研究罪犯不良交往问题是改善或消除罪犯不良交往问题、预防其重新犯罪的迫切需要。

社会学的观点认为，人的社会化包含社会角色的习得、社会交往的发展、社会（生产与生活）功能的提升三个方面。三者共同构成人的社会化，缺一不可。其中任何一个因子出现问题，都可能导致人的社会化未完成。不良交往是人的社会交往偏离正常发展轨道的一种结果，也是其社会化未完成的一种表现。人的社会交往的发展既包含对正常人际交往关系的维护，也包含对不良人际交往关系的阻断，还包含社会交往能力的提升。基于不良交往与犯罪之间的关系，对于存在不良交往犯因的罪犯来说，要帮助其再社会化或重新社会化，必须通过矫正改变其社会交往状况。因此，研发罪犯不良交往矫正项目，对帮助罪犯阻断不良交往、实现其矫正目标具有现实的需求性。

根据国外社会交往技能类矫正项目的相关经验，社会交往技能类项目均主要着眼于认知与行为的改变。如美国的 EQUIP（一种伙伴交往项目的名称）项目的目的是帮助推动与教导年轻人与其他反社会人士互相帮助以提高思维与行为能力。而“社会交往训练”项目认为，有能力的社会行为包括社会交往观念、社会认知、社会成就。社会交往训练就是帮助服刑人员提高社会能力，以使他们在社会上生存发展。迈瑞豪（Marahall）、特纳（Turner）、巴瑞利（Bararee）的研究所采取的的矫正方法是讨论，通过促进服刑人员与他人的沟通来改变其社会态度、影响其社会行为。万连（Vallian）与安托诺万克（Antonowicz）的矫正方法是角色互换与讨论，评估方法是自我报告与训练观察。琼斯（Jones）与米高（McColl）1991 年进行了相关研究，其矫正方法是角色互换、反馈与自我评估。此外，其他社会交往训练类项目所采用的矫正与评估方法，均是着眼于矫正对象的认知与行为改变，并取得了一定的矫正效果。可见，以认知与行为矫正为方向的社会交往技能类矫正项目应当是有效的。因此，本项目将着眼点放在具有不良交往的罪犯的认知与行为的矫正上，通过认知矫正改善其对社会交往、对个体社会化过程中各种问题困扰的认知，通过行为矫正养成其自觉回避不良交往群体、自觉取代不良交往活动的习惯来达到矫正目的。遵循“从认知到行为，再从行为返回认知”的基本思路，综合运用认知与行为矫正的方法实施罪犯不良交往矫正项目，具有推进的可行性。

未成年犯不良交往矫正项目，是以提高未成年犯不良交往阻断技能，消除或改善未成年犯不良交往结构状况为特定目标的矫正活动和任务。该项目有班杜拉的社会学习理论、萨瑟兰的差异交往理论、犯罪动力定型理论等作为理论依据，有认知疗法、行为疗法等作为技术支撑，围绕认知与行为，重点引导矫正对象学习识别与阻断不良交往的方法，并通过一系列的训练活动培养矫正对象自觉阻断不良交往的自觉能动性。该项目既属于认知类矫正项目，着眼于罪犯对社会交往等问题的错误认知的矫正；又属于行为训练类项目，着眼于罪犯回归社会后的社会交往关系的干预、行为能力的训练。我们将其开发设计成由四个模块支撑的认知学习与行为训练两大体系。其中认知学习体系就是一个相对独立的模块，重点解决矫正对象对不良交往的相关认识和相关基础知识的掌握；行为训练体系则分为回避、取代和控制三个模块，分别着眼于对不良交往对象的回避训练、不良交往活动的取代训练和不良交往环境的控制训练，提升对不良交往的阻断技能。

构成未成年犯不良交往矫正项目的认知学习与行为训练两大体系，是一个层次递进，密切关联的整体，它们对改善或消除罪犯不良交往结构有着不同的地位和作用。单独构成认知学习体系的认知模块是实现项目矫正目标的前提或基础，没有对不良交往认知程度的改善，行为训练就缺乏进行下去的基础，更不会形成对不良交往的自觉自助阻断。构成行为训练体系的回避、取代和控制三个模块是实现本项目矫正目标的方式或路径。回避模块，是项目训练体系的核心模块，对不良群体的回避能力是衡量项目实验是否取得成效的核心指标，其他模块的实施成效也要通过矫正对象回避能力的提升体现出来；取代模块，是项目训练体系的关键模块，是让矫正对象学会用健康有益的生活方式取代不良交往，是一种用恢复性措施防止回避能力反复的有效途径。控制模块，是项目训练体系不可或缺的重要模块，控制分为自我控制和外力控制，外力控制则是在自我控制不足的情况下，帮助提升自我控制能力的方法，在矫正对象掌握回避技能的情况下，自我控制能力是矫正对象在面对不良群体时实现有效回避的根本保证。

未成年犯不良交往矫正项目主要适用于再犯风险高、不良交往是导致其犯罪直接原因的未成年犯。为了便于项目实施，我们编写了《未成年犯不良交往矫正项目研发报告与指导手册》一书，本书作为指导矫正工作者实施“罪犯不良交往矫正项目”的工作用书，其目标是：帮助未成年犯学习与训练不良交往阻断技能，提升其处置与阻断不良交往的能力，消除其不良交往的犯因，改善其社会交往状况，满足其社会化需求，促成其在监禁状态下和未来回归社会后的再社会化，从而降低再犯风险。

本书作为未成年犯不良交往矫正项目实施工具的核心要件，需要说明的是，项目研发所采用的实验样本主要是青少年罪犯，书中设计的矫正活动内容也倾向于适应青少年的认知水平和心理特征，对成年犯是否适用，虽然没有经过进一步验证，但是对于矫正不良交往问题，无论是哪一种类型的罪犯，由于所依据的理论、干预的原则、矫正的内容是相同的，这决定了适用不同类型罪犯的不良交往矫正项目，都是密切相通的。因此，使用本书对成年犯矫正进行指导时，可以保持框架体系不变，对具体的矫正活动方案进行适度的调整和充实。

本书的编写过程，是我们学习研究、实践探索的过程，一定存在许多不足之处，衷心希望广大矫正工作者在实践过程中，敬请提出宝贵意见，帮助进行项目完善，以便最终形成能够适用各类罪犯的改善或消除不良交往问题的项目矫正工具。

目　录

未成年犯不良交往矫正项目研发报告

未成年犯不良交往矫正项目指导手册

未成年犯不良交往矫正项目研发报告

第一章
背景分析

项目矫正模式是21世纪前后国际矫正领域最大的变革之一，其主要根据罪犯的矫正需要，研发相应的矫正项目作为实施载体，追求矫正的有效性。矫正项目是建立在犯罪原因的基石之上，针对犯因性问题而确立和构建的。大量研究表明，不良交往是未成年人实施犯罪的主要犯因。建构未成年犯不良交往矫正项目既有研究的紧迫性，也有现实的需求性，更有实施的可行性。

一、从未成年犯的犯罪现状与犯罪原因看，解决未成年犯不良交往矫正问题具有研究的紧迫性

我国自20世纪70年代末改革开放到90年代初，青少年犯罪的数量恶性增长，一度占到全国刑事犯罪总数的70%～80%；此后，青少年犯罪的数量有所下降，但却出现了低龄化、暴力化、团伙化等堪忧的质的变化。青少年犯罪问题是我们无法回避的社会难题，也是公众高度关注的社会问题。马克思说过："一个人的发展，取决于和他直接或间接交往的其他一切人的发展。"社会学认为，人的相互交往在未成年人的社会化过程中起着十分重要的作用。不良交往往往是未成年人走上违法犯罪道路的起点。不良交往与未成年人犯罪息息相关，它是促使未成年人违法犯罪动机形成的催化

剂，也是导致其违法犯罪的一个直接因素。

2015 年 6 月，我们对在江苏省未成年犯管教所的 352 个违法犯罪青少年的违法犯罪社会原因进行了调查。调查结果表明，差不多所有和违法犯罪相关的因素，都和不良交往有密切联系，而且都是通过不良交往的影响起作用的。对大多数违法犯罪的未成年人来说，开始他们并没有明显的犯罪动机，而是在社会交往中受坏朋友的影响、怂恿、引诱而产生了不良需求，当个体认识到这种需求时，心理上会呈现一种紧张状态，由于不良交往会产生情绪感染，消除紧张心理，增强安全感，减轻罪责感，从而导致违法犯罪动机的形成，动机的形成会促使违法犯罪行为的实施。不良朋友之间的影响、感染、怂恿，不仅可以形成犯罪的直接原因，而且还往往对犯罪动机起强化作用。

2001 年以来，在中央综治委预防青少年违法犯罪工作领导小组办公室的指导下，中国青少年研究中心成立“预防青少年违法犯罪课题组”，分别于 2002 年①、2009 年②、2013 年③三次对全国各省、区、市未成年犯管教所在押未成年犯进行实地考察、问卷调查和个案访谈。调查发现：未成年犯 80% 以上属共同犯罪，50% 以上同伙关系早已形成；近 80% 未成年人犯罪与朋友有关，有 50% 以上是因为“朋友义气”或“受坏人教唆”；60% 以上未成年犯结交过有违法犯罪行为的人；未成年犯的交友倾向是最青睐“讲义气”“有相同兴趣”的人。

---

① 关颖、鞠青主编：《全国未成年犯抽样调查分析报告》，群众出版社 2005 年版。

② 操学诚、刘桂明、路琦、牛凯：《我国未成年犯抽样调查分析报告》，载《青少年犯罪问题》2010 年第 4 期。

③ 路琦、董泽史、姚东、胡发清：《2013 年我国未成年犯抽样调查分析报告》，载《青少年犯罪问题》2014 年第 3、4 期。

由此可见，不良交往既是当前未成年人犯罪现状形成的重要因素，也是导致未成年人违法犯罪的主要犯因。因此，研究未成年犯不良交往问题是改善或消除未成年犯不良交往问题、预防其重新犯罪的迫切需要。

二、从不良交往的发展后果与矫正目标看，研发未成年犯不良交往矫正项目具有现实的需求性

据调查，未成年人不良交往的发展后果主要表现为如下几个方面：

一是不良交往是未成年人犯罪的“中介变数”。未成年人犯罪的原因是多种因素的，家庭、学校、社会文化生活等多方面都会成为未成年人违法犯罪的诱因。但是，在这些众多的相关因素中，并不是所有的因素都与未成年人违法犯罪直接相关联。相反，许多的相关因素是通过一个“中介变数”而与未成年人违法犯罪相联系的。而不良交往就是这个中介变数。例如，在家庭因素中，父母双亡、父母离婚、管教不当等都可能成为未成年人走向犯罪道路的客观因素，但是，这些因素往往都是通过结交不良朋友这一点起作用的。

二是不良交往对未成年人犯罪动机的形成起催化作用。不良交往是导致未成年人违法犯罪的直接动因。对大多数未成年犯来说，他们开始并没有明显犯罪动机，而是在社会交往中受人影响、怂恿、引诱、激将而产生犯罪动机和参加犯罪活动。调查发现，352名未成年犯中有270名第一次犯罪是由于朋友的拉拢，占76.7%。他们有些是受朋友引诱偶然犯罪，有些则受到不良朋友的长期影响与不良熏染。再犯、惯犯同不良交往有紧密关系，他们结交不良朋

友的数量同犯罪次数成正比。而男未成年犯结交异性不良朋友，为满足女朋友的要求、欲望，讨女性喜欢，往往更会不惜一切。此外，不良交往活动还能增强未成年人“法不责众”的侥幸心理，对其犯罪动机的形成起到催化与强化作用。

三是不良交往扩大了未成年人违法犯罪的社会危害性。在未成年人群体中，如果有一个失足者，若不及时进行教育和挽救，很容易成为害群之马。因为，他的行为和言语对是非辨别能力不强的未成年人有极大的诱惑力和腐蚀性。这种危害性的扩大有两个方面的表现：一是导致违法犯罪未成年人的人数增加；二是表现为作案情节、作案手段和后果变得更加复杂、严重。因为不良交往是“交叉感染”，犯罪团伙会促使一些人从单一性作案到多元性作案，导致许多恶性案件的发生。

四是不良交往加重了预防和矫治未成年人犯罪的困难。对未成年人违法犯罪现象，学校、家庭、社会采取了许多良好的防治措施。但是，这些措施常常受到不良交往的干扰。比如许多未成人由于受到良好的教育，曾经是家里的好孩子、学校中的三好学生，但由于不良交往，经不起坏朋友的引诱，走上了违法犯罪道路；而一些犯过罪错的未成年人，经过帮助教育，有悔改表现，想重新做人，但由于摆脱不了坏朋友的引诱、威胁，在回归社会一段时间后又重蹈覆辙、重新犯罪，甚至成为惯犯。可见，不良交往是预防与矫正未成年人违法犯罪的重要障碍。

社会学的观点认为，人的社会化包含社会角色的习得、社会交往的发展、社会（生产与生活）功能的提升三个方面。三者共同构成人的社会化，缺一不可。其中任何一个因子出现问题，都可能导致人的社会化未完成。不良交往是人的社会交往偏离正常发展轨道的一种结果，也是其社会化未完成的一种表现。人的社会交往的发展既包含对正常人际交往关系的维护，也包含对不良人际交往关系的阻断，还包含社会交往能力的提升。基于不良交往与未成年人犯罪之间的关系，对于存在不良交往犯因的未成年犯来说，要帮助其再社会化或重新社会化，必须通过矫正改变其社会交往状况。因此，研发未成年犯不良交往矫正项目，对帮助未成年犯阻断不良交往、实现其矫正目标具有现实的需求性。

三、从矫正实践的理论依据与成功经验看，实施未成年犯不良交往矫正项目具有推进的可行性

未成年犯不良交往矫正项目有班杜拉的社会学习理论、萨瑟兰的差异交往理论、犯罪动力定型理论等作为理论依据，有 RNR 原则、认知疗法、行为疗法和人本主义疗法等作为技术支撑，围绕认知与行为，重点引导矫正对象学习识别与阻断不良交往的方法，并通过一系列的训练活动培养矫正对象自觉阻断不良交往的自觉能动性。本项目既属于认知类矫正项目，着眼于未成年犯对社会交往等问题的错误认知的矫正；又属于行为训练类项目，着眼于未成年人回归社会后的社会交往关系的干预、行为能力的训练。一方面，认知矫正是基础，没有认知改善的行为训练缺乏基础与动力；另一方面行为训练是依靠，行为训练是对认知改善的巩固与提升。同时，行为训练还需要以认知改善为依归，形成未成年犯对不良交往自觉自助阻断。所以，本项目为兼具认知矫正与行为矫正的学习训练项目。

根据国外社会交往技能类矫正项目的相关经验，社会交往技能类项目均主要着眼于认知与行为的改变。如美国的 EQUIP（一种伙伴交往项目的名称）项目的目的是帮助推动与教导年轻人与其他反社会人士互相帮助以提高思维与行为能力。其中的主要内容包括相

互帮助与 EQUIP 会议，围绕团伙文化与认知扭曲问题两个系列标准讨论。而“社会交往训练”项目认为，有能力的社会行为包括社会交往观念、社会认知、社会成就。社会交往训练就是帮助服刑人员提高社会能力，以使他们在社会上生存发展。迈瑞豪（Marahall）、特纳（Turner）、巴瑞利（Bararee）的研究所采取的的矫正方法是讨论，通过促进服刑人员与他人的沟通来改变其社会态度、影响其社会行为。万连（Vallian）与安托诺万克（Antonowicz）的矫正方法是角色互换与讨论，评估方法是自我报告与训练观察。琼斯（Jones）与米高（McColl）1991 年进行了相关的研究，其矫正方法是角色互换、反馈与自我评估。格拉夫（Graves）、欧鹏贺（Opendhaw）与亚当斯（Adams）1992 年的研究的矫正对象是 18 名性罪犯，年龄在 12 ~ 19 岁之间。矫正方法是模仿优秀者待人接物的方式、互相评论、鼓励。目标是抗拒同伙的压力，发出与得到反馈，解决问题，评判与谈话技术。此外，其他社会交往训练类项目所采用的矫正与评估方法，均是着眼于矫正对象的认知与行为改变，并取得了一定的矫正效果，矫正组成员的社会交往认知能力与行为技能比控制组成员的要高。

可见，以认知与行为矫正为方向的社会交往技能类矫正项目应当是有效的。因此，本项目将着眼点放在具有不良交往的未成年犯的认知与行为的矫正上，通过认知矫正改善其对社会交往、对个体社会化过程中各种问题困扰的认知，通过行为矫正养成其自觉回避不良交往群体、自觉取代不良交往活动的习惯来达到矫正目的。遵循“从认知到行为，再从行为返回认知”的基本思路，综合运用认知与行为矫正的方法实施未成年犯不良交往矫正项目，具有推进的可行性。另外，当前监所现有可用的资源，包括人、财、物、制度、环境等，也能够保障项目矫正的实施。

第二章
开发设计

循证矫正项目，有广义与狭义之分，从广义上讲，任何旨在实现循证矫正目标的措施做法、方法手段和处遇方式都可笼统称之为循证矫正项目；而狭义上的循证矫正项目，专指那些针对罪犯的犯因性问题，着眼于回归后的社会适应和生存，按照一定的科学原理和规范程序，根据罪犯自身特点，为其量身定做的矫正项目，我们要开发设计的正是这样的矫正项目，具体来说，就是专门用来实现罪犯某个具体矫正目标的系统化、程序化、规范化、可操作性的干预措施或课程[①]。对任何一个循证矫正项目的开发设计，都要有明确的目标定位，都要建立在充分理论依据的基础上，根据项目矫正的基本原理，设计项目架构。

未成年犯不良交往矫正项目，是以提高未成年犯不良交往阻断技能，消除或改善未成年犯不良交往结构状况为特定目标的矫正活动和任务。其开发设计，必须在目标定位的基础上，依据人际交往的相关理论，以及改善不良交往结构的相关原理，建构项目框架和内容。

---

① 周勇：《教育：矫正项目改造的一种新思路》，载《中国司法》2010年第10期。

一、目标定位

开发设计“未成年犯不良交往矫正项目”的总体目标是：帮助未成年犯学习与训练不良交往阻断技能，提升其处置与阻断不良交往的能力，消除其不良人际交往的犯因，改善其社会交往状况，满足其社会化需求，促成其在监禁状态下和未来回归社会后的再社会化，从而降低再犯风险。

本项目分为认知、回避、取代和控制四个模块，每个模块对应一个实施阶段，总体上按照四个阶段进行实施。因此，本项目的总体目标可分解为四个阶段目标：

第一阶段矫正目标：通过认知模块的矫正，力求使矫正对象对不良人际交往的认知能力达到应有的程度。

第二阶段矫正目标：通过回避模块的矫正，力求使矫正对象在面对不良群体时，具有回避与其交往的策略和能力。

第三阶段矫正目标：通过取代模块的矫正，力求使矫正对象学会运用健康有益的活动取代不良交往活动。

第四阶段矫正目标：通过控制模块的矫正，力求使矫正对象提高对不良人际交往的自我控制，以及帮助矫正对象获取对自我控制的外部支持。

二、理论依据

（一）不良交往的概念

基于实证依据与实务经验，未成年人的不良交往主要体现为在不良交往对象的影响下，从事具体的不良交往活动，并形成一定的不良交往环境，从而导致未成年人在社会化过程中受到不良影响，出现不良行为、违法、犯罪等不良后果。因此，我们认为，不良交往是指个体与具有负面影响的他人或群体所进行的妨碍其正常健康生活的交往活动。其主要特征表现为：交往对象的不良、交往活动的不良和交往环境的不良。

第一，不良交往对象。调查表明，未成年犯交往伙伴中最多的是讲吃讲穿的，第二位是爱打架闹事的，第三位是常旷工逃学的，第四位是学习和品行不好的，第五位是有偷摸行为的，第六位是常和异性在一起玩的，第七位是被拘留或强制教养过的，一般都属于不良交往对象。此外，未成年犯交往的途径和择友观也存在一定问题，需要矫正。然而，未成年人在社会交往中，因分辨是非能力差，对不良交往对象识别、回避缺乏敏锐性，不能及时察觉，容易陷入险境而不自知。相处时间一长，习惯于“哥们儿”间的不良文化氛围，更不能自拔，从而陷入不良交往的怪圈中。

第二，不良交往活动。未成年犯不良交往的内容往往是互相传递不良信息，交叉感染不健康思想、情感，并在社交性文娱活动中互相模仿学习。他们常在一起吃喝玩乐，玩弄异性，聊“哥们儿”趣事或“哥们儿”义气，交流社会生活经验、谈不正之风等传闻，对未成年人的身心健康成长具有危害性。而一旦未成年人习惯于将时间花费在不良交往活动上，则其正常的兴趣爱好将随之被遏制，进入恶性循环后，未成年人更容易长时间与不良交往群体从事不良交往活动。网络活动是现代青少年社交活动的重要方面，而网络活动因缺乏监督与规范，也易成为构成不良人际交往的温床。

第三，不良交往环境。社会控制理论认为，人的社会化受到家庭、学校、社会环境的综合影响。未成年人不良交往也深受不良家庭环境、不良教育方式、社会消极环境的影响。由于一些家庭存在问题，未成年人在家庭中得不到温暖与支持，容易转而投向身边的同学朋友寻求情感支持。而当未成年人一旦出现不良人际交往苗头时，如果家庭、社会不能及时予以干预，则未成年人更容易渐行渐远，导致不良交往关系的形成。

（二）关于人际交往的相关理论

关于未成年人不良交往的研究，在20世纪80年代早期开始的青少年犯罪原因论研究中就已出现。但当时只是将其作为社会原因的一个方面，没有进行深入具体的研究。从20世纪90年代开始，犯罪学、心理学、社会学等关于未成年人犯罪与不良交往的专门论述逐渐增多，同时开始注意使用实证研究方法。其相关理论模型也经过翻译介绍而被人广泛接受，其主要相关理论有：

1. 班杜拉的社会学习理论。这一理论是20世纪60年代兴起的一种学习理论。它强调，人类的学习，多数是在社会交往中，通过对榜样人物的示范行为的观察、模仿而进行的。这一理论体系的创立者是美国社会心理学家、斯坦福大学教授班杜拉（Albert Bandura，1925～）。他于1977年出版的《社会学习理论》（SocialLearning Theory），是至今关于这一理论的最完整、系统的论著，也可以说是他的代表作。他的理论是认知理论和行为理论交叉、渗透的产物。它强调人的主体因素特别是认知因素在学习过程中的重要作用，认为主体（人）、行为及环境三者之间构成动态的交叉互动关系，重视人的自我系统和自我效能感，指出人的更普遍、更有效的学习方式是观察学习。班杜拉在对行为习得过程的叙述中提出了人类的观察学习模式，并且，班杜拉在论述观察学习过程中反应信息的传递时指出：不同的示范形式具有不同的效果，用言语难以传递图像及实际行动所具有的同等量的信息，而且图像和实际行为的示范形式在引起注意方面也比言语描述更为有力。这些理论与我们所说的“身教胜于言教”的原则具有异曲同工之妙，因而为教育上解释学习行为的自律问题提供了依据。班杜拉在论述创造性示范的影响时指出：接触多种榜样的人更具有创新性，观察学习是创造性行为的主要来源，榜样越是多样化，观察者就越有可能做出创造性的反应。这告诉我们要培养人的创新性，就要为其提供多样化的示范者。人们在社会中常常要面对多个或多种榜样的影响，观察者很难仅仅根据某一个榜样来塑造自己的行为模式。人们常常把不同榜样的各个方面组合成一个与任何一个榜样都不同的新的混合体。

2. 萨瑟兰的差异交往理论。美国“犯罪学之父”萨瑟兰(Sutherlabd)认为：“犯罪是在交往过程中，通过与他人的相互作用习得的。对犯罪行为学习的主要部分发生在亲密的群体中。这种群体的主要成员是犯罪人所熟悉的伙伴、朋友等。犯罪学习的主要内容包括两项内容：一是犯罪的技术；二是犯罪动机、驱动力、合理化和态度等特定方向。”这样，他们经过犯罪的学习，初步具备了实施犯罪的条件，通过违法尝试，加速下滑，沦落为犯罪团伙。萨瑟兰由此提出差异交往理论，他认为一个人的行为主要是由他的社会交往所决定的，一个人犯罪行为的形成，主要是由于同有犯罪行为的人交往的结果。根据差异交往理论，未成年人的犯罪行为如其他行为一样，是从其他人那里学来的。这种学习的过程完成于关系密切的群体中，再加上群体具有的环境影响力，当一个人学习犯罪行为时，也学到了犯罪的技能，同时还学到了犯罪的动机、理由和态度。人的行为包括犯罪是在与他人的相互交往中学会的。不良交往是导致犯罪行为的主要因素之一。青少年在人际交往活动中很容易受到坏人的拉拢、引诱和教唆，实施暴力犯罪。青少年的暴力犯罪行为在很大程度上是通过一定的途径，并经过一定的过程学习而来的，尤其是他们结交青少年犯，包括与青少年犯伙伴来往密切与否、赞成青少年犯伙伴的犯罪行为和价值观念程度以及他们对于自己犯罪行为或守法行为的强化反应。

3. 犯罪动力定型理论。根据犯罪动力定型理论，青少年走上犯罪道路的过程，其形成发展轨迹大多经历一下四个阶段，即不良习气及恶劣心理品质阶段—不良行为阶段（负文化观念的逐步形成）—犯罪习惯的“动力定型”阶段（流氓哲学、强盗逻辑的产生）—集群（团伙）阶段。在初期的观察模仿阶段，不良行为的产生是在不良社会交往中学习的产物。从犯罪初期第一次尝试违法犯罪到第一次被抓处理阶段，动力定型就是指青少年恶习渐深过程，这种动力定型又是不良青年群体不良交往的互动过程。在集群阶段，不良交往为团伙形成提供对象、媒介、机会、条件和途径，而任何团伙的形成与发展则是不良交往的恶果。

三、基本原理

（一）RNR 原则

RNR 原则是对“风险（R）—需求（N）—响应（R）”循证矫正原则的简称。该原则通过风险评估锁定循证矫正对象，在矫正对象积极参与的前提下，对其进行矫正需求分析，确定矫正项目。在此基础上，以个案为主要形式，以矫正项目为主要载体，通过一系列的科学矫正方法的运用，实现具体矫正目标，降低矫正对象重新犯罪可能性，从而维护社会的安全稳定。

RNR 原则具体包括如下几层意思：

一是通过风险评估锁定个别化矫正对象，有利于有限矫正资源的合理分配。

二是通过矫正需求分析确定矫正项目，完成了个别化矫正得以开展的首要任务，从而确立了以消除矫正对象犯因性问题为主线的矫正基础。

三是以个案为主要形式，以矫正项目为主要载体，综合运用科学矫正方法开展矫正，这与国外开展得比较成熟的循证矫正的实践基本是一致的。

四是通过循证矫正项目的实施，矫正机关运用系统化、程序化、规范化、可操作性的干预措施或课程，实现具体的矫正目标，包括：消除或改善犯因、降低重新犯罪可能性、集中矫正资源、维护监狱安全和促进社会稳定。这四个目标是相辅相成的有机统一体，缺失任何一个目标，就会导致其他矫正目标难以实现。

运用 RNR 原则，循证矫正模型可用如下示意图表示：

图 2.1　循证矫正模型示意图

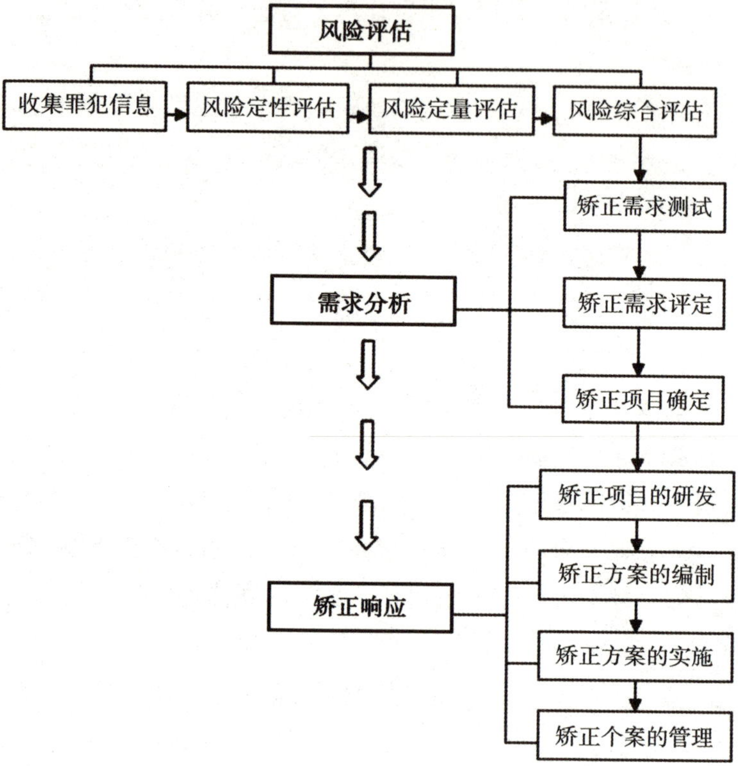

不良交往作为未成年犯实施犯罪的重要犯因，是未成年犯再社会化的重要影响因素。研发“未成年犯不良交往矫正项目”，正是基于对不良交往行为人的风险评估和矫正需求分析，力求帮助其实现阻断不良交往的目标，

（二）认知疗法

认知疗法（Cognitive therapy）于二十世纪六七十年代在美国产生，是根据人的认知过程，影响其情绪和行为的理论假设，通过认

知和行为技术来改变不良认知，从而矫正并适应不良行为的心理治疗方法。认知疗法常采用认知重建、心理应付、问题解决等技术进行心理辅导和治疗，其中认知重建最为关键。认知疗法的主要代表人物贝克（A · T Beck）认为："适应不良的行为与情绪，都源于适应不良的认知。因此，认知疗法的策略，在于重新构建认知结构。"认知疗法的具体技术有：埃利斯的理性情绪疗法、贝克的合理情绪疗法、米切鲍斯的认知行为矫正法、加拿大的 R&R 疗法。作为针对加拿大犯罪人的最先发展和进行测试的方法，R&R 疗法是一种结构化改变犯罪人的行为的认知行为方法。这一方法尤其注重能否指导犯罪人行为的思维技术，并试图用能提高最接近社会行为的选择性认知技术来替代不良的、已有的思维模式。它使用循序渐进的指导和有目的的反复练习，有秩序地进行技术学习，通过不断地进行模仿和强化，鼓励罪犯使用这些技术。R&R 疗法的主要目标包括自我控制、人际问题解决技术等，由一系列的 36 个两个小时的矫正单元构成，以积极的方式建立思考或认知技术，帮助犯罪人经历一系列改变的阶段——从承认问题的存在，到对选择作出决定、付之行动、保持新行为等，经过对监视自我新的情形正确的思考，学习采取行动，维持新的行为，并在新情景中通过学会监控和自我矫正思维来避免重新犯错。

本项目关于交往观念的矫正，就是依照 R&R 疗法，重点引导矫正对象厘清对不良交往的相关认识，使其对不良交往与人的社会化、与犯罪的关系有一个清晰的认识，通过正确看待和分析自身所处在的不良交往问题，改变原有的错误认识。本项目运用到的认知疗法的具体技术有：

一是支持。矫正人员要首先与矫正对象建立良好的矫正关系，在具体情境中给予接受矫正的罪犯积极的、有益的指导，并给予鼓励、表扬和支持，以减轻他们的焦虑，促进矫正积极性的提高。支持要结合具体的不良交往情况，做到有针对性。

二是解释。矫正人员运用相关理论和经验对接受矫正的罪犯的观念、情感和行为的原因、过程和实质进行描述，矫正人员与矫正对象对矫正的问题（不良人际交往）要达成认知解释上意见的统一，对不良表现（不良人际交往状况）给予解释并且估计矫正所能达到的预期结果，让罪犯产生领悟、加深自我改变，促进变化。

三是重构。可采用提问、自我演示或模仿等方法，帮助矫正对象学会发现和识别导致不良人际交往的错误思想观念。然后帮助矫正对象进行归纳，并进行纠正与重构，使矫正对象发展出新的认知和行为来替代原有的不良的认知和行为。

（三）行为疗法

行为疗法（Behavior Therapy）是以减轻或改善患者的症状或不良行为为目标的一类心理治疗技术的总称。行为疗法也叫行为矫正法，它是建立在行为学习理论基础上的一种心理咨询方法，学习理论包括经典反射原理、操作性条件反射原理和社会学习理论。学习理论认为：人的一切心理现象和行为都是环境塑造的结果，异常行为和正常行为一样，是通过学习、训练后天培养而获得的，自然也可以通过学习和训练来改变或消失。新行为主义的社会学习理论认为，人类不仅通过自身行为被强化而习得新的反应，而且还可以通过观察他人（榜样）完成的行为而习得新的行为。本项目运用到的行为矫正的具体技术有：

一是行为训练。矫正人员在罪犯掌握提高能力的基本内容和基本方法的基础上，帮助罪犯制定切实可行的训练计划，在罪犯执行训练计划的过程中，矫正人员要重视鼓励鞭策，加强检查督促，注重帮助引导，实施过程评估，准确掌握罪犯内部能力系统的改善情况，努力确保罪犯的行为训练效果。采用逐步进级的作业，并在完成作业时按情况给予奖励（即强化），以促使增加出现期望获得的良好行为的次数，通过强化（即奖励）而造成某种期望出现的良好行为。强化因子（即奖励方法）包括行为记录表，要求矫正对象把自己每小时所取得的进展正确记录下来，并画成图表。通过行为训练，塑造新的行为习惯，以取代旧的、异常的行为。

二是情境模拟。模拟一定的情境或条件让矫正对象以实际经历进行训练，让矫正对象练习将新的行为模式运用到社会情境中，以取代原有的模式。通过在假设情境中的反复训练和检验，使矫正对象改变以往的行为或建立新的行为模式。要特别注意如何帮助矫正对象把在特定情境中的行为转换到日常生活现实环境中。

三是角色扮演。在矫正过程中，矫正人员和接受矫正的罪犯互相扮演对立或其他相关的角色，以增进彼此以及与他人的理解和沟通的技术。它实际上是用一种场景模拟的方式让罪犯表达内在的情感，使罪犯得到宣泄，学会处理矛盾的方法，并从内心去体会他人的需要与情感，从而能够恰当地表达自己的需要和情感。

四是自我控制。自控法是通过自我暗示、自我激励等自我控制的技术，确定目标、自我监察、自我强化等手段达到消除不良习惯性行为，促使人控制自己行为和情感的方法。本项目的“建立自我控制计划”单元就主要采用了这一技术方法。

（四）人本主义疗法

人本主义疗法（Humanistic Therapy），是通过为求助者创造无条件支持与鼓励的氛围使患者能够深化自我认识、发现自我潜能并且回归本我，矫正对象通过改善“自知”或自我意识来充分发挥积极向上的、自我肯定地、无限地成长和自我实现的潜力，以改变自我的适应不良行为，矫正自身问题。人本主义疗法主要包括：一是患者中心疗法，一般用于有心理冲突或心理疾病；二是交朋友小组的小团体治疗方法，主要用来解决交往障碍和社会生活中的问题。

患者中心疗法。在矫正过程中贯彻非指导性原则，讨论问题的思路由来访者主导，矫正过程中的中心人物是矫正对象。其基本假设是：人的自身内部有理解自己并改造自我概念和指导自己行为的广阔能源；只要提供适宜的环境气氛，这些能源就能开发出来。要求矫正人员努力创造这种适宜的环境气氛，使矫正对象体会到自己的主体地位，并在矫正人员的引导下寻求解决问题的方法。

交朋友小组。交朋友小组的成员由背景或问题相似的人组成，如有相似的不良交往对象、曾相互有过不良交往经历，或对某件事有相似或相反认识等。参加人数在十人左右。交朋友小组一般由矫正人员担任主持人。主持人的作用在于促进组内成员间的建设性关系，建立融洽而无拘束的气氛，使参加小组活动的人逐渐消除防范心理，达到能相互吐露真情，建立较深的感情关系。通过交朋友小组的活动，一方面可消除心理障碍，增进心理健康，引导矫正对象建立正确的认知，掌握科学的方法。另一方面，也通过合宜的社会交往关系来阻断不良交往关系。

四、项目架构

根据项目架构的相关理论和基本原理，我们将未成年人不良交往矫正项目开发设计成由四个模块支撑的认知学习与行为训练两大体系。其中认知学习体系就是一个相对独立的模块，重点解决矫正对象对不良交往的相关认识和相关基础知识的掌握；行为训练体系则分为回避、取代和控制三个模块，分别着眼于对不良交往对象的回避训练、不良交往活动的取代训练和不良交往环境的控制训练，提升对不良交往的阻断技能。项目架构示意图如下：

图 2.2　未成年犯不良交往矫正项目架构示意图

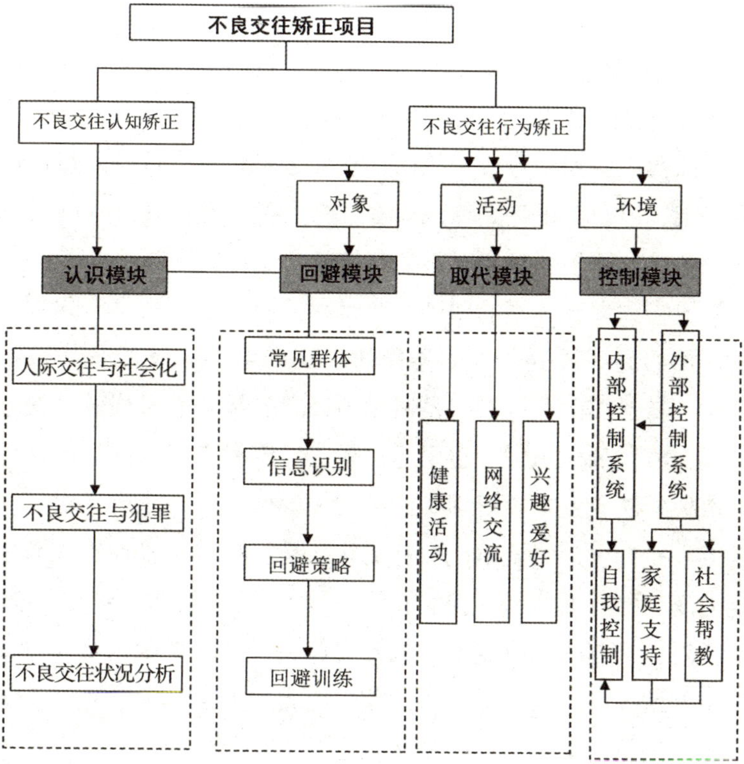

认知模块具体分为人际交往与社会化、不良交往与犯罪、不良交往状况分析三个矫正单元。

回避模块具体分为常见不良交往群体、不良人际交往的信息识别、不良人际交往的回避、不良人际交往“识别＋回避”训练四个矫正单元。

取代模块具体分为三方沟通内容评议、健康网络交流活动、兴趣爱好养成引导三个矫正单元。

控制模块具体分为建立自我控制计划、寻求家庭亲情支持、签订社会帮教协议三个矫正单元。

构成未成年犯不良交往矫正项目的认知学习与行为训练两大体系，是一个层次递进，密切关联的整体，它们对改善或消除未成年犯不良交往结构有着不同的地位和作用。

单独构成认知学习体系的认知模块是实现本项目矫正目标的前提或基础，没有对不良交往认知程度的改善，行为训练就缺乏进行下去的基础，更不会形成对不良交往的自觉自助阻断。

构成行为训练体系的回避、取代和控制三个模块是实现本项目矫正目标的方式或路径。回避模块，是本项目训练体系的核心模块，对不良群体的回避能力是衡量项目实验是否取得成效的核心指标，其他模块的实施成效也要通过矫正对象回避能力的提升体现出来；取代模块，是本项目训练体系的关键模块，是让矫正对象学会用健康有益的生活方式取代不良交往，是一种用恢复性措施防止回避能力反复的有效途径。控制模块，是本项目训练体系不可或缺的重要模块，控制分为自我控制和外力控制，外力控制则是在自我控制不足的情况下，帮助提升自我控制能力的方法，在矫正对象掌握回避技能的情况下，自我控制能力是矫正对象在面对不良群体时实现有效回避的根本保证。

第三章 项目实验

对开发设计好的矫正项目，为了检验其可行性和有效性，要进行应用实验。循证矫正项目应用实验作为一项探索性、验证性的矫正活动，有其内在规律，只有遵循这些规律，实验活动才能达到预期目的。未成年犯不良交往矫正项目实验，要在进行科学实验架构、做好充分实验准备的基础上，才能根据设计的规范流程进行实验验证。

一、实验设计

实验设计的任务是进行实验架构。实验架构，是由实验目标、实验对象、实验内容和实验流程等实验活动要素构成的实验模式。

（一）实验目标

鉴于上述的问题背景和理论依据，针对实验对象的犯因性需求，设计和实施以认知行为疗法为主体的矫正方案，最后评估其矫正效果。项目实验的总体目标是：最终形成科学有效的未成年犯不良交往阻断技能学习训练体系和可操作性的指导手册。具体是：

1. 建构一套具有良好信效度的测量未成年犯不良交往状况静态

和动态风险因子的循证矫正评估工具，为未成年不良交往罪犯的筛选、预测和矫正等工作提供科学依据。

2. 根据风险水平和犯因性需求，设计并实施对未成年不良交往罪犯有针对性的矫正项目，边实验边完善，直至形成验证成熟的矫正项目，以建构多元整合、行之有效的未成年不良交往罪犯的循证矫正方案。

3. 通过矫正方案实施后的评估及后续的追踪随访和回溯研究，考察实验组和对照组对不良交往的阻断能力以及反社会行为发生率和再犯率，检验矫正项目的效果，评价总体矫正方案的科学性和有效性。

（二）实验对象

通过进入罪犯管教信息系统调取相关信息和查阅罪犯档案等方式，共筛选出未满 18 周岁入刑、余刑 8 个月以上、存在不良交往记录的未成年犯 352 名。通过测评，最终从 352 名未成年犯中筛选出研究对象 40 名。在项目实施矫正阶段，随机从这 40 名罪犯中选出 20 名组成实验组，其余 20 名组成对照组，对实验组进行团体干预和矫正。

（三）实验内容

项目首先对未成年不良交往罪犯进行风险水平评估，在高风险罪犯中筛选出研究对象进行多层面的犯罪成因分析，且对其设计并实施具有针对性的矫正方案，最后对效果进行评估并追踪。

1. 风险及犯因性需求调查与评估

通过监所管教信息系统和查阅档案对未成年不良交往罪犯进行初步筛查，采用不良人际交往诊断问卷（BJZ 问卷）、人身危险性检测量表（RW 简评表）和重新犯罪预测量表（CX 简评表）加以测评，综合检测出不良交往问题突出、人身危险性大、重新犯罪可能性高的未成年犯。再通过不良交往结构分析问卷（BJJ 问卷），分析其交往认知、交往对象、交往内容和交往环境方面存在的问题，同时采用心理认知行为量表（XRX 量表）测量，将 XRX 量表中的同质因子的测量结果与 BJJ 问卷的分析结果进行比对。最终，选择 BJJ 问卷分析结果与 XRX 量表测量结果一致性大的罪犯作为研究对象的确认人选。再将这些罪犯，随机分成实验组与对照组。

对实验组与对照组进行不良交往阻断技能测试（BBS 技能测试），以进一步探索和确定其犯因性需求，以及实验前所处的状况，并对实验组与对照组进行犯因性需求差异检验。

2. 矫正方案的设计与实施

根据调查与评估获取的犯因性需求来设计和实施矫正项目。不良交往结构（即犯因性需求）分为交往认知、交往对象、交往内容和交往环境等四个维度。本项目拟通过提升其不良交往阻断技能来改善或消除其犯因性需求。而不良交往阻断技能分为认知能力、回避能力、取代能力和控制能力，这四个能力与不良交往结构的四个维度分别对应。因此，实施内容可分为认知、回避、取代和控制四个模块：

认知模块的矫正，力求使矫正对象对不良交往的认知能力达到应有的程度。具体来说，在知识上，要掌握人的社会化与人际交往社会化、不良人际交往与犯罪的内涵和关系，充分认识不良交往到犯罪的发展过程；在能力上，要学会运用人际交往社会化的一些原理分析和解决实际问题；在态度上，要认识到不良人际交往的危害性，充分认清自身在入监前不良交往的真实状况。

回避模块的矫正，力求使矫正对象在面对不良群体时，具有回避与其交往的策略和能力。具体来说，在知识上，要知道有哪些常见的不良交往人群，要掌握联想后果法、理智警醒法、寻求帮助法、婉言拒绝法等回避策略的方法与步骤；在能力上，要熟练掌握对不良群体的信息识别技能和一般回避策略的运用技能；在态度上，要牢记自己曾经面对和将来可能要面对的人际交往危险信息的问题解决策略。

取代模块的矫正，力求使矫正对象学会运用健康有益的活动取代不良交往。具体来说，在知识上，要掌握网络交流活动的基本规则和发展兴趣爱好的基本原则；在能力上，要学会运用健康有益的网络交流和兴趣爱好取代不良交往活动；在态度上，要认识到健康有益活动的重要性，自觉充实自己的业余生活。

控制模块的矫正，力求使矫正对象提高对不良交往的自我控制，以及帮助矫正对象获取对自我控制的外部支持。具体来说，在知识上，要掌握自我控制和外部支持的相关知识和要求；在能力上，要学会对不良交往环境进行控制，同时，要学会运用家庭和社会帮教力量来监督和支持自己对不良交往的控制；在态度上，要认识到自我控制能力对阻断不良交往的影响，以及家庭支持和社会帮教的重要性，提高自我控制能力训练的自觉性。

3. 效果评估

矫正实验结束后，再次实施相关的量表检测和分析评估，并对实验组与对照组的前后测结果进行纵向比较，以及实验组与对照组做横向比较，以犯因性需求的下降作为指标，如果存在显著性差异，则说明对未成年不良交往罪犯的矫正策略得当。

定期对被试者随访，追踪两组罪犯的不良交往行为发生率和再犯率，揭示未成年犯产生不良交往的心理机制及发展规律，检测未成年犯不良交往矫正项目的科学性和有效性。

（四）实验流程

项目采用随机对照组实验（randomized control trial，RCT）为主线的研究设计，并采用多元整合的研究方法。如横向研究与纵向研究相结合，定量研究与定向研究相结合，实验研究与相关研究相结合等。这些方法可以互相补充及交叉验证，以保证数据的准确性和完整性。

科学的研究方法对于整个项目的质量非常关键，如被试选择方法、研究设计方法、数据收集方法、数据处理方法等等。循证矫正有其科学严谨的研究范式和方法，遵循可重复、可证伪的实证原则，对研究假设、实验设计、实验材料、被试选取都有严格要求。循证矫正中追求以实证为基础，在矫正时应该选择“最佳证据”，根据最佳证据对矫正对象实施矫正活动。一般说来，越是通过严谨的科学实证方法得来的结论越是可靠。按最佳证据的等级，随机对照组实验研究获取的证据最佳，准实验研究次之，临床观察在矫正过程中获得的经验可靠性最低。

RCT首先从总体中随机挑选被试，并将被试随机分配到实验组和对照组，两组被试都接受前测和后测，但仅有实验组的被试接受干预，假设实验组和对照组所取得样本同质，那么当两组后测时出现的差异就可以被认为是接受干预带来的差异。这种实验设计也被称为经典实验设计（classical experimental design），可以表示如下：

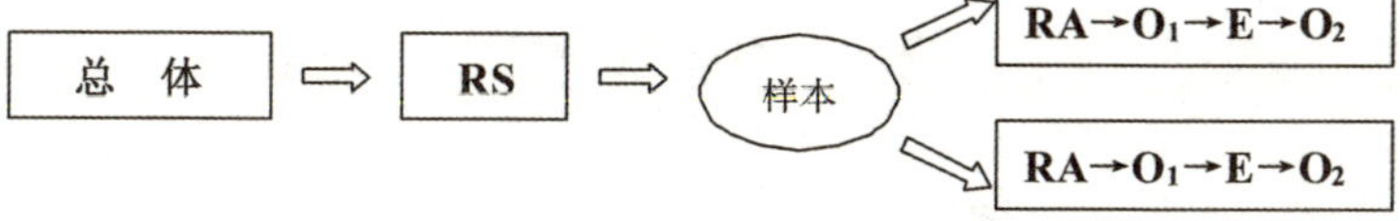

图3.1 经典实验设计的流程图

（RS代表随机选择；RA代表随机分配；O_1代表前测；E代表干预；O_2代表后测）

本项目的实验流程图如下：

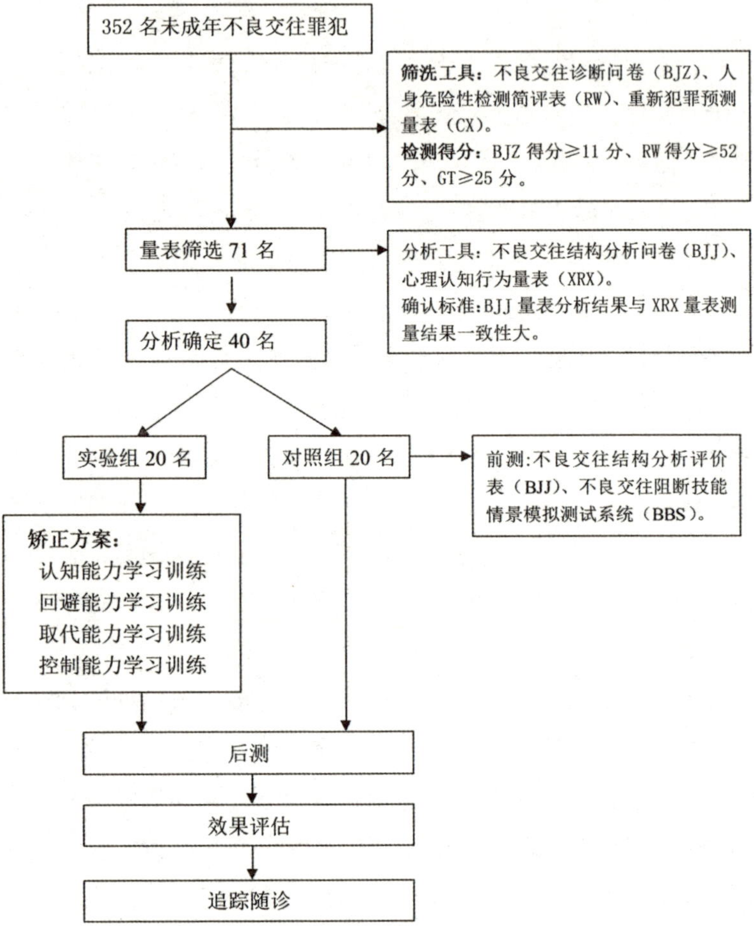

图 3.2　项目实验流程图

二、实验准备

实验准备是实验开展的前提。本项目的实验准备主要有环境准备、工具准备和样本准备。

（一）环境准备

环境准备的主要工作包括建立组织管理机构、成立项目运作团队和制定过程控制措施。

1. 建立组织管理机构。为了本项目各项工作的顺利推进，在监所和管区两个层次上相应建立项目实施的组织管理机构。

一是监所成立循证矫正项目管理办公室。循证矫正项目管理办公室是负责对矫正项目进行集中协调管理的一个组织部门，其职责可涵盖从提供项目管理支持到直接管理项目。监所为规范化和标准化管理矫正项目，成立专门的矫正项目管理办公室是非常必要的。监所的循证矫正项目管理办公室设在研究所。矫正项目管理办公室是矫正项目的实施机构，也是管理机构。循证矫正科研工作是监所“一把手”工程，矫正项目管理办公室由分管理论研究工作的政委直接领导，同时接受省局循证矫正课题组专家的业务指导及其领导。办公室设主任一名，副主任两名；主任由分管教育改造工作的副所长兼任。

二是管区设立循证矫正项目经理。一个矫正项目往往需要教育、社会、医疗、心理、犯罪等不同学科背景的专业人才，组成团队共同实施和完成。同样，一个矫正项目的实施，还涉及一定物质资源的调用，涉及与其他相关的职能部门和相关人员的沟通等。为有效利用矫正资源，强化矫正团队建设和管理，实现矫正目标，就需要在矫正团队中设置负责人。矫正团队的负责人即矫正项目经理。矫正项目经理是受监所委派实现矫正项目目标的个人。矫正项目经理要有效管理矫正项目，除需要必要的矫正知识、技能和经验外，还需要通用的管理知识和管理能力，以及项目管理知识、项目管理能力和必要的指导矫正项目团队实现矫正项目目标和平衡矫正项目制约因素的领导力。

2. 成立项目运作团队。本项目实验前，须成立三个团队。

一是专家顾问团队。专家顾问团队主要由理论功底扎实、工作经验丰富的专家、学者组成。其人员构成有一定的代表性，知识结构完整，包括了犯罪学、监狱学、心理学、社会学、教育学、法学等学科的专家、学者。专家顾问团队的主要职责是：负责对有关评估的量表进行修订、完善和抽检测；负责对典型案犯进行会诊、会商；负责对矫正工作者进行培训和工作指导；负责对项目实验中重要的原则性、技术性问题以及设计的刑事政策问题进行咨询论证。

二是项目研发团队。项目研发团队主要由预防青少年犯罪研究领域的专家以及有相关专业技能和临床经验的实务工作者组成。其主要职责是：识别矫正需求，编制矫正需求报告；根据矫正需求，研发矫正项目；编制矫正项目可行性论证报告；依据矫正项目可行性论证报告，编制立项文件；编制具有规划性质的矫正项目实施进程方案；制定质量监控规划，编制质量标准和控制流程。

三是实施矫正团队。矫正团队成员主要从基层管区个别教育能手和标兵中筛选而来。矫正团队成立后，由项目研发团队成员对他们进行系统的项目实施技能培训，培训期间，矫正团队成员必须熟悉实验对象的基本情况，掌握其成长经历、家庭背景、犯罪过程；掌握提高未成年犯抵制诱惑能力的基本原理和相关技术，掌握阻断不良人际交往的回避技术、取代技术和控制技术，并能将这些技术融合于日常改造活动中；掌握不良交往形成的原因、发展过程和矫正方法；具备一定的信息收集、分析和判断能力。实施矫正团队的主要职责是：规划和合理利用矫正团队的人力资源、环境资源，与职能部门以及其他相关关系人沟通、协调，负责矫正知识、技术和工具的运用，在矫正项目实施过程中，负责不同管理过程需要的物质采购和资金使用；识别风险，规划风险应对；在矫正项目完成后一定时间，经矫正目标实现情况的质量评估后，撰写矫正项目结项总结报告。

3. 制定过程控制措施。本项目实验前，为了控制好项目实施过程，须编制项目实施文本，出台项目管理制度，制定过程控制文件。

（1）编制项目实施文本。编制项目实施文本就是编制可供矫正团队操作的项目实施指导书。本项目共分认知、回避、取代和控制四大模块，13 个矫正单元。项目实施文本的核心是编写每个矫正单元的活动方案和内容。活动方案主要包括矫正目标、矫正重点、矫正关键、方式方法、辅助手段、活动时间和操作步骤等要素；活动内容提供了具体的实施步骤及其每一个步骤的具体内容。

（2）出台项目管理制度。项目管理制度主要包括项目启动文件、项目规划文件、项目执行文件、项目监控文件和项目结项文件等。项目启动文件，就是获得某一矫正项目正式立项的，且能够反映监狱、罪犯等相关人期望和需求的批准文件；项目规划文件，就是明确矫正项目行动方案的文件，主要内容包括：矫正需求、矫正目标、矫正周期、进度安排、质量标准、人力资源配置、资源需求、经费预算等；项目执行文件，主要是依据项目规划，协调人员和资源、整合和实施矫正活动的文件，主要内容包括：执行矫正项目规划、实现矫正目标的矫正活动、明确矫正质量要求和进行必要的质量评估、组建和建设及管理矫正项目团队等；项目监控文件，主要是对矫正项目实施进展情况、修正情况、风险情况和绩效等进行监督控制管理的相关文件，主要内容包括：通过定期不定期的检查、监控矫正项目执行情况并控制进度、审查和批准矫正项目的修正、控制矫正成本、追踪质量评估、确认矫正目标实现状态并报告矫正绩效等；矫正项目结项文件，就是最终确认矫正目标实现情况的评估和总结的文件。矫正项目结束后，还需要通过一定时期的追踪和评估，才能最终确认矫正目标的实现情况，矫正项目结项文件主要包括：矫正质量追踪情况报告，矫正目标实现情况评估报告和矫正案例总结报告。

（3）制定过程控制文件。过程控制文件主要包括质量评价标准和过程控制记录。一是质量评价标准。质量评价的标准以矫正项目中确定的矫正目标为主。只有矫正目标的改善，才是矫正的直接成效。矫正活动自始至终围绕着矫正目标而进行，对项目矫正成效作出评定，同样必须围绕矫正目标及其相应的具体指标进行评价。矫正效果的评价必须以矫正目标为主要内容，以矫正目标的实现程度来评价并反映矫正效果。在实际评价活动中，矫正目标被分解成日常的单元矫正目标和阶段性的模块矫正目标，并将其作为日常性考核和阶段性考核的具体量化指标，通过实施这两项考核，衡量罪犯的行为转化状况和目标实现程度。本项目由 13 个矫正单元组成 4 个矫正模块，13 个矫正单元都设置了矫正单元目标，在实施每一个单元的矫正活动时，首先要考核上一个单元的矫正目标实现情况；对 4 个矫正模块，我们分别自编了不良人际认知测试问卷（BJR）、不良交往回避能力测试问卷（BJH）、不良交往取代能力评价表（BJQ）和不良交往控制能力测试问卷（BJK），每个模块结束时，都要采用相应的工具进行测试，对测试结果所体现的矫正质量都有具体的说明。二是过程控制记录。过程控制记录是反映矫正全过程的质量控制记录，主要由各种表格组成。本项目主要包括各种工具测试记录表、项目实施活动记载表、罪犯自我行动日记、实验对象异常行为控制记载表、项目实施过程质量控制跟踪记录表、各种量表前后测对比表、月度计分考核记录表、罪犯回归社会后违法犯罪行为状况跟踪记录表。

（二）工具准备

工具准备，是针对本实验所要使用的测量和分析工具的准备。其工具主要分为样本筛选工具和犯因改善评估工具。

1. 样本筛选工具。本项目需要从未满 18 周岁入刑、实施过团伙作案的 352 名未成年犯中，筛选出不良交往问题突出、人身危险性大、重新犯罪可能性高的 40 名未成年犯，作为实验样本。其筛选工具如下：

一是不良交往诊断问卷（BJZ 问卷）。不良交往诊断问卷包含 30 个项目，这些项目代表着不良交往的核心指标。每个项目都有多个选项，并被赋予一定的分值。得分 21 分以上（包含 21 分），界定为个体不良交往状况较为突出，需要参与矫正；得分 11 分—20 分，界定为存在不良交往状况，并有恶化可能，可以参与矫正；得分 10 分以下（包含 10 分），界定为基本能识别和处置自身的不良交往。不良交往诊断问卷由 4 个维度组成，分别为交往认知、交往对象、交往内容和交往环境。在实际应用中，主要用来检测其不良交往状况。

二是不良交往结构分析问卷（BJJ 问卷）。不良交往结构分析问卷是不良交往诊断问卷的衍生工具，具有较高的内部一致性。不良交往诊断问卷检测的是不良交往程度，主要用来对不良交往群体的筛选。而不良交往结构分析问卷是用来分析检测对象存在不良交往的具体方面，是一种矫正需求分析问卷，该问卷是一种定性分析问卷，须借助于 XRX 量表与 BJZ 问卷的测试结果进行分析。为了提高 BJJ 量表分析的信度和效度，采用信度和效度较高的 XRX 量表中的同质因子与 BJZ 量表的四个维度的测量结果进行比对，XRX 量表中的人生观、自主性、离规倾向行为和自控力等四个因子，分别对应 BJZ 量表中的交往认知、交往对象、交往内容和交往环境等四个维度因子。将其同质因子测量结果的一致性程度，作为 BJJ 量表分析时确定犯因性需求的重要依据。

三是 XRX 量表。XRX 量表主要用以测查罪犯犯因性问题。该量表于 2004 年由江苏省监狱管理局研发，在使用中被证明有较好的信度和效度。本研究中，使用 XRX 量表，主要是将 XRX 量表与不良交往结构分析问卷中的同质因子的测量结果进行对比，验证不良交往结构分析问卷分析结果的信度和效度。

四是 RW 简评表。RW 简评表即罪犯风险简评表，以罪犯过去的事实为基础，并赋予相应分值，对罪犯风险进行量化预测性评价。该量表由预测因子和数理解释表两个模块构成。

五是 CX 量表。CX 量表即重新犯罪简评表，共有 25 道客观评价题组成，涵盖了罪犯的犯罪时的居住和受教育情况、就业和就业能力状况、社会交往情况、物质依赖和越轨行为倾向、矫正表现和矫正目标的实现情况等。

2. 犯因改善评估工具。本项目的矫正效果表现为不良交往结构（即犯因性需求）的改善状况和不良交往阻断技能的提升状况。在矫正中，通过提升不良人际交往阻断能力，实现不良交往结构的改善。构成不良交往结构的交往认知、交往对象、交往内容和交往环境等四个维度，与构成不良人际交往阻断技能的认知能力、回避能力、取代能力和控制能力等四个维度分别对应。项目实施阶段，主要是评估实施矫正过程中研究对象的认知能力、回避能力、取代能力和控制能力在不同实施阶段的提升状况；项目结束阶段，主要是评估研究对象在实施矫正后的不良交往结构和不良交往阻断技能的改善状况。其评估工具如下：

一是不良交往认知状况测试问卷（BJR 测试）。该问卷是不良交往阻断技能的认知状况维度测试，由 32 道测试题组成，根据测试情况，评估矫正对象对不良交往认知状况的掌握程度。115 分以上：对不良交往的认知有了质的飞跃，已经具有强烈的阻断意愿；100 分以上 115 分以下：效果明显，对不良交往有了深刻的认知；85 分以上 100 分以下：取得了一定的效果，对不良交往的认知程度相比以前有所上升；70 分以上 85 分以下：效果一般，对不良交往的有一定的认识；70 分以下：没有效果。

二是不良交往回避能力测试问卷（BJH 测试）。该问卷是不良交往阻断技能的回避能力维度测试，其构成为："影视剧情 + 危险信息识别 + 回避策略运用"，根据测试情况，评估矫正对象对不良人际交往回避能力的提升程度。90 分以上：提升效果显著，对不良交往的回避能力很强；80 分以上 90 分以下：提升效果明显，对不良交往的回避能力较强；70 分以上 80 分以下：取得了一定的效果，对不良交往的回避能力相比以前有所上升；60 分以上 70 分以下：效果一般，对不良交往有一定的回避能力；60 分以下：没有效果。

三是不良交往取代能力评价表（BJQ 测试）。该评价表是不良交往阻断技能的取代能力维度评价，分为自我评价和民警评价，是凭感觉和观察而进行的定性评价，重点考察矫正对象对一般社会交往活动、网络交流活动及日常兴趣爱好活动合宜性、规范性等问题的认识。

四是不良交往控制能力测试问卷（BJK 测试）。该问卷是不良交往阻断技能的控制能力维度测试，由 25 道测试题组成，根据测试情况，评估矫正对象对不良人际交往控制能力的提升程度。90 分以上：提升效果显著，对不良交往的控制能力很强；80 分以上 90 分以下：提升效果明显，对不良交往的控制能力较强；70 分以上 80 分以下：取得了一定的效果，对不良交往的控制能力相比以前有所上升；60 分以上 70 分以下：效果一般，对不良交往有一定的控制能力；60 分以下：没有效果。

五是不良交往结构分析评价表（BJJ 评价表）。该评价表是一种定性分析评价表，须借助于 XRX 量表与 BJZ 问卷的测试结果进行分析。为了提高 BJJ 问卷分析的信度和效度，采用信度和效度较高的 XRX 量表中的同质因子与 BJZ 量表的四个维度的测量结果进行比对，XRX 量表中的人生观、自主性、离规倾向行为和自控力等四个因子，分别对应 BJZ 量表中的交往认知、交往对象、交往内容和交往环境等四个维度因子。将其同质因子测量结果的一致性程度，作为确定犯因性需求改善状况的重要依据。

六是不良交往阻断技能情境模拟测试系统（BBS 系统）。不良交往阻断技能测试系统软件功能模块图如下：

图 3.3

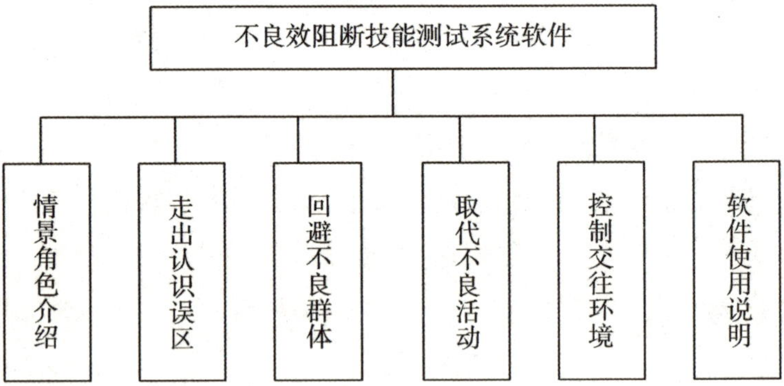

软件主界面

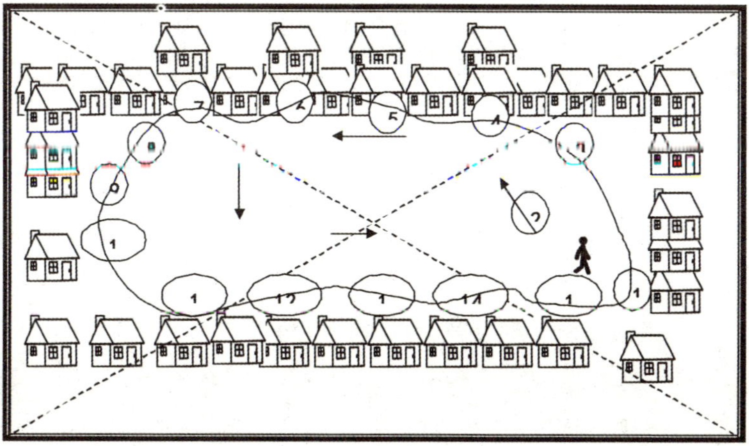

角色设定 → 模拟生活 → 触发剧情 → 认知测试及应对方式选择 → 学习训练评分

该软件主要是通过不良交往情景模拟的方式测试矫正对象的不良交往阻断技能改善情况。采用该软件测试要过四关，即走出认识误区、回避不良群体、取代不良活动和控制交往环境，每一关的正确率达到60%以上，才能进入下一关，最后一关正确率达到60%以上才能顺利过关，完成测试，否则，必须重新测试。

（三）样本准备

实验样本是运用相同测量工具筛选出来的具有同质性的研究对象，并分为实验组和对照组。

1. 实验样本的筛选

实验样本的筛选流程分为：初选—检测—确认。

（1）初选。通过进入罪犯管教信息系统调取相关信息和查阅罪犯档案等方式，将未满18周岁入刑、实施过团伙作案的罪犯筛选出来，共352名。

（2）检测。统一对初选出来的352名罪犯进行量表施测，一是采用不良交往诊断问卷（BJZ问卷）自评；二是进行人身危险性检测量表（RW简评表）他评；三是进行重新犯罪预测量表（CX简评表）他评。最后，将BJZ得分≥11分、RW得分≥52分、CX≥25分，不良交往问题突出、人身危险性大、重新犯罪可能性高的罪犯，共72名，入选为研究对象的初次确认名单。

（3）确认。统一对初次确认的72名罪犯再次进行量表施测，一是进行不良人际交往结构分析问卷（BJJ问卷）他评，分析其交往认知、交往对象、交往内容和交往环境方面存在的问题；二是采用心理认知行为量表（XRX量表）自评，将XRX量表中的同质因子的测量结果与BJJ量表的分析结果进行比对。最终，选择BJJ量表分析结果与XRX量表测量结果一致性大的罪犯40名，作为研究对象的确认名单。再从这40名罪犯中，随机选择20名入实验组，其余20名入对照组。

2. 实验组与对照组基本情况调查

（1）自然情况

实验组与对照组自然情况包括研究对象的年龄、文化、罪名、刑期等基本情况。详见表3.1。

表 3.1　实验组与对照组自然情况一览表

研究对象		年龄（岁）	文化（年）	罪名	刑期
实验组	A1	22	9	强奸	8 年
	A2	16	9	抢劫	1 年 2 个月
	A3	17	6	抢劫、盗窃	1 年 6 个月
	A4	17	6	故意伤害	12 年
	A5	18	6	强奸	4 年 6 个月
	A6	18	7.5	抢劫	7 年
	A7	17	6	强奸	3 年 6 个月
	A8	17	10	抢劫	3 年 6 个月
	A9	21	8	强奸	9 年 6 个月
	A10	17	9	强奸	2 年 10 个月
	A11	17	9	强奸	6 年 6 个月
	A12	17	6	强奸	3 年
	A13	18	6	贩卖毒品	2 年 10 个月
	A14	19	8	强奸	3 年
	A15	18	9	强奸	4 年 6 个月
	A16	17	10	聚众斗殴	1 年 4 个月
	A17	17	9	强奸	3 年 7 个月
	A18	16	9	强奸	3 年 6 个月
	A19	15	8	抢劫	10 个月
	A20	17	9	强奸	6 年
平均		17.55	7.9		

续表

研究对象		年龄（岁）	文化（年）	罪名	刑期
对照组	B1	17	9	故意伤害	6年
	B2	20	9	强奸	8年
	B3	15	7	抢劫	1年6个月
	B4	17	6	强奸	2年2个月
	B5	16	9	强奸	6年
	B6	16	9	抢劫	2年6个月
	B7	17	7	抢劫、盗窃	3年
	B8	17	9	强奸	4年6个月
	B9	16	9	强奸	3年6个月
	B10	18	9	强奸	5年6个月
	B11	18	6	强奸	3年10个月
	B12	17	9	抢劫	1年6个月
	B13	17	9	强奸	3年
	B14	18	9	强奸	2年10个月
	B15	16	9	聚众斗殴	3年
	B16	18	7	强奸	3年6个月
	B17	19	11	聚众斗殴	2年4个月
	B18	21	9	强奸	4年6个月
	B19	17	9	强奸	5年
	B20	17	9	抢劫	1年6个月
平均		17.35	8.5		

（2）综合测试

实验组与对照组综合测试包括对研究对象的 BJZ 量表测试、RW 量表测试和 CX 量表测试。其测试结果详见表3.2。

表 3.2　实验组与对照组综合测试结果一览表

研究对象		BJZ 得分					RW 得分	CX 得分
		总分	W1：认知	W2：对象	W3：内容	W4：环境		
实验组	A1	20	4	4	5	7	67	29
	A2	11	2	1	4	4	55	25
	A3	15	4	3	4	4	58	26
	A4	17	2	6	4	5	56	25
	A5	16	3	4	4	5	60	30
	A6	21	3	4	5	9	67	32
	A7	16	3	4	5	4	60	28
	A8	18	4	2	5	7	58	29
	A9	19	3	4	5	7	62	27
	A10	18	4	3	4	7	60	28
	A11	15	3	2	4	6	53	25
	A12	20	3	4	5	8	61	28
	A13	18	3	2	5	8	60	27
	A14	16	4	3	4	5	59	25
	A15	18	3	4	5	6	62	28
	A16	20	4	4	5	7	64	28
	A17	23	3	6	7	7	67	34
	A18	15	2	4	4	5	55	25
	A19	17	2	5	5	5	61	28
	A20	18	4	4	5	5	64	31
均分		17.55	3.15	3.65	4.70	6.05	60.45	27.90

续表

研究对象		BJZ 得分					RW 得分	CX 得分
		总分	W1：认知	W2：对象	W3：内容	W4：环境		
对照组	B1	13	3	2	4	4	55	27
	B2	11	2	1	4	4	54	25
	B3	23	5	5	5	8	65	32
	B4	17	3	4	5	5	60	27
	B5	19	4	4	5	6	61	28
	B6	13	3	2	4	4	55	25
	B7	14	2	3	4	5	55	26
	B8	15	3	4	4	4	57	25
	B9	20	4	5	5	6	59	27
	B10	19	4	5	5	5	66	31
	B11	18	4	2	5	7	64	28
	B12	19	3	4	5	6	62	27
	B13	19	4	3	5	7	64	28
	B14	20	3	4	5	8	64	31
	B15	20	4	4	5	9	66	34
	B16	18	3	2	5	8	60	26
	B17	21	4	5	5	7	68	32
	B18	16	3	3	4	6	59	26
	B19	22	4	6	5	7	67	35
	B20	13	2	2	4	5	54	25
均分		17. 50	3. 40	3. 50	4. 65	5. 95	60. 75	28. 25

（3）犯因性需求分析

调查并确认研究对象的犯因性需求，是本研究项目能够继续进行下去的前提条件。不良交往诊断问卷（BJZ 问卷）由交往认知、交往对象、交往内容和交往环境等四个维度组成，但存在不良交往问题的未成年犯不一定这四个方面都存在问题，也有可能存在其中的部分问题，且程度也不同。须采用不良人际交往结构分析问卷（BJJ 问卷），对其不良交往具体问题进行分析和确认。为了提高 BJJ 问卷分析的信度和效度，采用信度和效度较高的 XRX 量表中的同质因子与 BJC 量表的四个维度的测量结果进行比对，XRX 量表中的人生观、自主性、离规倾向行为和自控力等四个因子，分别对应 BJZ 量表中的交往认知、交往对象、交往内容和交往环境等四个维度因子。将其同质因子测量结果的一致性程度，作为 BJJ 量表分析时确定犯因性需求的重要依据。其分析结果详见表 3.3。

表 3.3　实验组与对照组犯因性需求分析结果一览表

		BJZ 与 XRX 同质因子测量结果对比								BJJ 分析			
		W1：认知	人生观	W2：对象	自主性	W3：内容	离规倾向	W4：环境	自控力	W1：认知	W2：对象	W3：内容	W4：环境
实验组	A1	4	2.21	4	1.86	5	1.44	7	1.42	一致	一致	一致	一致
	A2	2	0.89	1	0.81	4	1.46	4	0.82	一致	一致	一致	一致
	A3	4	1.93	3	1.29	4	1.52	4	1.13	一致	一致	一致	一致
	A4	2	1.37	6	1.88	4	2.04	5	0.97	一致	一致	一致	一致
	A5	3	1.56	4	1.45	4	1.36	5	1.63	一致	一致	一致	一致
	A6	3	0.95	4	2.06	5	2.02	9	1.92	一致	一致	一致	一致
	A7	3	1.87	4	1.68	5	1.86	4	0.66	一致	一致	一致	一致
	A8	4	1.55	2	1.35	5	2.12	7	1.67	一致	一致	一致	一致
	A9	3	0.86	4	1.96	5	1.57	7	1.36	一致	一致	一致	一致
	A10	4	1.36	3	1.24	4	1.23	7	2.02	一致	一致	一致	一致
	A11	3	1.07	2	0.82	4	1.34	6	1.26	一致	一致	一致	一致
	A12	3	1.32	4	1.04	5	1.23	8	1.81	一致	一致	一致	一致
	A13	3	1.57	2	0.92	5	1.32	8	1.72	一致	一致	一致	一致
	A14	4	2.14	3	1.13	4	0.79	5	1.14	一致	一致	一致	一致
	A15	3	1.87	4	1.76	5	1.06	6	1.22	一致	一致	一致	一致
	A16	4	1.62	4	1.46	5	0.87	7	1.42	一致	一致	一致	一致
	A17	3	1.57	6	2.08	7	1.97	7	0.96	一致	一致	一致	一致
	A18	2	1.48	4	1.77	4	0.92	5	1.04	一致	一致	一致	一致
	A19	2	1.35	5	1.83	5	1.23	5	0.96	一致	一致	一致	一致
	A20	4	1.87	4	1.35	5	1.06	5	0.74	一致	一致	一致	一致
均分		3.15	1.52	3.65	1.49	4.70	1.42	6.05	1.29	一致	一致	一致	一致

续表

		BJZ 与 XRX 同质因子测量结果对比								BJJ 分析			
		W1：认知	人生观	W2：对象	自主性	W3：内容	离规倾向	W4：环境	自控力	W1：认知	W2：对象	W3：内容	W4：环境
对照组	B1	3	2.14	2	1.06	4	1.43	4	0.74	一致	一致	一致	一致
	B2	2	1.26	1	0.82	4	1.34	4	0.96	一致	一致	一致	一致
	B3	5	2.06	5	2.07	5	2.12	8	1.94	一致	一致	一致	一致
	B4	3	1.32	4	1.66	5	1.32	4	1.04	一致	一致	一致	一致
	B5	4	2.13	4	1.88	5	1.54	5	1.12	一致	一致	一致	一致
	B6	3	1.27	2	0.92	4	0.72	4	1.26	一致	一致	一致	一致
	B7	2	1.45	3	1.18	4	1.06	5	1.12	一致	一致	一致	一致
	B8	3	1.47	4	1.26	4	1.16	4	1.37	一致	一致	一致	一致
	B9	4	2.12	5	1.94	5	1.96	7	0.96	一致	一致	一致	一致
	B10	4	1.56	5	2.07	5	1.42	5	1.23	一致	一致	一致	一致
	B11	4	2.04	2	0.84	5	1.02	5	1.14	一致	一致	一致	一致
	B12	3	1.22	4	1.62	5	1.84	6	1.08	一致	一致	一致	一致
	B13	4	1.89	3	1.32	5	2.02	7	1.36	一致	一致	一致	一致
	B14	3	1.54	4	1.25	5	1.76	8	1.79	一致	一致	一致	一致
	B15	4	1.98	4	1.42	5	1.34	9	1.22	一致	一致	一致	一致
	B16	3	1.18	2	1.02	5	0.97	8	1.65	一致	一致	一致	一致
	B17	4	1.21	5	2.07	5	1.47	8	1.88	一致	一致	一致	一致
	B18	3	1.27	3	1.62	4	0.81	6	1.63	一致	一致	一致	一致
	B19	4	1.38	6	2.17	5	1.52	7	1.26	一致	一致	一致	一致
	B20	2	0.76	2	1.28	4	1.26	5	1.54	一致	一致	一致	一致
均分		3.40	1.56	3.50	1.47	4.65	1.40	5.95	1.32	一致	一致	一致	一致

3. 实验组与对照组差异性分析

（1）实验组与对照组的人口统计学差异检验

实验组罪犯平均年龄17.55（±0.36）岁，对照组罪犯平均年龄17.35（±0.32）岁，方差分析结果显示，两组的年龄不存在统计学上的差异（$F=0.034$，$P>0.05$）；实验组罪犯平均受教育时间为7.9（±0.33）年，对照组罪犯平均受教育时间为8.5（±0.28）

年，检验结果显示，两组的教育程度也不存在统计学上的差异（F =1.46，P >0.05）。

（2）实验组与对照组综合测试差异检验

如表3.4方差分析结果所示，实验组与对照组在不良交往诊断问卷（BJZ）、RW简评表（RW）、CX量表（CX）得分上，均未表现出显著差异，结果表明实验组与对照组在人际交往程度、人身危险性、重新犯罪可能性上不存在统计学差异。

表3.4　实验组与对照组在各量表测试上的方差分析结果

	实验组均分	对照组均分	F
BJZ	17.55	17.50	1.61
RW	60.45	60.75	1.01
CX	27.90	28.25	1.89

（3）实验组与对照组犯因性需求差异检验

如表3.5所示，实验组与对照组在BJZ四个因子（交往认知、交往对象、交往内容、交往环境）、XRX四个因子（人生观、自主性、离规倾向、自控力）得分上，T检验结果显示实验组与对照组在反映犯因性需求的各项指标上均未表现出显著差异。

表3.5　实验组与对照组犯因性需求T检验结果

	实验组	对照组	t
W1：交往认知	3.15	3.40	0.46
D1：人生观	1.52	1.56	0.33
W2：交往对象	3.65	3.50	0.36
D2：自主性	1.49	1.47	0.10
W3：交往内容	4.70	4.65	0.97

续表

	实验组	对照组	t
D3：离规倾向	1.42	1.40	0.13
W4：交往环境	6.05	5.95	0.71
D4：自控力	1.29	1.32	0.18

通过上述差异性检验，实验组与对照组的各项指标均无明显差异，同质性很强，完全符合样本建构标准。

三、实验过程

改善或消除罪犯的不良交往结构（即犯因性需求），是本项目实验阶段需要完成的矫正目标。根据不良交往结构的四个维度，即交往认知、交往对象、交往内容和交往环境，我们将矫正目标分解为四个维度目标，按照四个模块分阶段实施。

第一阶段："认知"模块实验

本模块共3个单元，拟用21个课时实施。实施内容，主要有4个方面：阐释本项目的愿景、目标、任务和意义等；引导罪犯进行人的社会化和人际交往社会化的理解训练，让矫正对象真正掌握人的社会化的基本内容和人际交往社会化的基本原则；引导罪犯进行不良交往认知巩固训练和应用训练，让矫正对象真正掌握不良交往动机的激发因素、不良交往行为的触发因素，以及青少年不良群体人际交往的发展阶段；引导罪犯进行入监前人际交往状况分析，让矫正对象真正认清不良交往的危害。实施方式，主要采用专题讲解、团体辅导、个别辅导、课堂讨论、互动交流、案例分析、自我剖析、观看视频、布置作业、测试评估、点评反馈等。本模块实验推进过程如下表所示：

表 3.6　“认知”模块实验推进表

单元	主题	活动方案		活动效果
一	人际交往与社会化	矫正目标	通过本单元的矫正，使矫正对象学会运用人际交往社会化的一些原理分析和解决实际问题	矫正活动实施完成后，根据矫正任务完成情况，15 名矫正对象达成单元矫正目标，其余 5 名矫正对象存在一定的问题。A1、A16 对“人的社会化”存在理解方面的困难，A3、A8、A17 对“人际交往社会化”存在理解方面的困难，对他们分别进行 0.5 小时的单独辅导，基本达成了单元矫正目标。
		矫正重点	进行人的社会化和人际交往社会化的理解训练	
		矫正关键	让矫正对象真正掌握人的社会化的基本内容和人际交往社会化的基本原则	
		方式方法	讲解、讨论、案例分析、个别辅导、互动交流	
		辅助手段	PPT、视频资料、课外作业	
		活动时间	6 小时	
		操作步骤	导入新课→讲解人的社会属性→讲解人的社会化→讲解人际交往社会化→巩固训练	
二	不良人际交往与犯罪	矫正目标	通过本单元的矫正，使矫正对象充分认识从不良人际交往到犯罪的发展过程。	矫正活动实施完成后，根据矫正任务完成情况，14 名矫正对象达成单元矫正目标。其余 6 名矫正对象存在一定的问题，分别是 A1、A18 对人际交往动机的激发因素，A4、A9 对不良人际交往行为的触发因素，A8、A17 对不良群体人际交往的发展阶段等方面不能完成相关的矫正作业，经过 1 小时的集中辅导，基本达成了矫正目标。
		矫正重点	不良人际交往认知巩固训练和应用训练	
		矫正关键	让矫正对象真正掌握不良人际交往动机的激发因素、不良人际交往行为的触发因素，以及青少年不良群体人际交往的发展阶段。	
		方式方法	讲解、讨论、填图、案例分析、互动交流、自我剖析	
		辅助手段	PPT、图片、视频资料、课外作业。	
		活动时间	6 小时	
		操作步骤	总结回顾→讲解不良人际交往的概念→讲解不良人际交往动机的激发因素→讲解不良人际交往行为的触发因素→讲解青少年不良群体人际交往的发展→不良人际交往认知巩固训练→不良人际交往认知应用训练→巩固训练	

续表

单元	主题	活动方案		活动效果
三	不良人际交往状况分析	矫正目标	通过本单元的矫正，使矫正对象认清入监前不良人际交往的真实状况。	矫正活动实施完成后，根据矫正任务完成情况，17 名矫正对象达成单元矫正目标。其余 3 名矫正对象存在一定的问题，分别是 A5 对入监前不良人际交往状况认识不清晰，A11、A16 对不良人际交往危害性认识不够，对他们分别进行 0.5 ~ 1 小时的单独辅导，基本达成了单元矫正目标。
		矫正重点	进行入监前人际交往状况分析。	
		矫正关键	让矫正对象真正认清不良人际交往的危害。	
		方式方法	讲解、讨论、课堂练习、个别辅导、自我剖析、交流分享、点评反馈。	
		辅助手段	PPT、课外作业、检查督促。	
		活动时间	6 小时	
		操作步骤	总结回顾前一训练单元→回顾人际交往关系成长历程→分析入监前人际交往状况→分析入监前不良人际交往状况→分析不良人际交往危害性→巩固训练	

第二阶段："回避"模块实验

本模块共 4 个单元，拟用 27 个课时实施。实施内容，主要有 4 个方面：帮助矫正对象认清涉及财、赌、色、毒、网等常见不良交往人群的形成原因，加深对常见不良交往人群的认识；帮助矫正对象掌握不良人际交往信息识别内容，加深对不良人际交往信息识别内容的认识；帮助矫正对象掌握运用联想后果法、理智警醒法、寻求帮助法、婉言拒绝法等策略回避不良人际交往的具体方法与步骤，通过案例解析、课堂讨论和运用训练让他们加深对联想后果法、理智警醒法、寻求帮助法、婉言拒绝法等回避策略的认识和理解；引导矫正对象进行"信息识别 + 回避策略"抵制不良人际交往强化训练，让他们拒绝不良人际交往真正成为自身的行为习惯。实施方式，主要采用微电影、专题讲解、主题辩论、团体辅导、个别辅导、课堂讨论、交流分享、案例分析、布置作业、测试评估、点评反馈等。本模块实验推进过程如下表所示：

表 3.7 “回避”模块实验推进表

<table>
<tr><th>单元</th><th>主题</th><th colspan="2">活动方案</th><th>活动效果</th></tr>
<tr><td rowspan="7">一</td><td rowspan="7">常见不良交往群体</td><td>矫正目标</td><td>通过本单元的矫正，使矫正对象充分认识有哪些常见的不良交往人群。</td><td rowspan="7">矫正活动实施完成后，根据矫正任务完成情况，16 名矫正对象达成单元矫正目标。其余 4 名矫正对象存在一定的问题，分别是 A6 对涉财不良交往群体、A11 对涉色不良交往群体、A13 对涉赌不良交往群体、A17 对涉毒不良交往群体认识不清，对他们分别进行 0.5 ~ 1 小时的单独辅导，基本达成了单元矫正目标。</td></tr>
<tr><td>矫正重点</td><td>使矫正对象认清涉及财、赌、色、毒、网等常见不良交往人群的形成原因。</td></tr>
<tr><td>矫正关键</td><td>通过交流分享让矫正对象加深对常见的不良交往人群的认识。</td></tr>
<tr><td>方式方法</td><td>讲解、讨论、课堂练习、交流分享。</td></tr>
<tr><td>辅助手段</td><td>PPT、课外作业、检查督促</td></tr>
<tr><td>活动时间</td><td>6 课时</td></tr>
<tr><td>操作步骤</td><td>总结回顾前一训练模块→涉财不良群体→涉毒不良群体→涉色不良群体→涉赌不良群体→涉网不良群体→巩固训练</td></tr>
<tr><td rowspan="7">二</td><td rowspan="7">不良人际交往的信息识别</td><td>矫正目标</td><td>通过本单元的矫正，使矫正对象能够充分提高不良人际交往信息识别能力。</td><td rowspan="7">矫正活动实施完成后，根据矫正任务完成情况，17 名矫正对象达成单元矫正目标。其余 3 名矫正对象存在一定的问题，分别是 A7、A11、A20 对不良人际交往的信息识别方法未能完全掌握，对他们进行 1 小时的集中辅导，基本达成了单元矫正目标。</td></tr>
<tr><td>矫正重点</td><td>使矫正对象能够掌握不良人际交往信息识别内容。</td></tr>
<tr><td>矫正关键</td><td>通过交流分享让矫正对象加深对不良人际交往信息识别内容的认识。</td></tr>
<tr><td>方式方法</td><td>讲解、讨论、课堂练习、交流分享。</td></tr>
<tr><td>辅助手段</td><td>PPT、课外作业、检查督促</td></tr>
<tr><td>活动时间</td><td>6 课时</td></tr>
<tr><td>操作步骤</td><td>总结回顾前一训练单元→讲解人际交往的一般过程→定向阶段信息识别→情感探索阶段信息识别→情感交流阶段信息识别→稳定交流阶段信息识别→巩固训练</td></tr>
</table>

续表

<table>
<tr><th>单元</th><th>主题</th><th colspan="2">活动方案</th><th>活动效果</th></tr>
<tr><td rowspan="7">三</td><td rowspan="7">不良人际交往的回避</td><td>矫正目标</td><td>通过本单元的矫正，使矫正对象能够掌握运用联想后果法、理智警醒法、寻求帮助法、婉言拒绝法等策略回避不良人际交往的技能。</td><td rowspan="7">矫正活动实施完成后，根据矫正任务完成情况，16 名矫正对象达成单元矫正目标。其余 4 名矫正对象存在一定的问题，分别是 A2、A6、A12、A16 未能完全掌握不良人际交往回避技能，对他们进行 1 小时的集中辅导，基本达成了单元矫正目标。</td></tr>
<tr><td>矫正重点</td><td>使矫正对象能够掌握运用联想后果法、理智警醒法、寻求帮助法、婉言拒绝法等策略回避不良人际交往的具体方法与步骤。</td></tr>
<tr><td>矫正关键</td><td>通过案例解析、课堂讨论和运用训练让矫正对象加深对联想后果法、理智警醒法、寻求帮助法、婉言拒绝法等回避策略的认识和理解。</td></tr>
<tr><td>方式方法</td><td>系统讲解、案例解析、课堂讨论、运用训练</td></tr>
<tr><td>辅助手段</td><td>PPT、课外作业、检查督促</td></tr>
<tr><td>活动时间</td><td>6 课时</td></tr>
<tr><td>操作步骤</td><td>总结回顾前一训练单元→联想后果法→理智警醒法→寻求帮助法→婉言拒绝法→巩固训练</td></tr>
<tr><td rowspan="7">四</td><td rowspan="7">不良人际交往『识别＋回避』训练</td><td>矫正目标</td><td>通过本单元的矫正，使矫正对象进一步掌握面对人际交往不良群体危险信息时拒绝不良交往的回避技能，并能牢记自己曾经面对和将来可能要面对的人际交往危险信息的问题解决策略。</td><td rowspan="7">矫正活动实施完成后，根据矫正任务完成情况，17 名矫正对象达成单元矫正目标。其余 3 名矫正对象存在一定的问题，分别是 A3、A9、A15 不能熟练运用“识别＋回避”策略远离不良群体，对他们分别进行 0.5～1 小时的单独辅导，基本达成了单元矫正目标。</td></tr>
<tr><td>矫正重点</td><td>本单元的矫正重点是进行“信息识别＋回避策略”抵制不良人际交往强化训练。</td></tr>
<tr><td>矫正关键</td><td>通过强化训练让矫正对象拒绝不良人际交往真正成为自身的行为习惯</td></tr>
<tr><td>方式方法</td><td>微电影、案例分析、主题辩论、矫正作业</td></tr>
<tr><td>辅助手段</td><td>PPT、课外作业、检查督促</td></tr>
<tr><td>活动时间</td><td>6 课时</td></tr>
<tr><td>操作步骤</td><td>总结回顾前一训练单元→观看微电影→不良人际交往信息识别强化训练→“信息识别＋回避策略”抵制不良人际交往强化训练→“信息识别＋回避策略”运用技能训练→巩固训练</td></tr>
</table>

第三阶段："取代"模块实验

本模块共3个单元，拟用21个课时实施。实施内容，主要有3个方面：引导矫正对象通过沟通自觉认识到自己与交往方主要社交活动的不良影响，分辨良性交往活动与不良交往活动的差异，并能自觉取代；引导矫正对象认识并掌握网络交流活动应当遵守的基本规则，能明辨是非，通过模拟网络交流训练，自觉进行健康合宜的网络社交活动；引导矫正对象认识不同兴趣爱好可能导致的影响，并审视自己的兴趣爱好，组织他们参加兴趣培训班并能制定学习计划书，培养良好的兴趣爱好。实施方式，主要采用个别谈话、话题讨论、设计方案、撰写心得、冥想、网络沟通、资料学习、模拟训练、反思、承诺书、观察记录、问卷测试、开办兴趣培训班、案例分析、成果展示、布置作业等。本模块实验推进过程如下表所示：

表3.8 "取代"模块实验推进表

单元	主题	活动方案		活动效果
一	三方沟通内容评议	矫正目标	认识不良交往活动的危害，并学会用健康有益的活动取代不良交往活动。	矫正活动实施完成后，根据矫正任务完成情况，17名矫正对象达成单元矫正目标。其余3名矫正对象存在一定的问题，分别是A4、A10、A16对取代不良交往活动的内容不够明确，对他们分别进行1小时的单独辅导，基本达成了单元矫正目标。
		矫正重点	引导矫正对象通过沟通自觉认识到自己与交往方主要社交活动的不良影响。	
		矫正关键	引导矫正对象分辨良性交往活动与不良交往活动的差异，并能自觉取代。	
		方式方法	个别谈话、话题讨论、设计方案、撰写心得	
		辅助手段	冥想、网络沟通、作业	
		活动时间	2课时	
		操作步骤	矫正人员与矫正对象沟通→矫正人员与矫正对象的交往方沟通→矫正对象与其交往方沟通→适宜交往活动取代不良交往活动	

续表

单元	主题	活动方案		活动效果
二	健康网络交流活动	矫正目标	认识网络交流活动的基本规则，并能自觉运用到自己的网络社交活动中。	矫正活动实施完成后，根据矫正任务完成情况，18 名矫正对象达成单元矫正目标。其余 2 名矫正对象存在一定的问题，分别是 A8、A12 未能掌握网络交流活动中的基本规则，对他们进行 1 小时的集中辅导，基本达成了单元矫正目标。
		矫正重点	引导矫正对象认识并掌握网络交流活动应当遵守的基本规则，能明辨是非。	
		矫正关键	引导矫正对象通过模拟网络交流训练，自觉进行健康合宜的网络社交活动。	
		方式方法	话题讨论、资料学习、模拟训练	
		辅助手段	反思、承诺书、观察记录	
		活动时间	4 课时	
		操作步骤	认识自己网络交流活动的合宜性→分辨网络交流活动中健康合宜与不良违规之间的区别→网络交流模拟情境训练→回馈与反思	
三	兴趣爱好养成引导	矫正目标	认识和重塑自己的兴趣爱好，学会用良好的兴趣活动取代不良交往活动。	矫正活动实施完成后，根据矫正任务完成情况，17 名矫正对象达成单元矫正目标。其余 3 名矫正对象存在一定的问题，分别是 A8、A10、A13 对用健康的兴趣爱好取代之前存在的不良交往活动不够明确，对他们分别进行 0.5 ~ 1 小时的单独辅导，基本达成了单元矫正目标。
		矫正重点	引导矫正对象认识不同兴趣爱好可能导致的影响，并审视自己的兴趣爱好。	
		矫正关键	引导矫正对象参加兴趣培训班并能制定学习计划书，培养良好的兴趣爱好。	
		方式方法	话题讨论、问卷测试、撰写心得、开办兴趣培训班	
		辅助手段	个别谈话、案例分析、成果展示	
		活动时间	6 课时	
		操作步骤	审视自己的兴趣爱好的→对比不同兴趣爱好对交往活动的影响→参加健康有益的兴趣培训班→养成良好的兴趣爱好	

第四阶段："控制"模块实验

本模块共 3 个单元，拟用 21 个课时实施。实施内容，主要有 3 个方面：引导矫正对象认识自我控制对不良交往阻断的作用，掌握自控的基本方法，并将自我控制方法运用到案例分析和自我控制计划制定过程中；修复并提升矫正对象家庭成员间的亲密关系，并使家庭成员对不良交往控制的方法有清晰认识，引导矫正对象认同家庭支持，发挥家庭对交往控制的作用；引导矫正对象认同社会帮教，吸纳社会资源用于不良交往环境的社会控制，建立社区、警官、志愿者及“爱心妈妈”的帮教体系，形成多对一的管教格局。实施方式，主要采用微电影、案例分析、主题辩论、计划书、情境模拟、心理剧、家长开放日、辅导讲座、心理游戏、科教视频、主题帮教活动、签订协议、个别辅导、“爱心妈妈”QQ群、爱心联系卡、交往档案、矫正作业等。本模块实验推进过程如下表所示：

表 3.9　“控制”模块实验推进表

单元	主题	活动方案		活动效果
一	建立自我控制计划	矫正目标	认识自我控制能力对阻断不良交往的影响，学会对不良交往环境进行控制。	矫正活动实施完成后，根据矫正任务完成情况，16 名矫正对象达成单元矫正目标。其余 4 名矫正对象存在一定的问题，分别是 A3、 A6、 A12、A16 未能掌握不良交往环境自我控制的基本方法，对他们分别进行 1 小时的单独辅导，基本达成了单元矫正目标。
		矫正重点	引导矫正对象认识自我控制对不良交往阻断的作用，掌握自控的基本方法。	
		矫正关键	引导矫正对象将自我控制方法运用到案例分析和自我控制计划制定过程中。	
		方式方法	微电影、案例分析、主题辩论、矫正作业	
		辅助手段	计划书、情境模拟、心理剧	
		活动时间	2 课时	
		操作步骤	分辨不同自控能力对控制不良交往环境的影响→掌握不良交往环境自我控制的基本方法→制定社会交往环境自我控制计划书→案例或模拟情境训练	

续表

单元	主题	活动方案		活动效果
二	寻求家庭亲情支持	矫正目标	认识家庭亲情支持对控制不良交往环境的重要性，并构建良好的家庭支持。	通过家长开放日活动，与20组家庭签订了《不良交往阻断家庭支持协议书》，各组家庭成员能够对不良交往控制有较为清晰的认识，各矫正对象对家庭支持表示认同。
		矫正重点	修复并提升矫正对象家庭成员间的亲密关系，发挥家庭对交往控制的作用。	
		矫正关键	使矫正对象认同家庭支持，使家庭成员对不良交往控制的方法有清晰认识。	
		方式方法	家长开放日、辅导讲座、心理游戏、案例分析	
		辅助手段	签订协议书、矫正作业、科教视频	
		活动时间	4课时	
		操作步骤	家长学校辅导讲座→家长开放日活动→签订《不良交往阻断家庭支持协议书》→布置矫正作业	
三	签订社会帮教协议	矫正目标	建立不良交往环境的社会帮教控制体系，解决回归后的社会持续跟踪服务。	在主题活动中，各矫正对象能够认同社会帮教；在活动中，为20名矫正对象建立了社会帮教体系，20名社会志愿者与对应的矫正对象签订了帮教协议，效果需进一步追踪。
		矫正重点	引导矫正对象认同社会帮教，吸纳社会资源用于不良交往环境的社会控制。	
		矫正关键	建立社区、警官、志愿者及“爱心妈妈”的帮教体系，形成多对一的管教格局。	
		方式方法	主题帮教活动、签订协议、个别辅导、微电影	
		辅助手段	“爱心妈妈”QQ群、爱心联系卡、交往档案	
		活动时间	6课时	
		操作步骤	“为了孩子”主题活动→“妈妈看望孩子”活动→建立交往档案→跟踪	

第四章
验证分析

通过项目实验效果验证分析，对存在的问题和不足进行修改完善，获得可以接受的成效后，矫正项目才能基本定型。也就是说，矫正项目的定型是通过项目应用过程中的效果验证，针对查找出来的问题和不足不断进行修正完善而完成的。对本项目实验效果的验证分析，分为对项目实验过程中的阶段性实验效果所进行的模块分析，以及项目实验结束后的整体实验效果所进行的整体分析。

一、模块分析

本项目的矫正实验效果表现为不良交往结构（即犯因性需求）的改善状况和不良交往阻断技能的提升状况。在矫正实验中，通过提升不良交往阻断能力，实现不良交往结构的改善。而构成不良交往结构的交往认知、交往对象、交往内容和交往环境等四个维度，与构成不良交往阻断技能的认知能力、回避能力、取代能力和控制能力等四个维度分别对应。模块分析，就是对阶段性实验中矫正对象的认知能力、回避能力、取代能力和控制能力的改善效果分别进行验证分析。

（一）"认知"模块验证分析

本模块主要是验证：按照项目架构和实验设计中确定的认知模块的内容、方式和剂量进行项目实施，能否使矫正对象对不良交往的认知水平达到应有的程度。本模块实施效果的验证工具，采用不良交往认知状况测试问卷（BJR 测试），最高分为 128 分，得分越高认知水平越高。BJR 测试得分如表 4. 1 所示：

表 4. 1　实验组不良交往认知状况测试（BJR 测试）

对象	前测	后测	变化	对象	前测	后测	变化
A1	113	123	10	A11	96	110	14
A2	109	122	13	A12	75	98	23
A3	96	112	16	A13	88	108	20
A4	76	102	26	A14	121	126	5
A5	96	117	21	A15	76	104	28
A6	78	105	17	A16	99	118	19
A7	84	106	22	A17	115	120	5
A8	108	120	12	A18	118	126	8
A9	88	108	20	A19	96	112	16
A10	94	113	19	A20	118	124	6
均分	前测均分：97. 20；后测均分：113. 70。						

表 4. 2　实验组不良交往认知状况测试前后测 T 检验结果

	M	SD	差值	t
前测	97. 20	15. 17	－16. 50	-10.22^{***}
后测	113. 70	8. 49		

注：M 表示平均数，SD 表示标准差，*** 表示 $p<0.001$。

根据表 4.1 ~ 表 4.2 记录、统计和分析的情况，实验组在本模块矫正活动实施前后，BJR 得分的 T 检验结果差异极显著。这一结果表明，实验组对不良交往的认知水平前后测结果存在较大差异；且后测分数高于前测分数，表明矫正活动实施后，实验组对不良交往的认知水平有了显著提升。

（二）回避模块验证分析

本模块主要是验证：按照项目架构和实验设计中确定的的回避模块的内容、方式和剂量进行项目实施，能否使矫正对象在面对不良群体时，具有回避与其交往的策略和能力。本模块实施效果的验证工具，采用不良交往回避能力测试问卷（BJH 测试），满分为 100 分，对个体来说，BJH 得分 >60 分，才能达标。BJH 能力测试得分如表 4.3 所示：

表 4.3　不良人际交往回避能力测试（BJH 测试）

对象	A1	A2	A3	A4	A5	A6	A7	A8	A9	A10
得分	85	75	95	80	65	90	75	85	95	70
对象	A11	A12	A13	A14	A15	A16	A17	A18	A19	A20
得分	65	85	65	80	65	65	85	70	85	75
均分	77.75									
标准差	9.93									

根据表 4.3 中，对实验组不良人际交往回避能力的测试及分析结果可以看出，通过本模块的学习训练，对实验组不良交往回避能力的提升达到了预期目标。

（三）取代模块验证分析

本模块主要是验证：按照项目架构和实验设计中确定的取代模

块的内容、方式和剂量进行项目实施，能否使矫正对象学会运用健康有益的活动取代不良交往。本模块实施效果的验证工具，采用不良交往取代能力评价表（BJQ 测试），该表是一种结构化访谈定性分析简评表，主要考察矫正对象对社会交往活动、网络交流活动和兴趣爱好活动的问题查找的准确程度和取代内容的合理程度。BJQ 测试情况如表 4.4 所示：

表 4.4　实验组不良人际交往活动取代能力评价（BJQ 测试）

研究对象		社会交往活动		网络交流		兴趣爱好	
		问题查找	取代内容	问题查找	取代内容	问题查找	取代内容
实验组	A1	基本准确	合理	准确	合理	准确	合理
	A2	准确	合理	基本准确	合理	准确	合理
	A3	准确	合理	准确	合理	准确	合理
	A4	准确	合理	准确	合理	基本准确	基本合理
	A5	准确	合理	准确	合理	准确	合理
	A6	准确	合理	准确	合理	准确	合理
	A7	准确	合理	基本准确	基本合理	准确	合理
	A8	基本准确	基本合理	准确	合理	准确	基本合理
	A9	准确	合理	准确	合理	准确	合理
	A10	基本准确	基本合理	准确	基本合理	基本准确	合理
	A11	准确	合理	准确	合理	准确	合理
	A12	基本准确	基本合理	基本准确	合理	准确	合理
	A13	准确	合理	准确	合理	准确	合理
	A14	准确	基本合理	准确	基本合理	准确	合理
	A15	准确	合理	准确	合理	准确	合理
	A16	准确	合理	基本准确	合理	基本准确	基本合理
	A17	准确	合理	准确	合理	准确	合理
	A18	准确	合理	准确	合理	准确	合理
	A19	准确	合理	准确	基本合理	准确	合理
	A20	基本准确	基本合理	基本准确	合理	准确	基本合理
总体状况		准确度：75%	合理度：75%	准确度：75%	合理度：80%	准确度：85%	合理度：80%

根据表 4.4 中，对实验组不良交往活动取代能力的结构化访谈定性分析结果可以看出，通过本模块的学习训练，对实验组不良交

往活动取代能力的提升达到了预期目标。

（四）控制模块验证分析

本模块主要是验证：按照项目架构和实验设计中确定的控制模块的内容、方式和剂量进行项目实施，能否使矫正对象提高对不良交往的自我控制，以及帮助矫正对象获取对自我控制的外部支持。本模块实施效果的验证工具，采用不良交往控制能力测试问卷（BJK 测试），最高分为 100 分，得分越高控制能力越强，对个体来说，BJK 得分 >60 分，才能达标。BJK 测试得分如表 4.5 所示：

表 4.5　实验组不良交往控制能力测试（BJK 测试）

对象	前测	后测	变化	对象	前测	后测	变化
A1	57	67	明显	A11	62	60	未改善
A2	59	78	显著	A12	58	73	显著
A3	53	66	明显	A13	52	60	一般
A4	72	91	显著	A14	48	67	显著
A5	61	66	一般	A15	54	63	一般
A6	65	77	显著	A16	48	66	显著
A7	58	69	明显	A17	63	68	一般
A8	54	63	一般	A18	62	70	一般
A9	53	66	明显	A19	57	67	明显
A10	82	95	明显	A20	59	78	显著
均分	前测均分：58.85；后测均分：70.50。						

注：后测与前测之差 >15 分变化显著、10 ~ 14 分之间变化明显、5 ~ 9 分之间变化一般、1 ~ 4 分之间变化微小、<0 未改善。

表 4.6　实验组不良交往控制能力测试前后测 T 检验结果

	M	SD	差值	t
前测	58.85	7.93	-11.65	-9.31^{***}
后测	70.50	9.29		

注：M 表示平均数，SD 表示标准差，*** 表示 $p<0.001$。

根据表 4.5、表 4.6 记录、统计和分析的情况，实验组在本模块矫正活动实施前后，BJK 得分的 T 检验结果差异极显著。这一结果表明，实验组对不良交往环境的控制能力前后测存在较大差异；且后测分数高于前测分数，表明矫正活动实施后，实验组对不良交往环境的控制能力有了显著提升。

二、整体分析

整体分析，就是项目实验结束后，对矫正对象不良交往结构（即犯因性需求）和不良交往阻断技能的整体改善效果进行验证分析。主要采用定量分析和定性分析等两种验证分析方式。这两种分析，目标指向相同，方式各有侧重，结果相互印证。定量分析，主要是确定研究对象不良交往结构和不良交往阻断技能，在实施矫正前的初始状况，以及实施矫正后的改善状况；定性分析，主要是通过行为观察、典型个案、矫正对象反馈和民警评议等方式，考察研究对象的人际交往变化情况。

（一）定量分析

1. 不良交往结构状况改善效果验证分析

（1）前测

本项目实施前，实验组与对照组不良交往结构状况的个体与群体的初始状况，如下列表4.7所示：

表4.7　实验组与对照组不良交往结构前测状况一览表

研究对象		W1：交往认知（动态验证因子：人生观）			W2：交往对象（动态验证因子：自主性）			W3：交往内容（动态验证因子：离规倾向）			W4：交往环境（动态验证因子：自控力）		
		BJZ得分	XRX得分	状况	BJZ得分	XRX得分	状况	BJZ得分	XRX得分	状况	BJZ得分	XRX得分	状况
实验组	A1	4	2.21	较差	4	1.86	较差	5	1.44	较差	7	1.42	较差
	A2	2	0.89	较差	1	0.81	良好	4	1.46	较差	4	0.82	较差
	A3	4	1.93	较差	3	1.29	较差	4	1.52	较差	4	1.13	较差
	A4	2	1.37	较差	6	1.88	较差	4	2.04	较差	5	0.97	较差
	A5	3	1.56	较差	4	1.45	较差	4	1.36	较差	5	1.63	较差
	A6	3	0.95	一般	4	2.06	较差	5	2.02	较差	9	1.92	较差
	A7	3	1.87	较差	4	1.68	较差	5	1.86	较差	4	0.66	良好
	A8	4	1.55	较差	2	1.35	较差	5	2.12	较差	7	1.67	较差
	A9	3	0.86	一般	4	1.96	较差	5	1.57	较差	7	1.36	较差
	A10	4	1.36	较差	3	1.24	较差	4	1.23	较差	7	2.02	较差
	A11	3	1.07	较差	2	0.82	良好	4	1.34	较差	6	1.26	较差
	A12	3	1.32	较差	4	1.04	较差	5	1.23	较差	8	1.81	较差
	A13	3	1.57	较差	2	0.92	良好	5	1.32	较差	8	1.72	较差
	A14	4	2.14	较差	3	1.13	较差	4	0.79	一般	5	1.14	较差
	A15	3	1.87	较差	4	1.76	较差	5	1.06	较差	6	1.22	较差
	A16	4	1.62	较差	4	1.46	较差	5	0.87	一般	7	1.42	较差
	A17	3	1.57	较差	6	2.08	较差	7	1.97	较差	7	0.96	较差
	A18	2	1.48	较差	4	1.77	较差	4	0.92	一般	5	1.04	较差
	A19	2	1.35	较差	5	1.83	较差	5	1.23	较差	5	0.96	较差
	A20	4	1.87	较差	4	1.35	较差	5	1.06	较差	5	0.74	一般
均分		3.15	1.52		3.65	1.49		4.70	1.42		6.05	1.29	

续表

研究对象		W1：交往认知（动态验证因子：人生观）			W2：交往对象（动态验证因子：自主性）			W3：交往内容（动态验证因子：离规倾向）			W4：交往环境（动态验证因子：自控力）		
		BJZ得分	XRX得分	状况	BJZ得分	XRX得分	状况	BJZ得分	XRX得分	状况	BJZ得分	XRX得分	状况
对照组	B1	3	2.14	较差	2	1.06	较差	4	1.43	较差	4	0.74	良好
	B2	2	1.26	较差	1	0.82	良好	4	1.34	较差	4	0.96	较差
	B3	5	2.06	较差	5	2.07	较差	5	2.12	较差	8	1.94	较差
	B4	3	1.32	较差	4	1.66	较差	5	1.32	较差	4	1.04	较差
	B5	4	2.13	较差	4	1.88	较差	5	1.54	较差	5	1.12	较差
	B6	3	1.27	较差	2	0.92	良好	4	0.72	较差	4	1.26	较差
	B7	2	1.45	较差	3	1.18	较差	4	1.06	较差	5	1.12	较差
	B8	3	1.47	较差	4	1.26	较差	4	1.16	较差	4	1.37	较差
	B9	4	2.12	较差	5	1.94	较差	5	1.96	较差	7	0.96	较差
	B10	4	1.56	较差	5	2.07	较差	5	1.42	较差	5	1.23	较差
	B11	4	2.04	较差	2	0.84	良好	5	1.02	较差	5	1.14	较差
	B12	3	1.22	较差	4	1.62	较差	5	1.84	较差	6	1.08	较差
	B13	4	1.89	较差	3	1.32	较差	5	2.02	较差	7	1.36	较差
	B14	3	1.54	较差	4	1.25	较差	5	1.76	较差	8	1.79	较差
	B15	4	1.98	较差	4	1.42	较差	5	1.34	较差	9	1.22	较差
	B16	3	1.18	较差	2	1.02	较差	5	0.97	较差	8	1.65	较差
	B17	4	1.21	较差	5	2.07	较差	5	1.47	较差	8	1.88	较差
	B18	3	1.27	较差	3	1.62	较差	4	0.81	较差	6	1.63	较差
	B19	4	1.38	较差	6	2.17	较差	5	1.52	较差	7	1.26	较差
	B20	2	0.76	良好	2	1.28	较差	4	1.26	较差	5	1.54	较差
均分		3.40	1.56		3.50	1.47		4.65	1.40		5.95	1.32	

根据表4.7记录和统计的情况，实验组与对照组的不良交往结构状况总均分分别为17.55、17.50，T检验结果 $P > 0.05$。结果显示，两组罪犯不良交往结构总体上均处于比较严重的状态，且不存在显著差异。两组罪犯在不良交往结构状况的各个维度指标上均需改善，也不存在显著差异。

（2）后测

本项目实施结束后，实验组不良交往结构的个体与群体的改善状况，以及与对照组的对比情况，如下列表4.8~表4.12所示：

表 4.8 实验组与对照组不良交往结构后测状况一览表

研究对象		W1：交往认知（动态验证因子：人生观）			W2：交往对象（动态验证因子：自主性）			W3：交往内容（动态验证因子：离规倾向）			W4：交往环境（动态验证因子：自控力）		
		原状况	XRX得分	现状况	原状况	XRX得分	现状况	原状况	XRX得分	现状况	原状况	XRX得分	现状况
实验组	A1	较差	1.32	有改善	较差	0.78	有改善	较差	0.52	有改善	较差	0.73	有改善
	A2	较差	0.26	有改善	良好	-0.35	有改善	较差	0.62	有改善	较差	0.05	有改善
	A3	较差	1.12	有改善	较差	1.02	有改善	较差	0.82	有改善	较差	0.56	有改善
	A4	较差	0.57	有改善	较差	0.68	有改善	较差	0.94	有改善	较差	0.52	有改善
	A5	较差	0.87	有改善	较差	0.55	有改善	较差	0.76	有改善	较差	0.76	有改善
	A6	一般	-0.32	有改善	较差	1.62	有改善	较差	1.18	有改善	较差	1.11	有改善
	A7	较差	0.96	有改善	较差	0.66	有改善	较差	1.12	有改善	良好	-0.26	有改善
	A8	较差	0.92	有改善	较差	0.32	有改善	较差	0.62	有改善	较差	0.72	有改善
	A9	一般	0.14	有改善	较差	0.65	有改善	较差	0.52	有改善	较差	0.83	有改善
	A10	较差	0.62	有改善	较差	0.64	有改善	较差	0.63	有改善	较差	0.96	有改善
	A11	较差	-0.29	有改善	良好	0.41	有改善	较差	0.52	有改善	较差	0.76	有改善
	A12	较差	0.26	有改善	较差	0.23	有改善	较差	0.56	有改善	较差	0.83	有改善
	A13	较差	0.55	有改善	良好	-0.42	有改善	较差	0.43	有改善	较差	0.83	有改善
	A14	较差	0.63	有改善	较差	0.33	有改善	一般	-0.35	有改善	较差	0.42	有改善
	A15	较差	0.46	有改善	较差	0.82	有改善	较差	0.32	有改善	较差	0.62	有改善
	A16	较差	0.33	有改善	较差	0.42	有改善	一般	-0.16	有改善	较差	0.56	有改善
	A17	较差	0.37	有改善	较差	1.33	有改善	较差	2.12	有改善	较差	0.37	有改善
	A18	较差	0.28	有改善	较差	0.62	有改善	一般	-0.44	有改善	较差	0.42	有改善
	A19	较差	0.27	有改善	较差	0.74	有改善	较差	0.46	有改善	较差	-0.34	有改善
	A20	较差	0.62	有改善	较差	0.45	有改善	较差	0.22	有改善	一般	-0.76	有改善
均分			0.50			0.58			0.57			0.48	
对照组	B1	较差	2.12	较差	较差	1.12	较差	较差	1.46	较差	良好	0.82	转差
	B2	较差	1.12	较差	良好	1.01	转差	较差	1.23	较差	较差	0.98	较差
	B3	较差	2.19	较差	较差	1.96	较差	较差	2.06	较差	较差	1.61	较差
	B4	较差	1.32	较差	较差	1.62	较差	较差	1.34	较差	较差	1.06	较差
	B5	较差	2.11	较差	较差	1.94	较差	较差	1.42	较差	较差	1.08	较差
	B6	较差	1.16	较差	良好	1.02	转差	较差	0.86	较差	较差	1.19	较差
	B7	较差	1.51	较差	较差	1.09	较差	较差	1.09	较差	较差	1.14	较差
	B8	较差	1.47	较差	较差	1.28	较差	较差	1.08	较差	较差	1.46	较差
	B9	较差	2.05	较差	较差	2.07	较差	较差	2.02	较差	较差	0.98	较差
	B10	较差	1.61	较差	较差	2.14	较差	较差	1.46	较差	较差	1.19	较差
	B11	较差	1.95	较差	良好	1.04	转差	较差	0.98	有改善	较差	1.14	较差
	B12	较差	1.26	较差	较差	1.67	较差	较差	1.78	较差	较差	1.12	较差
	B13	较差	2.01	较差	较差	1.23	较差	较差	1.93	较差	较差	1.42	较差
	B14	较差	1.47	较差	较差	1.17	较差	较差	1.82	较差	较差	1.64	较差
	B15	较差	1.92	较差	较差	1.35	较差	较差	1.28	较差	较差	1.26	较差
	B16	较差	1.14	较差	较差	1.05	较差	较差	1.03	较差	较差	1.63	较差
	B17	较差	1.33	较差	较差	1.98	较差	较差	1.89	较差	较差	1.94	较差
	B18	较差	1.14	较差	较差	1.72	较差	较差	0.78	有改善	较差	1.72	较差
	B19	较差	1.15	较差	较差	2.24	较差	较差	1.47	较差	较差	1.15	较差
	B20	良好	0.84	良好	较差	1.32	较差	较差	1.32	较差	较差	1.48	较差
均分			1.54			1.50			1.42			1.30	

（3）前后测差异检验

a. 纵向检验

表 4.9　实验组 XRX 前后测 T 检验结果

	M	SD	差值	t
人生观前测	1.52	0.39	1.02	16.46***
人生观后测	0.50	0.42		
自主性前测	1.49	0.41	0.91	13.72***
自主性后测	0.58	0.47		
离规倾向前测	1.42	0.40	0.85	11.38***
离规倾向后测	0.57	0.56		
自控力前测	1.29	0.40	0.91	14.67***
自控力后测	0.48	0.47		

注：M 表示平均数，SD 表示标准差；*** 表示 $p<0.001$。

表 4.10　对照组 XRX 前后测 T 检验结果

	M	SD	差值	t
人生观前测	1.56	0.41	0.02	0.88
人生观后测	1.54	0.42		
自主性前测	1.47	0.45	-0.03	-1.30
自主性后测	1.50	0.43		
离规倾向前测	1.40	0.39	-0.02	-0.41
离规倾向后测	1.42	0.39		
自控力前测	1.32	0.33	0.02	0.62
自控力后测	1.30	0.30		

注：M 表示平均数，SD 表示标准差。

b. 横向检验

表 4.11　实验组与对照组 XRX 前测 T 检验结果

	M	SD	差值	t
实验组人生观前测	1.52	0.39	-0.04	-0.33
对照组人生观前测	1.56	0.41		
实验组自主性前测	1.49	0.41	0.02	0.10
对照组自主性前测	1.47	0.45		
实验组离规倾向前测	1.42	0.40	0.02	0.13
对照组离规倾向前测	1.40	0.39		
实验组自控力前测	1.29	0.40	-0.02	-0.22
对照组自控力前测	1.32	0.33		

注：M 表示平均数，SD 表示标准差。

表 4.12　实验组与对照组 XRX 后测 T 检验结果

	M	SD	差值	t
实验组人生观后测	0.50	0.42	-1.04	-7.90***
对照组人生观后测	1.54	0.42		
实验组自主性后测	0.58	0.47	-0.92	-6.52***
对照组自主性后测	1.50	0.43		
实验组离规倾向后测	0.57	0.56	-0.85	-5.53***
对照组离规倾向后测	1.42	0.39		
实验组自控力后测	0.48	0.47	-0.82	-6.54***
对照组自控力后测	1.30	0.32		

注：M 表示平均数，SD 表示标准差；*** 表示 $p < 0.001$。

2. 不良交往阻断技能状况改善效果验证分析

（1）前测

本项目实施前，实验组与对照组不良交往阻断技能状况的个体与群体的初始状况，如下列表4.13、表4.14所示：

表4.13 不良交往阻断技能测试（BBS技能测试）

研究对象		认知能力		回避能力		取代能力		控制能力	
		得分	状况	得分	状况	得分	状况	得分	状况
实验组	A1	4	缺失	11	正常	7	正常	6	良好
	A2	6	正常	8	正常	6	缺失	5	缺失
	A3	5	缺失	12	正常	7	缺失	6	良好
	A4	5	缺失	10	正常	7	正常	5	缺失
	A5	6	缺失	12	正常	7	缺失	6	良好
	A6	4	缺失	10	正常	8	正常	5	缺失
	A7	7	正常	9	缺失	6	缺失	5	缺失
	A8	6	正常	7	缺失	7	正常	6	良好
	A9	5	缺失	9	正常	5	缺失	4	缺失
	A10	4	缺失	11	正常	7	正常	7	良好
	A11	6	正常	10	正常	7	正常	5	缺失
	A12	5	缺失	7	缺失	6	正常	6	良好
	A13	5	缺失	8	正常	6	缺失	5	缺失
	A14	5	缺失	11	正常	6	缺失	5	缺失
	A15	6	正常	9	缺失	7	正常	6	良好
	A16	5	缺失	12	正常	6	缺失	5	缺失
	A17	6	良好	8	缺失	5	缺失	6	良好
	A18	5	缺失	7	缺失	7	正常	4	缺失
	A19	4	缺失	10	正常	6	缺失	5	缺失
	A20	5	缺失	10	正常	6	缺失	5	缺失
平均		5.20		9.55		6.45		5.35	

续表

研究对象		认知能力		回避能力		取代能力		控制能力	
		得分	状况	得分	状况	得分	状况	得分	状况
对照组	B1	5	缺失	7	缺失	6	缺失	6	正常
	B2	5	缺失	6	缺失	7	正常	7	正常
	B3	6	正常	13	正常	7	正常	5	缺失
	B4	7	正常	12	正常	7	正常	3	缺失
	B5	7	正常	7	缺失	6	缺失	5	缺失
	B6	7	正常	11	正常	6	缺失	7	正常
	B7	6	正常	13	正常	7	正常	5	缺失
	B8	8	正常	9	正常	7	正常	5	缺失
	B9	5	缺失	10	正常	4	缺失	7	正常
	B10	5	缺失	7	缺失	7	正常	5	缺失
	B11	4	缺失	10	正常	6	缺失	4	缺失
	B12	3	缺失	6	缺失	7	正常	5	缺失
	B13	4	缺失	10	正常	6	缺失	7	正常
	B14	6	正常	8	缺失	7	正常	6	正常
	B15	5	缺失	10	正常	6	缺失	4	缺失
	B16	3	缺失	7	缺失	4	缺失	6	正常
	B17	4	缺失	4	缺失	6	缺失	6	正常
	B18	6	正常	11	正常	5	缺失	7	正常
	B19	5	缺失	9	正常	7	正常	5	缺失
	B20	6	正常	13	正常	7	正常	5	缺失
平均		5.35		9.15		6.25		5.50	

表 4.14　实验组与对照组不良交往阻断技能（BBS）前测 T 检验结果

	M	SD	差值	t
实验组认知能力	5.20	0.83	-0.15	-0.42
对照组认知能力	5.35	1.35		
实验组回避能力	9.55	1.67	0.40	0.58
对照组回避能力	9.15	2.60		
实验组取代能力	6.45	0.76	0.20	0.73
对照组取代能力	6.25	0.97		
实验组控制能力	5.35	0.75	-0.15	-0.49
对照组控制能力	5.50	1.15		
实验组总分	26.55	2.21	0.30	0.28
对照组总分	26.25	4.24		

注：M 表示平均数，SD 表示标准差。

根据表 4.13 和表 4.14 记录、统计和分析的情况，实验组与对照组的不良人际交往阻断技能测试得分不存在显著差异。结果显示，两组罪犯不良交往阻断技能总体上均处于比较缺失的状态，且无明显差异。两组罪犯在不良交往阻断技能的各个维度指标上技能缺失的状况也不存在显著差异，均较为严重，需加以改善。

（2）后测

本项目实施结束后，实验组不良交往阻断技能的个体与群体的改善状况，以及与对照组的对比情况，如下列表 4.15 ~ 表 4.19 所示：

表 4.15　不良交往阻断技能后测状况一览表（BBS 技能测试）

研究对象		认知能力		回避能力		取代能力		控制能力	
		得分	状况	得分	状况	得分	状况	得分	状况
实验组	A1	6	良好	15	良好	8	良好	8	良好
	A2	8	良好	13	良好	6	缺失	7	良好
	A3	8	良好	15	良好	8	良好	7	良好
	A4	7	良好	15	良好	8	良好	7	良好
	A5	7	良好	15	良好	8	良好	7	良好
	A6	6	良好	12	良好	8	良好	4	缺失
	A7	4	缺失	13	良好	6	缺失	5	缺失
	A8	8	良好	13	良好	7	良好	8	良好
	A9	5	缺失	14	良好	7	良好	6	良好
	A10	7	良好	14	良好	8	良好	8	良好
	A11	5	缺失	14	良好	8	良好	8	良好
	A12	6	良好	11	良好	8	良好	7	良好
	A13	4	缺失	11	良好	6	缺失	6	良好
	A14	6	良好	14	良好	7	良好	6	良好
	A15	7	良好	14	良好	7	良好	8	良好
	A16	5	缺失	15	良好	6	缺失	5	缺失
	A17	5	缺失	11	良好	5	缺失	7	良好
	A18	6	良好	9	良好	8	良好	4	缺失
	A19	5	缺失	14	良好	7	良好	6	良好
	A20	6	良好	14	良好	7	良好	6	良好
均分		6.05		13.30		7.15		6.50	
总均分		33							

续表

研究对象		认知能力		回避能力		取代能力		控制能力	
		得分	状况	得分	状况	得分	状况	得分	状况
对照组	B1	5	缺失	6	缺失	7	良好	5	缺失
	B2	5	缺失	6	缺失	6	良好	6	良好
	B3	6	良好	13	良好	7	良好	8	良好
	B4	7	良好	13	良好	7	良好	5	缺失
	B5	7	良好	6	缺失	6	良好	3	缺失
	B6	6	良好	11	良好	7	良好	6	良好
	B7	6	良好	14	良好	8	良好	8	良好
	B8	8	良好	10	良好	7	良好	5	缺失
	B9	5	缺失	10	良好	4	缺失	4	缺失
	B10	4	缺失	8	缺失	7	良好	7	良好
	B11	4	缺失	10	良好	7	良好	5	缺失
	B12	3	缺失	6	缺失	7	良好	3	缺失
	B13	4	缺失	10	良好	6	良好	5	缺失
	B14	5	缺失	7	缺失	5	缺失	7	良好
	B15	5	缺失	12	良好	7	良好	6	良好
	B16	3	缺失	7	缺失	4	缺失	4	缺失
	B17	4	缺失	4	缺失	6	缺失	7	良好
	B18	6	良好	13	良好	5	缺失	6	良好
	B19	5	缺失	9	良好	7	缺失	7	良好
	B20	6	良好	14	良好	8	缺失	4	缺失
均分		5.20		9.45		6.40		5.55	
总均分		26.60							

（3）前后测差异检验

a. 纵向检验

表 4.16 实验组不良交往阻断技能前后测（BBS）T 检验结果

	M	SD	差值	t
认知能力前测	5.20	1.23	−0.85	-2.54^{*}
认知能力后测	6.05	0.83		
回避能力前测	9.55	1.67	−3.75	-15.60^{***}
回避能力后测	13.30	1.69		
取代能力前测	6.45	0.76	−0.70	-4.77^{**}
取代能力后测	7.15	0.93		
控制能力前测	5.35	0.75	−1.15	-5.51^{**}
控制能力后测	6.50	1.28		
总分前测	26.55	2.21	−6.45	-10.67^{***}
总分后测	33.00	3.62		

注：M 表示平均数，SD 表示标准差；* 表示 $p<0.05$、** 表示 $p<0.01$、*** 表示 $p<0.001$。

表 4.17 对照组不良人际交往阻断技能前后测（BBS）T 检验结果

	M	SD	差值	t
认知能力前测	5.35	1.35	0.15	1.83
认知能力后测	5.20	1.32		
回避能力前测	9.15	2.60	−0.30	−1.55
回避能力后测	9.45	3.09		
取代能力前测	6.25	0.97	−0.15	−0.90
取代能力后测	6.40	1.14		
控制能力前测	5.50	1.15	−0.05	−0.37
控制能力后测	5.55	1.50		
总分前测	26.25	4.24	−0.35	−1.00
总分后测	26.60	5.04		

注：M 表示平均数，SD 表示标准差。

b. 横向检验

表 4.18　实验组与对照组不良交往阻断技能前测（BBS）T 检验结果

	M	SD	差值	t
实验组认知能力前测	5.20	0.83	-0.15	-0.42
对照组认知能力前测	5.35	1.35		
实验组回避能力前测	9.55	1.67	0.40	0.57
对照组回避能力前测	9.15	2.60		
实验组取代能力前测	6.45	0.76	0.20	0.73
对照组取代能力前测	6.25	0.97		
实验组控制能力前测	5.35	0.75	-0.15	-0.49
对照组控制能力前测	5.50	1.15		
实验组总分前测	26.55	2.21	0.30	0.28
对照组总分前测	26.25	4.24		

注：M 表示平均数，SD 表示标准差。

表 4.19　实验组与对照组不良人际交往阻断技能后测（BBS）T 检验结果

	M	SD	差值	t
实验组认知能力后测	6.05	1.23	0.75	2.10*
对照组认知能力后测	5.20	1.32		
实验组回避能力后测	13.30	1.69	3.85	4.89**
对照组回避能力后测	9.45	3.09		
实验组取代能力后测	7.15	0.93	0.75	2.27*
对照组取代能力后测	6.40	1.14		
实验组控制能力后测	6.50	1.28	0.95	2.15*
对照组控制能力后测	5.55	1.50		
实验组总分后测	33	3.63	6.40	4.61***
对照组总分后测	26.60	5.04		

注：M 表示平均数，SD 表示标准差；* 表示 $p<0.05$、** 表示 $p<0.01$、*** 表示 $p<0.001$。

c. 前后测结果比较图

图 4.1　实验组与对照组不良交往认知能力前后测结果比较图

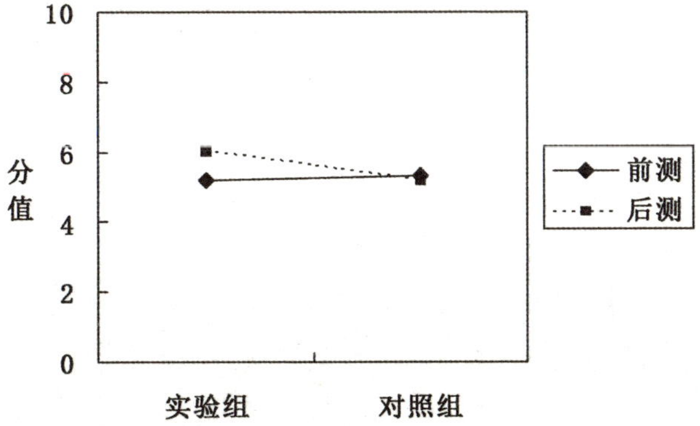

图 4.2　实验组与对照组不良交往回避能力前后测结果比较图

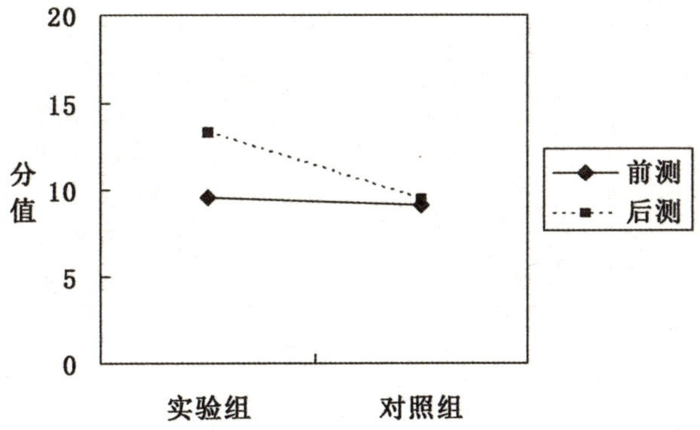

图 4.3　实验组与对照组不良交往取代能力前后测结果比较图

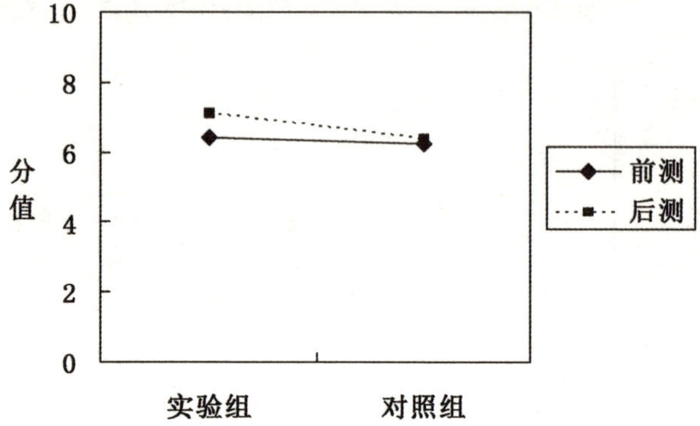

图 4.4　实验组与对照组不良交往控制能力前后测结果比较图

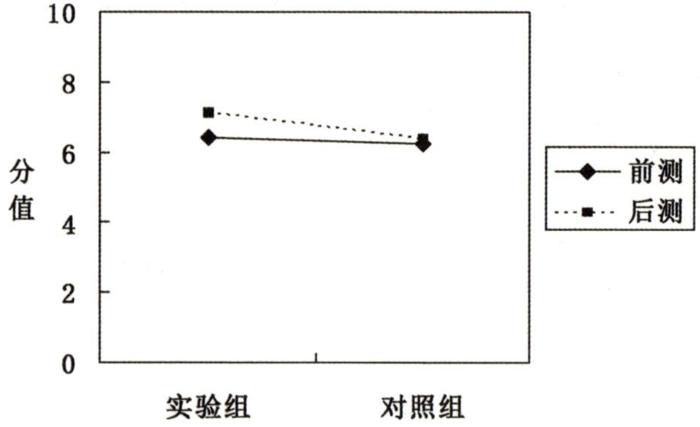

图 4.5　实验组与对照组不良人际交往阻断技能前后测（BBC）结果比较图

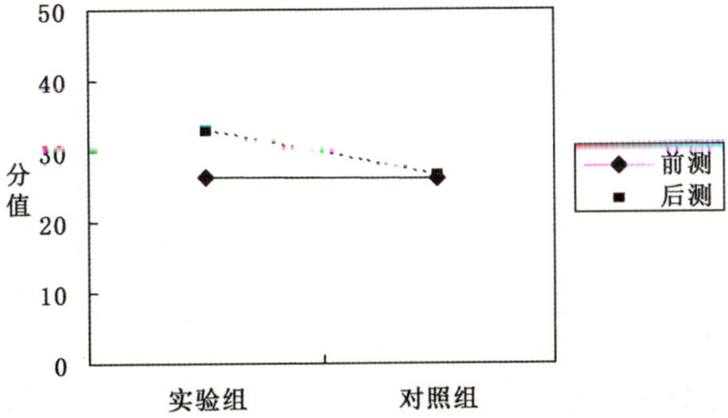

3. 综合评价

（1）纵向比较

根据表 4.9～表 4.10 记录、统计和分析的情况，矫正活动结束后，实验组的不良交往结构状况与矫正活动实施前相比，维度 1 “交往认知”的动态验证因子“人生观”、维度 2 “交往对象”的动态验证因子“自主性”、维度 3 “交往内容”的动态验证因子“离规倾向”、维度 4 “交往环境”的动态验证因子“自控力”的测试得分均存在极显著差异，且后测得分低于前测得分。结果表明，矫正活动实施后，实验组在实验选取的各项指标上均有了明显改善。而对照组没有参加整个过程的矫正活动，对照组不良交往结构状况的各项指标前后测结果均不存在显著差异。

根据表 4.16～表 4.17 记录、统计和分析的情况，矫正活动结束后，实验组的不良交往阻断技能与矫正活动实施前相比，维度 1 “认知能力”的测试得分存在显著差异，且后测得分高于前测得分；维度 2 “回避能力”、维度 3 “取代能力”、维度 4 “控制能力”的测试得分存在极显著差异，且后测得分高于前测得分；不良交往阻断技能前后测所得总分存在极显著差异，且后测得分高于前测得分。结果说明，矫正活动实施后，实验组的各项指标均有了显著提升。而对照组没有参加整个过程的矫正活动，对照组不良交往阻断技能的各项指标前后测结果不存在显著差异。

（2）横向比较

根据表4.11～表4.12、表4.18～表4.19记录、统计和分析的情况，以及图4.1～图4.5前后测结果比较图显示。实验组与对照组相比，两组的各项指标前测结果无显著差异，矫正活动实施后，在后测结果上，实验组在不良交往结构和不良交往阻断技能的各项指标上明显优于对照组。

（3）结论

a. 实验中，不良交往阻断技能的提升与不良交往结构状况的改善，体现出明显的正相关，充分说明，通过提升不良交往阻断技能改变不良交往结构状况的途径是正确的。

b. 实验后，通过纵向和横向比较，实验组的各项指标，不仅明显改善，也明显优于对照组，充分说明，本项目所使用的矫正方案和矫正技术是有效的。

（二）定性分析

1. 行为观察

（1）实验组与对照组违规违纪次数记录

对实验组和对照组罪犯，在本项目实施前三个月、实施期间和实施结束后三个月对其狱内违规违纪次数进行记录并加以比较。

表 4.20　实验组与对照组在本项目实施前中后期的违规违纪次数表

违纪次数 / 被试编号	项目实施前期（次）			项目实施中期（次）			项目实施后期（次）		
	4 月	5 月	6 月	7 月	8 月	9 月	10 月	11 月	12 月
A1	0	0	0	0	0	0	0	0	0
A2	0	0	0	0	0	0	0	0	0
A3	0	0	0	0	0	0	0	0	0
A4	2	0	0	1	0	0	0	0	0
A5	0	0	0	0	0	0	0	0	0
A6	1	1	0	0	0	0	0	0	0
A7	0	0	0	0	0	0	0	0	0
A8	0	0	0	0	0	0	0	0	0
A9	0	0	0	0	0	0	0	0	0
A10	0	0	1	0	0	0	0	0	0
A11	0	0	0	0	0	0	0	0	0
A12	0	0	0	0	0	0	0	0	0
A13	0	0	0	0	0	0	0	0	0
A14	0	0	0	0	0	0	0	0	0
A15	0	2	0	0	0	0	0	0	0
A16	0	0	0	0	0	0	0	0	0
A17	0	0	0	0	1	0	0	0	0
A18	0	0	0	0	0	0	0	0	0
A19	0	1	0	0	0	0	1	0	0
A20	0	0	0	0	0	0	0	0	0
合计	8			2			1		
B1	0	0	0	0	0	0	0	0	0
B2	1	0	1	0	0	0	0	0	0
B3	0	0	0	0	0	0	0	0	0
B4	0	0	0	0	1	0	1	0	0

续表

违纪次数 / 被试编号	项目实施前期（次）			项目实施中期（次）			项目实施后期（次）		
	4月	5月	6月	7月	8月	9月	10月	11月	12月
B5	0	0	0	0	0	0	0	0	0
B6	0	0	0	0	1	1	0	0	0
B7	0	0	0	0	0	0	0	0	0
B8	0	1	0	0	0	2	0	1	0
B9	1	0	0	1	0	0	0	0	0
B10	0	0	0	0	0	0	1	0	0
B11	0	0	0	0	0	0	0	0	0
B12	0	0	0	0	0	0	0	0	0
B13	0	1	0	0	1	0	1	0	0
B14	0	0	0	0	0	0	0	0	0
B15	0	0	0	0	0	1	0	0	0
B16	0	1	1	0	0	0	0	0	0
B17	0	0	0	1	0	0	0	0	2
B18	0	0	0	0	0	0	0	0	0
B19	0	0	0	0	0	0	0	0	0
B20	0	0	0	0	0	0	0	0	0
合计	7			9			6		

如表4.20所示，在实验组中，项目实施前三个月有违规违纪行为的矫正对象，在实施项目期间和之后违规违纪次数明显减少。而对照组罪犯的违规违纪次数基本没有变化。其违规违纪次数分布情况见图4.6和图4.7。

图 4.6　实验组矫正期间违纪次数表

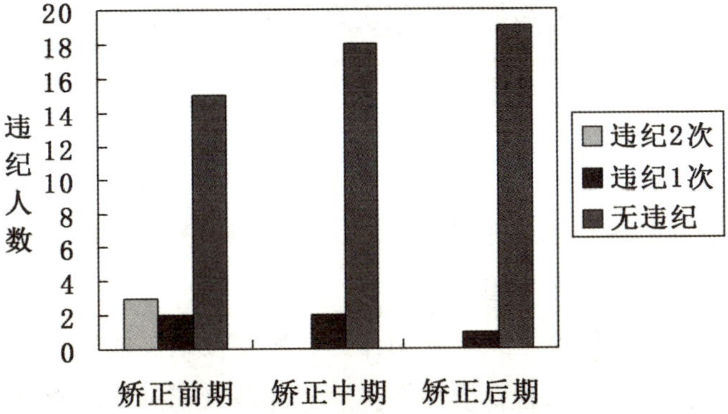

图 4.7　对照组矫正期间违纪次数表

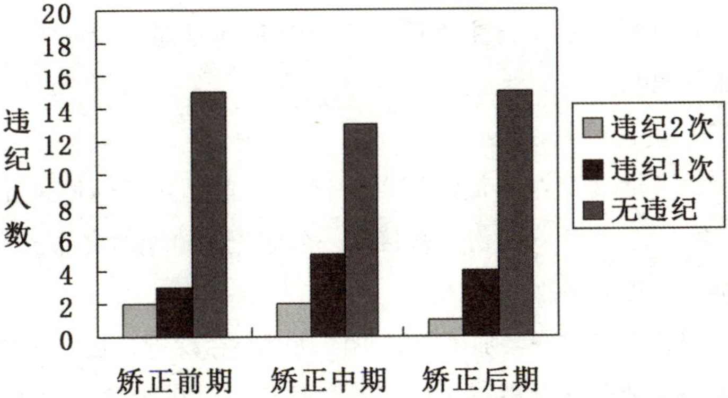

（2）实验组与对照组违规违纪次数的 T 检验结果

对实验组和对照组罪犯，在本项目实施前中后期的违规违纪次数分别进行 T 检验。实验组被试方面，项目实施前期的违纪次数与项目中期的违规次数存在显著差异（t＝0.83，P＝0.04），项目实施前期的违纪次数与项目后期的违规次数存在显著差异（t＝0.67，P＝0.01）；对照组被试方面，项目实施前期的违纪次数与项目中期的违规次数不存在显著差异（$t=-0.63$，$P=0.63$），项目实施前期的违纪次数与项目后期的违规次数不存在显著差异（$t=0.67$，$P=0.33$）。

2. 典型个案

（1）矫正对象A2

民警反馈该犯在参加矫正前，当年5月份曾听从一名罪犯的话，找茬打了另一名罪犯。

该犯在矫正初期不太融入团体，后慢慢接纳，能够认真完成矫正作业。民警反馈该犯在参加矫正后，逐渐认识到自己存在不良交往方面的问题，遇到别人拉拢时也开始学会识别别人的意图，不受他人的干涉和支配，自我判断、自我行动的能力增强。遇事不再让别人给自己做决定，自主性明显提高。有问题能够及时向民警反映，不再盲从。

（2）矫正对象A10

民警反馈该犯在参加矫正前，许多罪犯都知道他原来是一个“盗窃高手”，当年6月份，曾接受一名罪犯送给他的食品，答应收他为徒，后被人举报。

该犯在矫正初期参加团体矫正活动时心存疑虑，后经民警教育及团体矫正老师答疑解惑，该犯逐渐适应，且乐于参加团体活动，表示确实学到了许多东西。懂得了遇到形形色色的诱惑时，要学会自我控制，使自己不受干扰，要按照自己的原则行事，不致在纷杂的诱惑面前，迷失自我。即使身处不安和为难的境遇，也要尽力创造出属于自己的心灵家园。只有具备了这样的自我控制能力，才能活的更轻松、更简单、更自在。懂得学会对自己负责，并以“对自己负责”为题写了一篇作文。

3. 矫正对象反馈

（1）矫正对象A4。“参加团体让我收获颇丰，这次活动使我认真回顾了自己的成长过程，对自己的人生经历进行了总结和反思。认真查找了自己的不良交往问题，及其对自身成长造成的消极影响。认真分析了自身犯罪与不良交往的关系，认清不良交往的危害。现在，我学会了对不良群体的回避方法、如何进行健康有益的交往活动，以及在不良环境中学会控制自己。”

（2）矫正对象A8。“在参加团体活动前，我觉得可能又是一个搞形式、走过场的活动，起初带着很大的抵触情绪参加活动，可是参加了两次以后，感觉并不是我想的那样。在团体中找到了解决问题的方法。过去，我遇到问题时优柔寡断，又不知道如何改变这种状况，好像自己的命运掌握在别人的手中。现在，学会了减少依赖，避免迷信和盲从别人，遇事不让别人左右自己，学会把来自各方面的关爱、期望和鼓励转化为增强自主的动力。遇事三思而后行，懂得自尊和他尊、责任心与义务感对完善自我的积极影响，学会预防自我陶醉、固执己见、妄自尊大的消极心态。”

4. 民警评议

整个矫正活动结束后，管区民警对矫正对象进行了观察和评估，发现矫正对象在思想观念、行为方式和精神生活方面发生了积极变化。主要表现为：

（1）矫正对象的思想观念发生明显变化。一是悔罪意识增强。都能认真回顾自己的成长过程，对自己的人生经历进行总结和反思；能认真分析自身在不良交往方面存在的问题，以及这些问题对自身成长造成的消极影响；认真总结自身犯罪与不良交往的关系，切实认清犯罪的危害。二是加强了人生观的改造。原来对许多社会和人生问题根本没有进行过认真的思考，头脑中没有形成明确的信念，行为盲目。现在能重新审视自己，认识到错误的价值观念是导致甚至走上犯罪道路的重要思想原因。诸如，人的本质就是自私的；人与人之间没有真诚，“马善被人骑、人善被人欺”，老实人吃亏，做人越狠人越怕；人生就要及时行乐，否则后悔莫及；有钱就有一切，有钱就有幸福；等等这些观念看重金钱、物质、享受、虚荣、面子等，轻视甚至无视自由、尊严、道德、良心、责任等，尽管是完全错误的，但有些罪犯还当作是自己的人生格言。矫正后，他们对人生的价值、人生的意义有了重新定义。

（2）矫正对象的行为方式显著改变。能按照“三思而后行，行后再三思”的要求内省自己的思想或行为，对改造中遇到的矛盾和问题，学会了换位思考，能站在对方的角度、心理、观念以及立场上思考问题。能按照要求坚持观察人的言行，做好观察记录，从中找出离规倾向行为及其离规的依据，学会了判断规则，并通过对一些规则不合理性的思考与完善，学会分析规则。能对日常言行遵守规则和违背规则的情况，以及对内心的离规倾向，坚持写反省日记、周小结和月总结，自觉对遵规守纪情况进行自我评价，从而学会反省；能够熟练掌握《监狱服刑人员行为规范》和监所出台的一系列规范，坚持自觉遵守和执行，并请求民警和同犯平时对自己加强监督和提醒，从而学会坚持。

（3）矫正对象的精神生活更加充实。矫正对象在参加矫正活动后，能按照要求，围绕五个问题，即：你希望自己成为什么样的人？你的朋友是什么样的人？你认为自己怎样就会快乐？你日常的交往活动内容有哪些？你有哪些感兴趣的事？对自己的日常兴趣爱好进行反思，从而确立“应培养良好的兴趣爱好，取代不良交往”的信念。为了学会用良好的兴趣活动取代不良交往活动，重视和重塑自己的兴趣爱好，绝大多数矫正对象参加了兴趣爱好班并制定了学习计划书，他们的兴趣爱好比较广泛，参加的兴趣爱好班有绘画班、书法班、篆刻班、剪纸班、十字绣班、泥塑班、古筝班、音乐班、健身班、瑜伽班、舞蹈班、家电维修班、验光配镜班、烹饪班、电瓶车维修班、糕点制作班、3D 绘图班、插花班等。参加兴趣爱好班，使他们不仅增进了知识，提高了文化素养，还愉悦了身心，充实了精神生活。

第五章
结　论

项目实验历时两年，通过开发设计、实验运用、验证分析，不断进行调整、完善，我们认为，未成年人不良交往矫正项目作为改善或消除未成年人不良交往问题的矫正工具，经过初步验证，得出如下结论：

一、成效

一是形成了一个可以投入使用的未成年犯不良交往矫正项目。该项目探索了不良交往未成年犯在认知功能方面的特点，发现了这类罪犯在不良交往群体的回避、不良交往活动的取代和不良交往环境的控制等方面存在的人际交往功能的缺陷。通过项目实验和相关数据分析表明，我们针对未成年不良交往行为人开发设计的未成年犯不良交往矫正项目，对改善未成年犯对不良交往的认知程度、不良交往群体的回避能力、不良交往活动的取代能力和不良交往环境的控制能力均有明显成效，能够显著提高未成年犯的不良交往阻断技能。

二是研发了一套证据多元的针对不良交往未成年犯的循证矫正动态评估工具。这套工具包括自评问卷、他评问卷、结构式访谈、行为学评估、情境模拟测试软件等内容，均具有良好的信效度，可以作为测量不良人际交往未成年犯静态和动态风险因子的工具，也为这类未成年犯的筛选、预测、矫正等工作提供科学依据。

三是传播了循证矫正理念，同时锻炼并培养了一支能够胜任循证矫正工作的民警队伍。主要体现在监所的管理者在罪犯改造的理念上有了全新的认识，改造方法上接受了循证矫正的理念；参与矫正项目实施的矫正人员能力得到大幅度的提升，在循证矫正的理论修养、RCT 实验设计、矫正方案制定、团体矫正技巧等方面都有了长足的进步；参与循证矫正实践的一线民警其成就感得以提高，体会到以循证矫正的理念和方法来教育管理罪犯所带来的效率提升。

四是开拓了一条以项目为载体的矫正罪犯犯因性问题的新路径。矫正对象在项目实验后发生了许多积极的改变，对实验的验证分析显示，实验组罪犯经四个月的矫正后，他们在改造意愿、对犯罪的态度、情绪管理、问题解决、人际关系等方面都有了正向的改变，这在定量分析、主观报告、座谈会的反馈、民警的观察等方面都得以证明。这充分说明，我们以项目为载体，以 RNR 原则为指导，对罪犯的犯因性问题实施矫正的路径是有效的。这些工作和经验为我们今后开展项目矫正提供了有益的借鉴。

二、局限

一是实验环境。本项目的实验验证是在监禁状态下实施的，不良人际交往阻断技能的训练与评估难以摆脱监狱环境封闭性的制约，尽管本项目对未成年犯提升不良人际交往阻断技能，以及改善不良人际交往结构有显著效果，但在社会环境下是否影响重新犯罪，还不清楚。

二是实验样本。本项目的实验样本均是未成年犯，而改善成年犯不良人际交往问题，所依据的理论和原理是相同的，本项目对成年犯是否能产生有效干预，还没有实证数据证明。

三是验证工具。本项目的实验验证工具虽然借鉴了许多公开发表的有关人际交往的测量工具，但由于这些测量工具的维度与不良人际交往结构的犯因维度吻合度不高，不能用来直接测量。因此，本项目的实验验证工具以自主研发为主，对其信效度的验证还不足够充分。

三、完善

一是弥补环境缺失。在项目实施过程中，丰富活动形式，综合运用读书、观影、小组讨论、辩论、心理剧、角色扮演、游戏、网络交流、团体活动、一对一谈话、案例分析、讲座、观察日记等多种形式，尽可能多地模拟各种人际交往的场景，弥补监狱监禁环境的不足。注重吸纳社会资源，将家庭支持、社会帮教作为项目实施内容的组成部分，为矫正对象创造良好的社会交往环境，为其回归社会后的交往行为提供持续的监督与指导。

二是扩大适用范围。本项目虽然是针对监禁刑未成年犯进行实验验证而定型的，但对于矫正不良人际交往问题，无论是哪一种类型的罪犯，由于所依据的理论、干预的原则、矫正的内容是相同的，也就决定了适用不同类型罪犯的不良人际交往矫正项目都是密切相通的。我们应分别针对非监禁刑未成年犯、监禁刑成年犯、以及非监禁刑成年犯继续进行本项目实验验证，在本项目的基础上进行调整和充实，最终形成能够适用监禁刑与非监禁刑的未成年犯和成年犯的改善或消除不良人际交往问题的项目矫正体系。

三是完善跟进措施。第一，要巩固已有成效。继续对本项目的研究对象做动态评估。明确他们已经改善的认知与行为问题，并查明他们新出现或者仍然存在的犯因性需求，并根据这些问题，继续设计聚焦这些问题的矫正项目，以巩固已经取得的成效。此外，为了降低他们的再犯率，并把他们改造为出监以后能够自食其力的守法公民，还要尽可能开发一些聚焦保护因子的矫正项目或模块，如就业技能培训、社会适应训练等。第二，要进行跟踪随访。对本项目的研究对象进行追踪，在监狱中考察其方方面面的表现，出监时给他们做再犯风险评估，并与社区衔接，跟踪评估他们出监三年后甚至更长时间后的再犯情况。第三，要建设基本数据库。对本项目研究对象的基本信息进行及时收集、整理、录入、保存，包括人口统计学方面的信息和犯罪基本情况，还包括犯罪人的生理和心理状况评估等。这对预测再犯、风险控制、政策制定和科学研究等方面都十分有利。

第六章
附　录

一、术语

【循证矫正项目】专门用来实现罪犯某个具体矫正目标的系统化、程序化、规范化、可操作性的干预措施或课程[①]。

【未成年人不良交往矫正项目】以提高未成年犯不良交往阻断技能，消除或者改善未成年犯不良交往结构状况为特定目标的矫正活动和任务。

【不良交往】不良交往是指个体与具有负面影响的他人或群体所进行的妨碍其正常健康生活的交往活动，其与普通交往活动的区别主要体现在交往对象、交往内容和交往环境三个方面的负面属性上。

【不良交往结构】是指构成不良交往的要素及其相互关系。本项目不良交往结构中的要素专指犯因要素，主要是交往认知、交往对象、交往内容和交往环境。

【不良交往阻断技能】是指改善或消除不良交往结构，阻断不

---

① 周勇：《教育：矫正项目改造的一种新思路》，载《中国司法》2010 年第 10 期。

良交往发生必须具备的综合能力，是一个人对不良交往的认知技能、回避技能、取代技能和控制技能的综合素质的体现。

【不良交往认知技能】不良交往认知技能是指个体能够掌握人际交往与社会化的基础知识，以及不良交往与犯罪的关系，并能对自身不良交往状况进行准确分析。

【不良交往回避技能】不良交往回避技能是指个体能够清楚知道常见的不良交往群体，具有识别不良交往群体信息的能力，掌握不良交往回避策略，在面对不良交往群体时能及时察觉，并能熟练运用识别与回避的方法技巧成功回避。

【不良交往取代技能】不良交往取代技能是指个体具有运用健康合宜的交往活动取代不良交往活动的强烈意识，具有自觉培养健康合宜兴趣爱好的自觉性，懂得日常生活文明礼仪，掌握健康网络交流活动的方法，能够成功运用健康合宜的交往活动取代不良交往活动。

【不良交往控制技能】不良交往控制技能是指个体具有运用自我控制、家庭支持、社会帮教等手段控制人际交往环境、阻断不良交往的能力。

二、评估工具

（一）样本筛选工具

工具一：不良交往诊断问卷（简称 BJZ 问卷）

工具二：不良交往结构分析问卷（简称 BJJ 问卷）

工具三：犯因性需求分析量表（XRX 量表）

工具四：罪犯风险简评表（RW 简评表）

工具五：重新犯罪简评表（CX 量表）

（二）矫正质量评估工具

工具一：不良交往认知状况测试问卷（BJR 状况测试）

工具二：不良交往回避能力测试问卷（BJH 测试）

工具三：不良交往取代能力评价表（BJQ 测试）

工具四：不良交往控制能力测试问卷（BJK 测试）

工具五：不良交往结构分析评价表（BJJ 评价表）

工具六：不良交往阻断技能情境模拟测试系统（BBS 系统）

未成年犯不良交往矫正项目
指导手册

第一章
项目概述

不良交往是个体与具有负面影响的他人或群体所进行的妨碍其正常健康生活的交往活动，未成年人的不良交往主要体现为在不良交往对象的影响下，从事具体的不良交往活动，并形成一定的不良交往环境，从而导致未成年人在社会化过程中受到不良影响，出现不良行为、违法、犯罪等不良后果。不良交往与普通交往活动的区别主要体现在交往对象、交往内容和交往环境三个方面的负面属性上，即交往对象的不良、交往活动的不良和交往环境的不良。

一、项目设计

人际交往是人的社会化进程中十分重要的一环。不良人际关系往往是未成年人产生不良需求、不良动机乃至不良行为的重要诱因。不良人际交往既是未成年人犯罪的“中介变数”，又是预防与矫正未成年人犯罪未成年犯罪的重要障碍。未成年犯如果不能摆脱其原有的不良人际关系，在回归社会后极易重蹈覆辙、重新犯罪。正是基于不良人际交往与未成年人犯罪之间的关系，在对矫正对象进行准确的风险评估与精确的需求分析的基础上，以循证矫正为方法论，以“RNR（风险—需求—响应）”矫正模型为基本架构，设计本矫正项目。

本项目以班杜拉“社会学习理论”、萨瑟兰“差异交往理论”及犯罪动力定型理论为依据，运用认知与行为矫正的技术方法，帮助未成年犯学习与训练不良人际交往阻断技能，提升其处置与阻断不良交往的能力，消除其不良交往的犯因，改善其社会交往状况，满足其社会化需求，促成其在监禁状态下和未来回归社会后的再社会化，从而降低再犯风险。

本项目主要适用于再犯风险高、不良交往是导致其犯罪直接原因的未成年犯。矫正的靶目标为未成年犯不良交往的阻断。

本项目依照不良交往关系的主要影响因素，分为认知矫正与行为矫正两大部分：认知矫正重点解决矫正对象对不良交往相关知识的掌握；行为矫正分为回避、取代和控制三个模块，分别着眼于对不良交往对象的回避训练、对不良交往活动的取代训练和对不良交往环境的控制训练。项目在认知改善的基础上，再进行回避、取代、控制训练。

项目实施预计用时 3 ~4 个月，计 13 个单元 78 课时。

二、项目内容

本项目由认知矫正与行为矫正两大体系构成。其中认知矫正体系就是一个相对独立的模块，行为矫正体系则分为回避、取代和控制三个模块。项目架构示意图如下：

不良交往矫正项目架构示意图

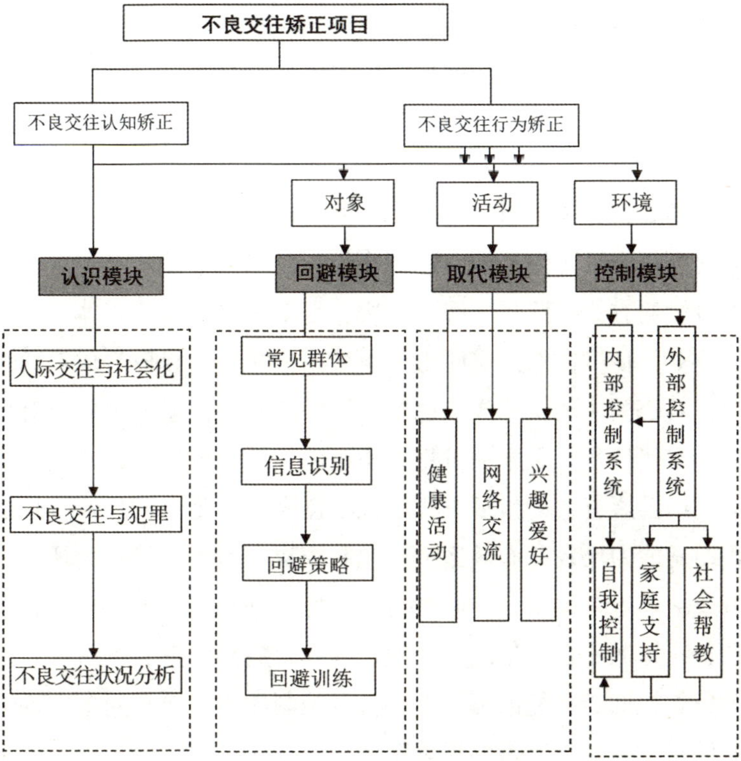

认知模块具体分为人际交往与社会化、不良交往与犯罪、不良交往状况分析三个矫正单元。

回避模块具体分为常见不良交往群体、不良人际交往的信息识别、不良人际交往的回避、不良人际交往“识别 + 回避”训练四个矫正单元。

取代模块具体分为三方沟通内容评议、健康网络交流活动、兴趣爱好养成引导三个矫正单元。

控制模块具体分为建立自我控制计划、寻求家庭亲情支持、签订社会帮教协议三个矫正单元。

构成未成年犯不良交往矫正项目的认知矫正与行为矫正两大体系，是一个层次递进，密切关联的整体，它们对改善或消除未成年犯不良交往结构有着不同的地位和作用。

单独构成认知矫正体系的认知模块是实现本项目矫正目标的前提或基础，没有对不良交往认知程度的改善，行为矫正就缺乏进行下去的基础，更不会形成对不良交往的自觉自助阻断。

构成行为矫正体系的回避、取代和控制三个模块是实现本项目矫正目标的方式或路径。回避模块，是本项目行为矫正体系的核心模块，对不良群体的回避能力是衡量项目实验是否取得成效的核心指标，其他模块的实施成效也要通过矫正对象回避能力的提升体现出来；取代模块，是本项目行为矫正体系的关键模块，是让矫正对象学会用健康有益的生活方式取代不良交往，是一种用恢复性措施防止回避能力反复的有效途径。控制模块，是本项目行为矫正体系不可或缺的重要模块，控制分为自我控制和外力控制，外力控制则是在自我控制不足的情况下，帮助提升自我控制能力的方法，在矫正对象掌握回避技能的情况下，自我控制能力是矫正对象在面对不良群体时实现有效回避的根本保证。

三、项目说明

（一）实施重点

项目实施中需要把握的重点：

- 在认知模块，重点阐述人际交往与社会化的基础知识，讲解不良交往与犯罪的关系，以及引导矫正对象对自身不良交往状况进行分析。

• 在回避模块，主要以“识别 + 回避”为线索，通过了解常见的不良交往群体、识别不良交往群体信息、掌握不良交往回避策略及相应训练等单元，引导矫正对象掌握识别与回避的方法技巧，使其在面对相应对象时能及时察觉。

• 在取代模块，重点着眼于用健康合宜的交往活动取代不良交往活动，分别引导矫正对象树立用健康合宜的交往活动取代不良交往活动的意识，培养其健康合宜的兴趣爱好，提升其日常生活文明礼仪，并掌握健康网络交流活动的方法。

• 在控制模块，重点着眼于矫正对象回归社会后人际交往环境的控制，分别运用自我控制、家庭支持、社会帮教三种手段，引导矫正对象及其家庭、社区乃至社会各界力量，共同为未成年犯阻断不良交往构建良好的外部环境与监督支持。

（二）主要技术

本项目运用到认知疗法、行为疗法、人本主义疗法的相关技术。加拿大 R&R 疗法是本项目实施中运用的主要矫正技术。作为针对加拿大犯罪人的最先发展和进行测试的方法，R&R 疗法是一种结构化改变犯罪人的行为的认知行为方法。这一方法尤其注重能否指导犯罪人行为的思维技术，并试图用能提高最接近社会行为的选择性认知技术来替代不良的、已有的思维模式。R&R 疗法的主要目标包括自我控制、人际问题解决技术等，帮助犯罪人经历一系列改变的阶段——从承认问题的存在，到对选择作出决定、付之行动、保持新行为等，学习采取行动，维持新的行为，并在新情景中通过学会监控和自我矫正思维来避免重新犯错。

（三）方式方法

本项目主要采用专题讲座、个别辅导、团体活动、矫正作业、系统训练、社会帮教等实施方式，运用到的具体方法包括个别谈话、话题讨论、互动交流、案例分析、自我剖析、观看视频、布置作业、测试评估、点评反馈、微电影、主题辩论、撰写心得、冥想、网络沟通、资料学习、反思、承诺书、观察记录、问卷测试、开办兴趣培训班、成果展、情境模拟、心理剧、家长开放日、主题帮教、签订协议、爱心妈妈 QQ 群、爱心联系卡、交往档案等。

（四）效果评估

本项目以符合适用条件的未成年犯为实施对象，通过矫正前后测的纵向对比，以及综合运用问卷测量、个别谈话、假想情景、活动记录、软件操作等方法进行的综合对比，评估矫正对象不良交往阻断能力的改善状况。

（五）实施条件

本项目基本预算 3 万元，配套设施需要有基本的教学场地、教学设备，具有一定心理学、社会学知识储备的矫正人员。

第二章
实务指南

本项目的实施，必须学会项目适用对象的认定方法，熟练掌握项目实施的基本原理和技术，熟练运用项目实施的效果评估工具，这是准确运用项目指导手册的前提条件，也是推进项目实施的工作指南。

一、如何认定项目适用对象

未成年犯不良交往矫正项目适用于再犯风险高、“不良交往”是导致其犯罪直接原因的未成年犯。其认定过程如下：

（一）身份认定

本项目所指的未成年犯是指未满 18 周岁犯罪，仍然在未成年犯管教所或社区服刑的罪犯。我国《监狱法》规定在未成年犯管教所服刑期间已满 18 周岁，余刑 2 年以上的服刑人须移送普通监狱（成人犯监狱），也即对未成年犯延伸矫治到 20 岁。

（二）风险认定

未成年犯因其特殊性，再犯风险都比较高，尤其有不良交往经历的未成年犯更是如此。一方面，未成年人身心具有特殊性，虽然其具有了一定的辨别是非和自我控制能力，但是未成年人总体心智尚未成熟，辨别和控制自己行为的能力还很差。另一方面，未成年人犯罪又具有特殊性。一个人在从未成年人迈向成年人时要经历一段非常特殊的时期，在这个特殊时期里，人类面临各种生理、心理等方面的矛盾和困惑，也特别容易发生越轨行为。再一方面，犯罪的未成年人易于改造。相对于成年人犯罪而言，未成年人犯罪的动机相对简单，很多是意志薄弱或情感冲动造成的，主观恶性不深，且心智尚未成熟，具有很大的可塑性。

罪犯的风险认定，需要实施风险评估，对其进行量表施测，一是采用不良交往诊断问卷（BJZ 问卷）自评；二是进行人身危险性检测量表（RW 简评表）他评；三是进行重新犯罪预测量表（CX 简评表）他评。最后，将 BJZ 得分≥11 分、RW 得分≥52 分、CX ≥25 分，不良交往问题突出、人身危险性大、重新犯罪可能性高的罪犯确认为矫正对象。

（三）需求认定

1. 进行相关调查分析

采用不良交往结构分析问卷（BJJ 问卷），对其不良交往具体问题进行分析和确认。为了提高 BJJ 问卷分析的信度和效度，采用信度和效度较高的 XRX 量表中的同质因子与 BJC 量表的四个维度的测量结果进行比对，XRX 量表中的人生观、自主性、离规倾向行为和自控力等四个因子，分别对应 BJZ 量表中的交往认知、交往对象、交往内容和交往环境等四个维度因子。将其同质因子测量结果的一致性程度，作为 BJJ 量表分析时确定犯因性需求的重要依据。

2. 进行行为特征考察

被铺前，处于辍学、失业、游荡等社会边缘，是犯罪团伙、帮派组织或不良群体中的一员，平日里经常纠合在一起，寻欢作乐，贪图享受，或做些偷鸡摸狗、为非作歹的事情。进入不良群体后，能减低恐惧感、增加安全感，对不良群体有一定的依赖感。

3. 进行犯罪归因分析

经过信息收集、信息处理、诊断分析等环节，对罪犯的犯因性问题进行分析，确认“不良交往”是导致其犯罪发生的直接原因。不良交往矫正项目是矫正罪犯人际交往问题的现实需要。

（四）实施条件认定

对罪犯的意愿、矫正人员的技能、现有可用资源等三个方面进行可行性认证，达到如下条件，才可以实施该项目。

1. 矫正人员掌握相关矫正技能。矫正人员熟悉矫正对象的基本情况，掌握其成长经历、家庭背景、犯罪过程；有一定的教育管理经验，能与矫正对象正常沟通；掌握提高抵制诱惑能力的基本原理和相关技术，能将不良交往回避技术、取代技术和控制技术融合于日常改造活动中；对有不良交往的罪犯有较为丰富的矫正经验，了解不良交往形成的原因、发展过程和矫正方法。

2. 罪犯有接受该项目矫正的意愿。通过诊断性面谈等方式，判断罪犯有无对不良交往的自知，有无自觉要求矫正的意愿。对自知自觉性较弱的，加强项目前期的教育引导工作，提高罪犯参与的热情和认可度，激发罪犯的主动性，直至罪犯产生矫正意愿。

3. 现有可用资源能够保障项目实施。现有可用资源，包括人、财、物、制度、环境等，要能够满足罪犯有效阻断不良交往的学习训练需求。

二、如何使用本实施指导手册

国外矫正实践证明，以认知与行为矫正为方向的社会交往技能类矫正项目应当是有效的。所以，本项目也将着眼点放在具有不良交往的未成年犯的认知与行为的矫正上，通过认知矫正改善其对社会交往、对个体社会化过程中各种问题困扰的认知，通过行为矫正养成其自觉回避不良交往群体、自觉取代不良交往活动的习惯来达到矫正目的。本项目的设计也基本围绕着“从认知到行为，再从行为返回认知”的基本思路，综合运用了认知与行为矫正的方法，以取得确实有效的矫正效果。未成年人的犯罪行为是在其社会化过程通过不良交往而习得，不良交往既是导致未成年人犯罪的重要犯因，又是阻碍未成年人正常社会化的影响因素。正是基于对不良交往罪犯的风险评估和矫正需求分析，为达到阻断不良交往的目标，我们制定“不良交往矫正项目”。下图为本项目的实施规划，本项目的实施可依据此规划进行。

项目实施规划图

<table>
<tr><th>项目</th><th>模块</th><th>单元</th><th>干预方法</th><th>过程评估方法</th><th>结项评估方法</th></tr>
<tr><td rowspan="17">不良交往矫正项目</td><td rowspan="4">模块一：认知</td><td>单元一：人际交往与社会化</td><td rowspan="4">专题讲解、团体辅导、个别辅导、课堂讨论、互动交流、案例分析、自我剖析、观看视频、布置作业、测试评估、点评反馈</td><td rowspan="4">自编量表测试</td><td rowspan="17">量表测试和技能测试</td></tr>
<tr><td>单元二：不良人际交往与犯罪</td></tr>
<tr><td>单元三：不良人际交往状况分</td></tr>
<tr><td>模块测试评估（一）</td></tr>
<tr><td rowspan="5">模块二：回避</td><td>单元四：常见不良人际交往群体</td><td rowspan="5">微电影、专题讲解、主题辩论、团体辅导、个别辅导、课堂讨论、交流分享、案例分析、布置作业、测试评估、点评反馈</td><td rowspan="5">剧情分析和运用技能测试</td></tr>
<tr><td>单元五：不良人际交往的信息识别</td></tr>
<tr><td>单元六：不良人际交往的回避策略</td></tr>
<tr><td>单元七：不良人际交往“识别+回避”训练</td></tr>
<tr><td>模块测试评估（二）</td></tr>
<tr><td rowspan="4">模块三：取代</td><td>单元八：三方沟通内容评议</td><td rowspan="4">个别谈话、话题讨论、设计方案、撰写心得、冥想、网络沟通、资料学习、模拟训练、反思、承诺书、观察记录、问卷测试、开办兴趣培训班、案例分析、成果展示、布置作业</td><td rowspan="4">日常观察和自评与他评</td></tr>
<tr><td>单元九：健康网络交流活动</td></tr>
<tr><td>单元十：兴趣爱好养成引导</td></tr>
<tr><td>模块测试评估（三）</td></tr>
<tr><td rowspan="4">模块四：控制</td><td>单元十一：建立自我控制计划</td><td rowspan="4">微电影、案例分析、主题辩论、计划书、情境模拟、心理剧、家长开放日、辅导讲座、心理游戏、科教视频、主题帮教活动、签订协议、个别辅导、爱心妈妈QQ群、爱心联系卡、交往档案、矫正作业</td><td rowspan="4">自编量表测试和社会调查</td></tr>
<tr><td>单元十二：寻求家庭亲情支持</td></tr>
<tr><td>单元十三：签订社会帮教协议</td></tr>
<tr><td>项目验收评估</td></tr>
</table>

三、项目实施的原理与方法

本项目综合运用到 RNR 原则、认知疗法、行为疗法和人本主义疗法等基本原理与方式方法。

（一）RNR 原则

RNR 原则是对“风险（Risk）—需求（Need）—响应（Response)”循证矫正原则的简称。该原则通过风险评估锁定循证矫正对象，在矫正对象积极参与的前提下，对其进行矫正需求分析，确定矫正项目。在此基础上，以个案为主要形式，以矫正项目为主要载体，通过一系列的科学矫正方法的运用，实现具体矫正目标，降低矫正对象重新犯罪可能性，从而维护社会的安全稳定。

RNR 原则具体包括如下几层意思：

一是通过风险评估锁定个别化矫正对象，有利于有限矫正资源的合理分配。

二是通过矫正需求分析确定矫正项目，完成了个别化矫正得以开展的首要任务，从而确立了以消除矫正对象犯因性问题为主线的矫正基础。

三是以个案为主要形式，以矫正项目为主要载体，综合运用科学矫正方法开展矫正，这与国外所开展得比较成熟的循证矫正的实践基本是一致的。

四是通过循证矫正项目的实施，矫正机关运用系统化、程序化、规范化、可操作性的干预措施或课程，实现具体的矫正目标，包括：消除或改善犯因、降低重新犯罪可能性、集中矫正资源、维护监狱安全和促进社会稳定。这四个目标是相辅相成的有机统一体，缺失任何一个目标，就会导致其他矫正目标难以实现。

运用 RNR 原则，循证矫正模型可用如下示意图表示：

循证矫正模型示意图

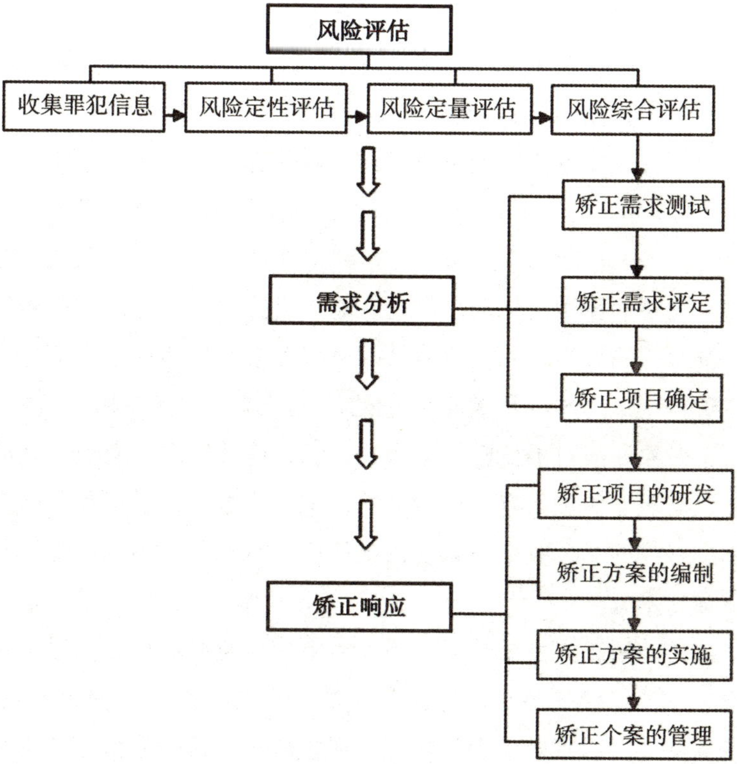

不良交往作为未成年犯实施犯罪的重要犯因，是未成年犯再社会化的重要影响因素。研发“未成年犯不良交往矫正项目”，正是基于对不良交往行为人的风险评估和矫正需求分析，力求帮助其实现阻断不良交往的目标。

（二）认知疗法

作为针对加拿大犯罪人的最先发展和进行测试的方法，R&R疗法是一种结构化改变犯罪人的行为的认知行为方法。这一方法尤其注重能否指导犯罪人行为的思维技术，并试图用能提高最接近社会行为的选择性认知技术来替代不良的、已有的思维模式。R&R疗法的主要目标包括自我控制、人际问题解决技术等，由一系列的共36个，每个两个小时的矫正单元构成，以积极的方式建立思考或认知技术，帮助犯罪人经历一系列改变的阶段——从承认问题的存在，到对选择作出决定、付之行动、保持新行为等，学习采取行动，维持新的行为，并在新情景中通过学会监控和自我矫正思维来避免重新犯错。本项目关于观念的矫正，就是依照R&R疗法，引导矫正对象厘清对不良交往的相关认识，使其对不良交往与人的社会化、与犯罪的关系有一个清晰的认识，通过正确看待和分析自身的不良交往问题，改变原有的错误认识。本项目运用到的认知疗法的具体技术有：

支持。矫正人员要首先与矫正对象建立良好的矫正关系，在具体情境中给予接受矫正的罪犯积极的、有益的指导，并给予鼓励、表扬和支持，以减轻他们的焦虑，促进矫正积极性的提高。支持要结合具体的不良交往情况，做到有针对性。

解释。矫正人员运用相关理论和经验对接受矫正的罪犯的观念、情感和行为的原因、过程和实质进行描述，矫正人员与矫正对象对矫正的问题（不良人际交往）要达成认知解释上意见的统一，对不良表现（不良人际交往状况）给予解释并且估计矫正所能达到的预期结果，让罪犯产生领悟、加深自我改变，促进变化。

重构。可采用提问、自我演示或模仿等方法，帮助矫正对象学会发现和识别导致不良人际交往的错误思想观念。然后帮助矫正对象进行归纳，并进行纠正与重构，使矫正对象发展出新的认知和行为来替代原有的不良的认知和行为。

（三）行为疗法

行为疗法（Behavior Therapy）是以减轻或改善患者的症状或不良行为为目标的一类心理治疗技术的总称。行为疗法也叫行为矫正法，它是建立在行为学习理论基础上的一种心理咨询方法，学习理论包括经典反射原理、操作性条件反射原理和社会学习理论。本项目运用到的行为矫正的具体技术有：

行为训练。矫正人员在罪犯掌握提高能力的基本内容和基本方法的基础上，帮助罪犯制定切实可行的训练计划，在罪犯执行训练计划的过程中，矫正人员要重视鼓励鞭策，加强检查督促，注重帮助引导，实施过程评估，准确掌握罪犯内部能力系统的改善情况，努力确保罪犯的行为训练效果。通过行为训练，塑造新的行为习惯，以取代旧的、异常的行为。

情境模拟。模拟一定的情境或条件让矫正对象以实际经历进行训练，让矫正对象练习将新的行为模式运用到社会情境中，以取代原有的模式。通过在假设情境中的反复训练和检验，使矫正对象改变以往的行为或建立新的行为模式。要特别注意如何帮助矫正对象把在特定情境中的行为转换到日常生活现实环境中。

角色扮演。在矫正过程中，矫正人员和接受矫正的罪犯互相扮演对立或其他相关的角色，以增进彼此以及与他人的理解和沟通的技术。它实际上是用一种场景模拟的方式让罪犯表达内在的情感，使罪犯得到宣泄，学会处理矛盾的方法，并从内心去体会他人的需要与情感，从而能够恰当地表达自己的需要和情感。

自我控制。自控法是通过自我暗示、自我激励等自我控制的技术，确定目标、自我监察、自我强化等手段达到消除不良习惯性行为，促使人控制自己行为和情感的方法。本项目的“建立自我控制计划”单元就主要采用了这一技术方法。

（四）人本主义疗法

人本主义疗法主要包括：一是患者中心疗法，一般用于有心理冲突或心理疾病；二是交朋友小组的小团体治疗方法，主要用来解决交往障碍和社会生活中的问题。

患者中心疗法。在矫正过程中贯彻非指导性原则，讨论问题的思路由来访者主导，矫正过程中的中心人物是矫正对象。其基本假设是：人的自身内部有理解自己并改造自我概念和指导自己行为的广阔能源；只要提供适宜的环境气氛，这些能源就能开发出来。要求矫正人员努力创造这种适宜的环境气氛，使矫正对象体会到自己的主体地位，并在矫正人员的引导下寻求解决问题的方法。

交朋友小组。交朋友小组的成员由背景或问题相似的人组成，如有相似的不良交往对象、曾相互有过不良交往经历，或对某件事有相似或相反认识等。参加人数在十人左右。交朋友小组一般由矫正人员担任主持人。主持人的作用在于促进组内成员间的建设性关系，建立融洽而无拘束的气氛，使参加小组活动的人逐渐消除防范心理，达到能相互吐露真情，建立较深的感情关系。通过交朋友小组的活动，一方面可消除心理障碍，增进心理健康，引导矫正对象建立正确的认知，掌握科学的方法。另一方面，也通过合宜的社会交往关系来阻断不良交往关系。

本项目综合运用了以下多种实施方式。

1. 专题讲座。通过专题性的讲座课程，使矫正对象对人际交往与社会化等基本知识有一个系统全面的认识。重点围绕不良交往群体、不良交往活动与不良交往环境三个方面，引导矫正对象认识和理解自身的不良交往状况，掌握科学的不良交往阻断技术，为随后的训练活动奠定认识基础。专题讲座可由管区民警组织，也可吸纳专业心理咨询师、社会工作志愿者等社会专业资源，亦可运用已有的电教视频资源。

2. 个别辅导。由于每名矫正对象的认识与行为的差异性，个案化的实施方式就显得不可或缺。要围绕每名矫正对象对矫正内容的理解与反应，做有针对性地个别谈话、个别辅导。在每次矫正活动开展后，可通过重点关注与随机关注相结合的方式，定时定期与个别矫正对象进行私下沟通，对其矫正作业完成情况与矫正活动中的表现进行点评，了解其参加项目实验以来的思想变化，及时掌握其认识行为。

3. 团体活动。除专题讲座活动外，还可通过团体心理游戏、心理剧排演、读书、观影、讨论、辩论、兴趣小组、网络交流、行为训练、角色扮演等团体或小组活动来实施。由于交往能力的提升需要在人与人的相处中实现，所以要注重通过设计一系列的活动来模拟正常的社会交往环境。

4. 矫正作业。除计划的矫正活动时间外，还应安排与布置一定的矫正作业，以实现矫正的连续性。社会交往能力的提升，不能仅仅依靠短短的两个小时的课程或活动，必须将矫正渗入到罪犯学习、生活尤其是社会交往的各个层面。要通过撰写心得体会、制定自控计划、进行行为观察与反思、自主练习等方式，引导矫正对象将在矫正课程中学习到的技能方法自觉运用到日常交往活动中，从而强化矫正效果。

5. 系统训练。设计“不良交往阻断模拟训练”软件系统，用于矫正效果评估与情境模拟训练。该系统在全面覆盖不良交往相关知识点与行为训练要点的基础上，按照项目十四个单元的基本框架设计。矫正对象在适用系统训练的过程中，通过正确回答问题或选择正确应对方式而得分，每个关卡得分超过预定分数方能过关，否则必须重新完成。

6. 社会帮教。认识矫正与行为训练均着眼于个体内部而缺乏环境控制与改变的矫正，有时候因环境的转变而再难继续发挥作用。本项目在认知与行为矫正的基础上，注重引进社会资源，协助矫正对象改变自身交往环境。项目第四个模块的控制，即着眼于运用家庭、社区以及社会资源，帮助未成年犯控制交往环境、阻断不良交往。在相应单元中，我们运用家长开放日、家长学校、社会志愿者活动、签订社会帮教协议、“爱心妈妈”等具体方式，为未成年犯回归社会后能继续延续矫正效果提高良好的社会帮教支持。社会帮教力量的引入是本项目的主要特色之一。

本项目在设计与实施过程中注重从以下几个方面进行改进：

一是自制相关问卷，设计软件操作系统，以满足矫正需求分析、矫正效果评估两项工作的需要。在设计问卷与软件过程中，注意吸纳已有的量表、问卷、分析工具的成果，与不良交往阻断的矫正目标相结合，实现有针对性的测量。

二是丰富活动形式，综合运用读书、观影、小组讨论、辩论、心理剧、角色扮演、游戏、网络交流、团体活动、一对一谈话、案例分析、讲座、观察日记等多种形式，尽可能多地模拟各种人际交往的场景，弥补监狱监禁环境的不足。

三是引纳社会资源，将家庭支持、社会帮教吸纳进矫正项目方案设计与实施中，通过家长、社会志愿者、“爱心妈妈”的持续关注与支持，为矫正对象创造良好的社会交往环境，为其回归社会后的交往行为提供持续的监督与指导。

四是根据矫正实施的具体情况与矫正对象的反响反应，对矫正实施技术与方法进行及时的调整与改进。每周组织一次矫正项目小组会，对上周矫正活动进行讨论，对本周矫正活动进行布置，及时调整不合宜的内容，持续修订矫正技术。

四、如何评估项目实施效果

循证矫正是由诸多环节构成的实施特定目标的一系列活动过程，它一般是由确认犯因性问题的“需求评估”、检索评价证据的“证据评估”、对矫正方案的“方案评估”及评估矫正效果的“效果评估”等具体环节和具体活动组成的。

本项目的循证矫正对象犯因性问题评估主要采用自制不良交往综合诊断问卷与结构化面谈相结合的方式，综合分析罪犯不良交往的表现、程度与原因等。

本项目的循证矫正证据评估主要按照可靠性、可行性和可推广性为指标，进行综合分析，将三者均达标的证据纳入到矫正方案设计与实施中，做到宁缺毋滥。

本项目的循证矫正方案评估主要依靠内部评估与外部评估相结合，对方案设计的科学性、矫正内容和课程的针对性、时间安排的合理性和可操作性、矫正效果的可实现性等问题，组织多场项目小组会与专家论证会，反复修改，日臻完善。

本项目的循证矫正效果评估，以静态工具评估与动态综合评估相结合的方式来提高评估的准确性。将前测、后测、阶段测的结果与日常行为观察记录等相互对比印证，对自评与他评进行综合分析，并通过软件测试来评估、巩固矫正效果。

（一）问卷测量法。鉴于缺乏具有针对性的不良交往状况诊断量表，我们在综合了相关社会交往技能类量表与人际关系分析类量表及不良问题行为量表的基础上，以交往认知、交往对象、交往活动、交往环境为主要维度，设计了“未成年犯不良交往综合诊断问卷”。问卷设计问题 30 道，涉及未成年犯成长犯罪经历、家庭关系、交友状况、社会支持等内容，对未成年犯不良交往的影响、原因、表现、程度等进行综合分析。通过该问卷，可基本测量出矫正对象在不良交往方面是否存在问题、有什么方面的问题以及问题严重程度。此外，我们还综合运用了思维方式、问题处置方式、问题行为态度等量表，有针对性地检测矫正对象的认知、态度等问题。

（二）个别谈话法。由于相关量表的缺乏，又鉴于未成年犯人际交往的情况有较大差异，本项目重点采用个别谈话法来弥补量表测试的缺陷。通过矫正人员与矫正对象的定期个别谈话，引导矫正对象诉说衷肠，并从中发现其不良交往问题；引导矫正对象对自身不良交往的认知与行为进行反思，巩固日常矫正的效果；对矫正对象的课后思想变化与行为反应进行评估，从中发现矫正对象是否达到矫正效果。为针对性地开展个别谈话，我们专门设计了不良交往结构性面谈清单，从犯罪经历、成长经历、交往群体、交往活动、交往环境等六个方面设计面谈问题共计 33 题，通过矫正人员与矫正对象进行深入交流而完成。

（三）假想情景法。人际交往能力的提升、不良交往的阻断是实实在在的社会化行为，不能仅仅停留在认识层面，必须形成一定的行为模式或习惯。我们在矫正项目实施与效果评估等环节，重点采用模拟情境、角色扮演等方式进行假想情景训练。通过设定一定的人际交往的模拟情境，让矫正对象思考和选择自己的行为应对方式，并对其行为选择进行评价。通过反复的假想—选择—反思训练，来提高矫正对象的行为选择能力。在情景的选择上，我们重点以典型案例、自身经历、相似体验等为参照，引导矫正对象不断从假想情景回归现实生活，增强其思维的迁移能力。

（四）活动记录法。除了上述三种基本评估工具和方法外，本项目还要求矫正对象撰写矫正心得日记，对每次参加活动后的所思所想进行反思反省与记录，要求矫正人员撰写观察日记，对每次矫正活动中矫正对象的表现进行记录、评价、打分。通过对矫正心得日记、观察日记以及对矫正对象的日常改造行为观察的记录、计分考核、行政奖惩的综合分析，可以用来检测与评估一个阶段内矫正对象参与活动的认真度、积极性、对矫正内容的掌握情况以及矫正的效果。在活动记录法中，我们还注重矫正对象的家长、亲属、朋友及其他社会交往对象对矫正对象在家长开放日、团体游戏、心理剧演出、书信交流、网络交流、社会帮教等活动中表现的评价。

（五）软件操作法。本项目设计有“不良交往阻断模拟训练”软件系统，用于矫正效果评估与情境模拟训练。该系统在全面覆盖不良交往相关知识点与行为训练要点的基础上，按照项目十四个单元的基本框架设计。矫正对象在适用系统训练的过程中，通过正确回答问题或选择正确应对方式而得分，每个关卡得分超过预定分数方能过关，否则必须重新完成。通过评估矫正对象在软件操作上的得分表现，既能通过完成系统训练而熟悉项目，帮助矫正对象反复熟悉项目内容并形成心理定式，养成行为习惯，又能通过训练分数的达成情况评估其对项目课程的掌握情况。

第三章
矫正活动方案与内容

模块一：认知

【矫正目标】通过本单元的矫正，力求使矫正对象对不良交往的认知能力达到应有的程度。具体来说，在知识上，要掌握人的社会化与人际交往社会化、不良人际交往与犯罪的内涵和关系，充分认识不良人际交往到犯罪的发展过程；在能力上，要学会运用人际交往社会化的一些原理分析和解决实际问题；在态度上，要认识到不良交往的危害性，充分认清自身在入监前不良交往的真实状况。

【干预方式】主要采用专题讲解、团体辅导、个别辅导、课堂讨论、互动交流、案例分析、自我剖析、观看视频、布置作业、测试评估、点评反馈等方式。

【实施内容】初步接触并阐释本项目的愿景、目标、任务和意义等；引导罪犯进行人的社会化和人际交往社会化的理解训练，让矫正对象真正掌握人的社会化的基本内容和人际交往社会化的基本原则；引导罪犯进行不良交往认知巩固训练和应用训练，让矫正对象真正掌握不良交往动机的激发因素、不良人际交往行为的触发因素，以及青少年不良群体人际交往的发展阶段；引导罪犯进行入监前人际交往状况分析，让矫正对象真正认清不良人际交往的危害。

【课时安排】 本模块的矫正具体划分为人际交往与社会化、不良交往与犯罪、不良交往状况分析3个单元，以及进行本模块的测试评估，共21个课时。

单元一：人际交往与社会化

一、活动方案

矫正目标	通过本单元的矫正，使矫正对象学会运用人际交往社会化的一些原理分析和解决实际问题
矫正重点	进行人的社会化和人际交往社会化的理解训练
矫正关键	让矫正对象真正掌握人的社会化的基本内容和人际交往社会化的基本原则
方式方法	讲解、讨论、案例分析
辅助手段	PPT、视频资料、课外作业
活动时间	6 小时
操作步骤	导入新课→讲解人的社会属性→讲解人的社会化→讲解人际交往社会化→巩固训练

二、活动内容

步骤一：导入新课

问："人没有了人际交往会怎样？"

学员：（各抒己见……）

引出课题：刚才部分学员就人际交往问题说了自己的高见且各不相同。人不仅相貌各异而且出身、职业、教养、品格、作风等等各有特点，尤其是在社会政治生活和人与人的相互关系中，人们的立场、观点、方法、态度、感情、欲望等总是显出各种差异。因此，人际交往不仅是一个复杂的问题，更是我们每一个人在社会化过程中必须经历和面对的问题。

步骤二：讲解人的社会属性

1. 什么是社会？

我们每个人都生活在社会上，无时无刻不在同社会打交道，可以说对于社会是很熟悉的，当你从学校毕业准备奔赴工作岗位的时候，老师就说你要走上“社会”了，履历表上有一栏叫“社会关系”，人们都知道这一栏要求填什么，到一个地方去出差，接触到各种情况，最后概括一句，这里“社会风气”不错，“社会秩序”也好，如此等等，这里所说的社会是指的一些什么东西呢？

社会是以生产劳动为基础，按照各种关系结合在一起的人们的总体。它有三层意思：第一，人类是过群体生活的，社会是人类生活的共同体。第二，社会的存在是以人类的生产劳动为基础的。就是说物质资料的生产是社会存在的基本条件，也是人类社会和动物群的根本区别。第三，社会是由人构成的，但社会不是人群的简单的相加或任意的聚集，社会是人们相互交往的过程中形成和存在的。

总之，社会就是由人们的相互关系构成的一个整体，在这个整体中人是“细胞”，社会关系是“纽带”，各种各样的社会现象是通过社会关系而联系起来的人的活动。

2. 什么是人的社会属性？

人的社会属性是指人和其他动物的根本区别。这种区别主要在于人总是劳动、生活在一定的社会关系之中。马克思说：“人的本质不是单个人所固有的抽象物，在其现实性上，它是一切社会关系的总和。”（《马克思恩格斯选集》第 2 版第 1 卷第 60 页）人是具体的、生活于现实生活中的人。他们的一切行为不可避免地要与周围所有的人发生各种各样的关系，如生产关系、性爱关系、亲属关系、同事关系等等。生活在现实社会中的人，必然是生活在一定社会关系中的人。这种复杂的社会关系就决定了人的本质，形成了人的社会属性。

人的社会属性主要表现在三个方面：

表现一：人是社会的产物，即人的产生具有社会性。从人类的起源看，人是由古猿进化而来的，而在从古猿向人转化的过程中，劳动起了决定性的作用，在劳动中产生了语言，在劳动中形成了思维活动。而劳动一开始就是社会性的，所以人从产生之时起就带有浓厚的社会色彩。

表现二：人的生产活动具有社会性。第一，在生产活动中人为了同自然界作斗争，人们之间必然要建立一定的生产关系。第二，生产关系是人们基本的社会关系，在这个基础上产生了其他种种社会关系。第三，每个人从事的具体的生产活动，都是社会生产的一部分，人不是生来就会劳动，人的生产活动的本领是在社会中学会的，因此人的生产活动具有社会性。

表现三：人的生活具有社会性。人与人之间在社会生活中发生的各种联系和关系都称之为社会关系。就内容而言有物质关系、思想关系等，就发生的场合而言有战友关系、同学关系、同乡关系、邻里关系等，在家庭中存在着血缘关系，在阶级社会里生产关系又表现为阶级关系，总之每个人当你从呱呱落地那一天起，就置身于一定的社会关系之中，最初接触的是家庭关系，随着年龄的增长、生活内容的丰富，他们接触的社会面逐渐扩大，而置身于地缘关系、业缘关系、经济关系、政治关系、法律关系、道德关系之中，正是在这些社会关系长期影响、陶冶和制约之下，才使一个自然人转变成为一个能掌握一定社会文化、学会参与社会生活、履行某种社会角色行为的人。

3. 驳“人性自私论”

“人性自私论”的错误之一：把“个人利益”与“自私”混为一谈。

上下数百万年，横跨亚非拉欧，不管生于何时，居于何地，人总要吃饭、穿衣、睡觉、走路、总有男女婚配、生儿育女，总要有一定程度的娱乐活动和不同形式的社会交往。除了神话中的那种不食人间烟火的神仙外，在现实生活中人总免不了这样或那样的需要，并且总是千方百计地为满足需要而奋斗努力，人并不是为需要来到人世间，但来到人世间就会有需要——人的需要停止，人的生命活动也就消失了。而这些物质和精神的需要就是“个人利益”，它既包括个人物质利益也包括个人发展条件，还包括个人的人格和名誉。当然个人利益有“正当”与“不正当”之别。而“自私”是指一切以个人私利为出发点和目的的思想观点，其特征是：损人利己，损公肥私；为了达到个人目的不惜使用一切手段；拒绝履行对他人、对社会的责任和义务。不能将其与个人利益混为一谈。

引导学生区分“正当个人利益”与“自私”。

a. 含义不同

b. 产生时间不同

c. 实现手段不同

d. 对待个人利益与集体利益的态度不同

“人性自私论”的错误之二：不符合历史现实。

例 1：我们敬仰的周恩来总理，受到全世界人民的普遍爱戴，就是因为他有着大公无私的高尚品德。1976 年 1 月 8 日周总理与世长辞，联合国决定下半旗一周表示哀悼。当时，有的成员国代表表示反对，联合国秘书长讲了这样三句话：“世界上有哪个国家的总理终生只有一个夫人？有哪个国家的总理在国外银行没有一分钱私人存款？有哪个国家的总理，终生受人民爱戴？”反对的人无言以对，下半旗决定因此而顺利通过。

例 2：1912 年，豪华客轮泰坦尼克号沉入冰海，这次海难死亡多达 1503 名，仅 704 人获救。幸存者约定，每隔 10 年到瑞士洛桑城举行一次集会，以纪念这次事件。

每次聚会，都打开了他们的记忆闸门。最令人感动的是史密斯夫人的一段回忆：当时我的两个孩子已被抱上救生艇，因为超载，我不能上了，出于母爱，我喊了一声“让我上船吧，孩子不能没有妈妈!”闻听此言，一位已经坐上此艇的女士离开了座位，回到了泰坦尼克号并把我推上了小艇。刹那工夫，船便沉没了，那位女士连自己的姓名都没留下。里德帕恩的丈夫，送她上救生艇，她不愿一人独活，紧紧地抱着丈夫不放，万分无奈中丈夫一拳把她打昏，等到醒来，她已坐在小艇中。

这是生死系于一念的时刻，他们可以为了亲人，为了不相识的小孩的母亲献出自己的生命。

小结：在普通人身上，在平常的日子里，也有着无私的举动，可能还达不到“大公”的程度，但也不是“自私”二字全部能概括得了的。我们应该比前人具有更高的思想道德境界，绝不能以“人都是自私的”错误观念来推卸自己应当承担的责任。

步骤三：讲解人的社会化

1. 社会化的概念

社会是由社会成员组成的，而作为社会成员必须具备一定的条件，在人的成长、发展、完善过程中，要经过一定的社会化过程才能实现。

所谓人的社会化是指生活在社会中的个人，在从生物人到社会人的成长和发展过程中，接受社会文化和规范，使自己逐步适应社会生活，取得社会成员的资格并形成独特自我发展和完善的过程。社会化是个人形成社会属性，适应社会生活的过程，是社会按照一定的标准培养、塑造自己的成员的过程，也是一个社会文化不断延续和发展的过程。人的社会化程度，在一定意义上说，是反映社会发展、文明与进步的标志。

广义社会化是指人终身的学习过程，正所谓“活到老，学到老”。这个过程是随着人的生理、心理的成熟，随着人的社会生活的深化而逐步深化的，它经历这样几个阶段：婴儿期、幼儿期、学龄初期、少年期、青年期、中年期、老年期。

狭义社会化专指人从出生到青年期这个阶段，经过社会学习，初步形成个性，具备在社会中生活的资格的过程。社会化过程是个双向的过程。它既是社会把个人教化成合格社会成员的过程，也是个人为了适应社会生活而主动地学习社会文化的过程，其中既有社会环境对个人的作用与影响，也有个人对社会环境的作用和影响；个人不仅仅被社会化，而且还在社会化他人；通过这一过程，个人不仅仅接受社会文化，接受现有的社会关系，成为其中的一员，而且也在创造社会文化，改造现有的社会关系。因此，人在社会化过程中，既是客体，也是主体。从具体过程来看，人的社会化经历了一个从被动到主动的过程。人最初接受社会化，多是通过灌输的方式。婴幼儿阶段，个人对成人的依赖性很强，社会化直接受到成人的控制。少年阶段，人的自我意识得到进一步发展，逐渐能够自觉地认识、评价自己的个性和品德。这时的社会化方式既有灌输，也有选择。少年在接受成人向他们灌输的社会化内容时，多少是经过评价、选择，有所取舍的。青年期以后的社会化是选择式的社会化过程。而中年人和老年人则都是在原有价值系统的基础上，根据社会生活的变化，有选择地接受社会化。

2. 社会化的内容

社会化的内容非常广泛，这里我们从三种方面来概括社会化的基本内容：

（1）促进个性形成和发展，培养自我观念

个性（Personality 也译为人格）与自我（self）产物。人格是指人的个性特征及其所持的价值标准，它是一个人所具有的比较稳定的生理、心理素质和社会行为特征的总合。个性的形成和发展，主要是受一个人所处的社会物质生活条件和所受教育的影响，以及他所从事的各种社会活动的影响，社会化对于人格的形成起着重要作用。每个人都有自己的个性特征，但是在正常的社会化过程形成和发展起来的个性之间也存在共同点，即都应是符合社会价值标准的个性。社会学研究社会化问题就是要促进这种个性的形成和发展。个性与社会价值标准吻合，能够有效地参与社会生活，社会学称之为个性调适或人格调适。相反，如果两者脱节，不能有效地参与社会生活，称为人格解组。个性的核心内容及形成、发展的标志是自我。自我也称自我意识、自我观念，是指个体对自己存在状态的觉察和认识。包括对自己的生理状况：身高、体重、形态等；对自己的心理特征：兴趣爱好、能力、性格、气质等；自己与他人的关系，自己在社会和群体中的位置与作用等一系列涉及认识自己的内心活动。

培养和塑造个人什么样的自我观念对个人和社会来说是极为重要的基础。培养完善的自我观念，就是要人们把对自己的认识与社会规范协调一致，就是要使人们在经历了社会化过程之后，从外在行为到内心世界尽可能地合乎社会的需要。现实生活中，同一社会化模式培养的社会成员并不完全一样，每个人都有自己独特的风格，人与人之间存在着差异性。因为，社会化不仅仅是社会教化，个人学习社会文化，取得社会成员资格的过程，同时也是个人通过学习，积累社会知识，发展和形成自己个性的过程。

人的个性，以先天素质为基础，受环境制约、影响，随着个人社会化的进程而逐步形成和发展起来。一方面，社会化使得生活在同一个民族、国家，同一个阶级、阶层，同一时代的人的个性具有一些共同的特征，即每人的个性中都会内在地包含民族性、阶级性、时代性等共性的东西。这是社会文化传递的结果。如不同国家的国民性就是寓于其社会成员个性之中的共性因素。另一方面，社会化又不可能造就具有完全相同个性的个人。主要原因在于：一是每个人都有自己独特的遗传因素；二是每个人都有自己特殊的社会生活环境和生活经历；三是个人在社会化过程中具有能动作用。虽然个人在社会化过程中会有某种身不由己的力量制约自己的活动，但面对社会，个人并非是消极被动的，在一定范围内拥有选择余地。因而，我们在现实生活中常看到的是，同在一个家庭中长大的兄弟姐妹，性格特征合存在很大差异，甚至完全相反。因而，社会化既造就了人的社会共性，又塑造了人的独特个性，是人的社会共性与独特个性的有机统一过程。

（2）内化价值观念，传递社会文化

社会化研究文化的传递模式，认为社会化是社会文化的传递过程，从这个角度看，社会化的内容就是个人学习和掌握社会文化。一般说来，社会文化的核心内容包括价值体系、社会规范两大部分。个人通过社会化过程将社会价值观念内化，学习和掌握社会规范。在社会学看来．这一过程对于个人人格的形成和发展及自我观念的完善，以及个人在特定社会结构中的角色扮演具有重要意义。社会要正常运行，人与人交往要顺利进行，都要有一定的行为规范。正是社会化的过程把各种规范灌输给儿童，使一个不谙世事的孩童成为一个遵纪守法、彬彬有礼的公民。对于社会的意义在于，这一过程事实上就是社会文化的继承、传递和延续。

（3）掌握生活技能，培养社会角色

社会化研究的社会结构模式认为，社会要使人们知道社会对不同角色的具体要求。社会化过程就是角色学习的过程，角色学习首先必须以基本生活技能和某些专门技能的掌握为基础，在此基础上了解自己在群体或社会关系中的地位，按社会结构中所规定的规范行事。初生的婴儿除了吸奶等本能外，对其他生活知识一无所知。父母首先承担起传授生活知识的任务，教孩子说话、吃饭、穿衣，并且是运用一定的文化模式来传授基本生活知识的。在传统的农业社会，大多是子承父业，因此职业训练大多在家庭中进行。在现代社会，职业训练多由专门的学校、企业来完成。社会化的最终结果，就是要培养出符合社会要求的社会成员，使其在社会生活中承担起特定的责任、权利和义务。社会学的社会化研究就是要考察和解决有助于把人推到一定社会结构中充任角色的条件和机制。

3. 人的社会化理解训练

（1）出示案例

马加爵事件

2004 年 2 月 23 日，云南省昆明市云南大学 6 幢 317 号宿舍发现 4 具男性尸体，经查死者是该校生化学院生物技术专业 2000 级的 4 名学生，唐某、杨某、邵某和龚某。云南省公安厅和昆明市公安局在之后的现场勘查和调查访问后认定，4 人的同学马加爵有重大作案嫌疑。而此时马加爵已失踪数天。

马加爵 1981 年 5 月 4 日出生，不到 23 岁，杀人手段却极其残忍。警方发现尸体死亡原因都为脑部钝器击打所致。2 月 24 日，公安部发出 A 级通缉令，3 月 1 日又向社会公开发布了通缉令，悬赏 20 万，查缉马加爵。后马加爵在海南三亚落网。

据介绍，马加爵平时爱踢足球和打篮球。四个死者中，除龚某住在另一幢楼外，马加爵和唐某、杨某同住第 6 宿舍楼 317 房间，邵某则住在隔壁的 316 室。五个人同级，常在一起打球。据同学说，马加爵生性比较粗暴。平时打球，只要有人踢不好或无意间踢到他身上，他便会动怒，有时甚至翻脸骂人。马加爵有几个广西老乡以前常来找他玩，后来渐渐不来了。还有同学回忆，马加爵以前经过316室，只要听到里面的音乐声大一点就会破口大骂。有一次同宿舍的一位同学动了马的东西，马发现后便一直记恨在心，从此不再理睬该同学。同学都说他性格孤僻，不太好处。

2004年6月17上午9时，云南省高级人民法院裁定核准了昆明市中级人民法院以故意杀人罪判处马加爵死刑，剥夺政治权利终身的刑事判决。宣判结束，马加爵即被押赴刑场执行死刑。

云南省高级人民法院经复核认为，马加爵无视国家法律，因不能正确处理人际关系，因琐事与同学积怨，即产生报复杀人的恶念，并经周密策划和准备，先后将4名同学残忍杀害，主观上具有非法剥夺他人生命的故意，客观上实施了非法剥夺他人生命的行为，已构成故意杀人罪。

（2）案例解析

①讨论：案例中马加爵的社会化缺陷？

小结：

一是个性比较孤僻，错误的自我观念影响他的社会化的进程。所有认识马加爵的人描述起他的性格来，大家都会用3个词来形容：内向、孤僻、自卑。它的发生与幼年的心理发育不良、儿童期精神创伤及成长经历中人际关系的失败有密切的联系。他的灵魂终于有一天因为一件小的冲突，在冲动下，作出了罪恶的决定，屠杀了四个风华正茂的同学、这四个同学是他的朋友。

二是缺乏自我认知，错误的价值观念影响他社会化的方向。不能正确认识自我与人生的意义，自我迷失，前途迷惘。他孤独地在大学生活着，没有知心朋友，辛苦地靠打工维持生计，世界的发展，美好的生活，在他自己看来离他很远很远，他越来越觉得自己和这个世界相隔膜，没有人理解他，他也拒绝别人的理解。

三是缺乏生活技能，缺位的社会角色影响他社会化的参与。面对现实的差异无法适应，社会公平感严重缺失。表面朴实，却敏感多疑，极度自卑；渴望温暖、友爱，却不被人接纳，缺乏安全感，灵魂深处非常孤独；自负、好胜、自尊心很强，却毫无自我价值感，内心十分压抑，丧失自尊。

②讨论：马加爵事件留给你的反思是什么？

小结：

什么是正确的人生观价值观？怎样正确认识自我、完善自我？怎样与他人相处？怎样面对挫折、失败？怎样排解心中不良情（心）结？这些都是人的社会化过程必须面对和解决的问题。

马加爵这个案件使我们看到，在社会转型期和人生的转折点，一定要调整好自己的心态，树立正确的人生观价值观，正确认识自我，用积极的人生观去面对现实，应对挫折，这样才能实现自己的人生理想。反之，在价值观念日趋复杂化、多元化社会里，一个人就极易迷失自己，并最终丧失自己。

但愿我们的社会不在有第二个马加爵，但愿马加爵的罪，能唤醒那些迷惘的人正确走向通往未来的路。但愿我们的爱、温暖、宽容、理解、尊重一直伴随我们的人生里程。

步骤四：讲解人际交往社会化

人际交往是个体社会化必不可少的条件，是人最基本的社会需求之一。通过交往，个体获得有关周围世界的知识，可以内化社会规范，学习社会角色，形成完整个性，从而成为一个社会化的人。

1. 什么是人际交往？

人际交往是指个体通过社会活动形成人际关系的过程。这里的人际关系是指人们在社会活动中在个人情感基础上形成和建立的社会关系。如夫妻关系、亲子关系、朋友关系、师生关系、同学关系、雇佣关系、战友关系、同事及领导与被领导关系等等。人是社会动物，每个个体均有其独特之思想、背景、态度、个性、行为模式及价值观，然而人际关系对每个人的情绪、生活、工作都有很大的影响，甚至对组织气氛、组织沟通、组织运作、组织效率及个人与组织之关系均有极大的影响。

人际交往是通过一定的语言、文字或肢体动作、表情等表达手段将某种信息传递给其他个体的过程。因此，人际交往有赖于以下条件：（1）传送者和接受者双方对交往信息的一致理解。（2）交往过程中有及时的信息反馈。（3）适当的传播通道或传播网络。（4）一定的交往技能和交往愿望。（5）对对方时刻保持尊重。

2. 什么是人际交往社会化？

人际交往是形成人际关系的过程，也是社会化的必然途径。通过人际交往个体获得有关周围世界的知识，可以内化社会规范，学习社会角色，形成完整个性从而成为社会化的人。人际交往社会化是指人们在人际交往过程中学会建立正常有益社会关系的过程。当一个人由孩提时的什么都不懂，到能够通过自己的人际交往形成复杂的社会关系，支持自己的人生发展，这就是社会化的过程。

人际交往是个体社会化必不可少的条件，是人最基本的社会需求之一。通过交往，个体获得有关周围世界的知识，可以内化社会规范，学习社会角色，形成完整个性，从而成为一个社会化的人。人际交往社会化的重要性表现在如下几个方面：

一是促进深化自我认识。在我们的交往活动中，有时候两方面的评价会有一定的差距，不少人会因此而产生烦恼。这就要求我们要善于调节两方面的评价，全面提高自己的综合素质。正确的自我认识，有助于我们找到自己的社会位置，扮演好自己的社会角色。

二是促进社会化进程。人际交往是社会发展的必然产物，也是社会发展的基本前提。没有人际交往过程中所形成的各种各样的网络关系以及人们所担当的各种各样的社会角色，社会就不成其为社会，发展也无从谈起。人际交往与我们密不可离，是我们生活的一部分，贯穿生命的始终。良好的人际交往能力是青少年社会化的起点，是将来在社会立足的生存需要，也是为社会做贡献的本领。

三是实现人生价值的桥梁。人生的意义在于奉献，人际交往是我们奉献的桥梁。良好的人际交往，能让我们掌握更多社会的信息，知道人们的生活和需要，更好地为人民服务。

3. 人际交往社会化的基本原则

（1）尊重原则。尊重包括两个方面：自尊和尊重他人。自尊就是在各种场合都要尊重自己，维护自己的尊严，不要自暴自弃。尊重他人就是要尊重别人的生活习惯、兴趣爱好、人格和价值。只有尊重别人才能得到别人的尊重。

（2）真诚原则。只有诚以待人，胸无城府，才能产生感情的共鸣，才能收获真正的友谊。没有人会喜欢虚情假意，多少夸夸其谈都会败下阵来。

（3）宽容原则。在人际交往中，难免会产生一些不愉快的事情，甚至产生一些矛盾冲突。这时候我们就要学会宽容别人，不斤斤计较，正所谓退一步海阔天空。人不犯我，我不犯人。人先犯我，礼让三分。不要因为一些小事而陷入人际纠纷，这样我们会浪费很多时间，同时也变得很自私自利，变得很渺小。

（4）互利合作原则。互利是指双方在满足对方需要的同时，又能得到对方的报答。人际交往永远是双向选择，双向互动。你来我往交往才能长久。在交往的过程中，双方应互相关心、互相爱护，既要考虑双方的共同利益，又要深化感情。

（5）理解原则。理解是成功的人际交往的必要前提。理解就是我们能真正地了解对方的处境、心情、好恶、需要等，并能设心处地关心对方。有道是“千金易得，知己难求”，人海茫茫，知音可贵啊！善解人意的人，永远受人欢迎。

（6）平等原则。与人交往应做到一视同仁，不要爱富嫌贫，不能因为家庭背景、地位职权等方面原因而对人另眼相看。平等待人就不能盛气凌人，不能太嚣张。平等待人就是要学会将心比心，学会换位思考，只有平等待人，才能得到别人的平等对待。

（7）信用原则。言必信，行必果。“人，无信不立”“言而无信非君子”。要取信于人：第一，要守信，言行一致，说到做到。第二，要信任，不仅要信任别人，而且要争取赢得别人的信任。第三，不轻易许诺。第四，要诚实，答应别人的事要尽量做到，做不到的要讲清楚，以赢得对方的理解。第五，要自信，给别人以信赖感和安全感。

4. 人际交往社会化理解训练

（1）出示案例

案例1：“六尺巷”的故事

据说清代中期，当朝宰相张英与一位姓叶的侍郎都是安徽桐城人。两家毗邻而居，都要起房造屋，为争地皮，发生了争执。张老夫人便修书北京，要张英出面干预。这位宰相到底见识不凡，看罢来信，立即作诗劝导老夫人：“千里家书只为墙，让他三尺又何妨？万里长城今犹在，不见当年秦始皇。”张母见书明理，立即把墙主动退后三尺；叶家见此情景，深感惭愧，也马上把墙让后三尺。这样，张叶两家的院墙之间，就形成了六尺宽的巷道，成了有名的“六尺巷”。

案例2：罗威饲犊

汉代有个人叫罗威，邻居家的牛多次吃了他家的庄稼，他和邻居交涉，邻居不予理睬。罗威并没有火冒三丈，而是想，问题的焦点在牛，就从牛身上去寻找解决矛盾的途径吧。于是，每天天不亮他就起床去打青草，然后悄无声息地堆放在邻居家的牛圈前。牛一闻到鲜嫩的青草，就大嚼特嚼起来，吃饱了就睡觉，再也不去吃庄稼了。邻居每天起来，总看到牛圈前有一堆青草，颇感纳闷，经观察，知是罗威所为，顿觉愧疚，从此对牛严加看管。“罗威饲犊”的故事也就传为美谈。

案例3：司马徽让猪

司马徽（人称水镜先生）是东汉末年一位善于识拔人才的有名学者。有一次，邻居走失了一头猪，因为司马家的猪和他走失的猪相似，就误认为是他家的。司马徽并不争辩，说：“是你的你就拿去。”邻居便毫不客气地把猪赶回家。过了几天，邻人从别处找到了自己的猪，很抱愧地把误认的猪送还司马徽。司马徽不但没责备他，反而说邻里间发生这类误会并不奇怪，还赞扬他懂道理、知错能改。邻居听了十分感动。

（2）案例解析

①讨论：上述案例分别符合人际交往社会化的哪些原则？

②讨论：你从上述案例中学到了什么？你在人际交往方面还需要进行什么深层次的改变？

步骤五：巩固训练

1. 进行矫正小结

（1）回顾人的社会化、人际交往社会化的相关知识。

（2）对矫正活动中的优秀参与者予以代币奖励。

2. 布置课外作业

（1）人的社会化内容有哪些？你认为你的社会化状况存在什么缺陷？

（2）人际交往社会化有什么重要性？你认为你在人际交往社会化方面存在那些缺陷？

单元二：不良交往与犯罪

一、活动方案

矫正目标	通过本单元的矫正，使矫正对象充分认识不良交往到犯罪的发展过程。
矫正重点	不良交往认知巩固训练和应用训练。
矫正关键	让矫正对象真正掌握不良交往动机的激发因素、不良交往行为的触发因素，以及青少年不良群体人际交往的发展阶段。
方式方法	讲解、讨论、填图、案例分析
辅助手段	PPT、图片、视频资料、课外作业
活动时间	6 小时
操作步骤	总结回顾→讲解不良交往的概念→讲解不良交往动机的激发因素→讲解不良交往行为的触发因素→讲解青少年不良群体人际交往的发展→不良交往认知巩固训练→不良交往认知应用训练→巩固训练

二、活动内容

步骤一：回顾前一训练单元

1. 简要回顾前一单元内容。

2. 检查课外作业完成情况。

步骤二：讲解不良交往的概念

人际交往是思想、情感、态度、信息和学习的交往。正常人际交往是形成良好人际关系、促进个体社会化的交往。它对于一个人的工作、生活和学习都是有益的；

不良交往，是相对于正常人际交往而言的，是个体所进行的有碍于个体社会化，并可能妨害其身心健康发展、增强人身危险性或产生社会危害性的交往。不良人际交往所形成的人际关系往往是不和谐、紧张、消极和敌对的，对一个人的工作、生活和学习是有害的。人们对人际交往有三个共同的需要，不良人际交往也不例外。

一是本能的需要。人的交往需要是一种本能，人际交往是在个体发展进化过程中逐渐形成的适应社会生活的能力，它通过遗传直接传递给后代。而不良人际交往同样反映了人的本能，与正常人际交往相比，所不同的则是与不良群体发生了交往。

二是合群的需要。几乎所有的人都是在与其他人密切交往中度过自己的一生，很少有自愿孤立的人。在我们的社会生活中，每一个人都具有合群需要，个体不可能没有人际交往，适当的人际交往是人类个体满足自身合群需要的手段。不良人际交往的群体一旦形成，其成员之间就会渴望建立深刻的情感联系，真正成为群体中的一员。脱离群体会被认为不正常。尤其未成年人进入不良群体后，由于能减低恐惧感、增加安全感，时间久了，会产生依赖感。

三是自我肯定的需要。个体对自己真正的了解，往往依赖于与他人的交往。别人对个体的评价、态度，包括对待他们的行为方式就像一面镜子，使个体从中了解了自己，界定了自己，并形成了相应的自我概念。在不良交往群体中，一旦个体被其他成员所重视、承认和尊重，无疑会驱动和强化他的不良交往方式，固化他错误的是非观、价值观，以及从群体中习得的行动规范。这种对获得不良群体赞许而产生的自我肯定，进一步促进了其不良交往的发展。

步骤三：讲解不良交往动机的激发因素

一是歪风邪气的影响。在经济发展过程中，有些人眼见他人迅速窜富，不想着如何通过自己的努力致富，而深受拜金主义和享乐主义思想的侵害，对成功抱有侥幸和冒险心理。许多犯罪团伙成员已不仅仅是单纯为求生存温饱而走上犯罪道路，更多的是为了寻欢作乐贪图享受而误入歧途。青少年处于社会化的关键期，一旦处于辍学、失业、游荡等社会边缘，就极易招来犯罪团伙。他们往往打着一起玩、共同致富、互相帮助等旗号，拉拢青少年加入。

二是帮派文化的影响。带有宣扬犯罪的影碟、网站、书刊等，给犯罪团伙提供了直接仿效的条件，从而诱发犯罪。宣扬“黑帮”“社团”“古惑仔”“混混”等亚群体的亚文化对青少年尤其是自身处于精神或生活困境中的青少年极具吸引力。张某等10人抢劫、盗窃一案，就是模仿电视情节，“滴血结盟”成立“青龙帮”，平日里经常纠合在一起，做些偷鸡摸狗、为非作歹的事情，引发多起恶性案件。

三是犯罪经历的影响。有过共同犯罪经历的人也易结成犯罪团伙，以互相照应。诸如抢劫、斗殴、敲诈勒索等多发性犯罪，就是以强欺弱、以大欺小的团伙架势慑倒对方才易得手，所以犯罪团伙往往引诱曾经共同犯罪者。从刑事犯罪小集团，发展到一般的犯罪团伙，再到恶势力团伙、黑社会性质组织，其过程往往是“一个带一个、一个拖一个”。犯罪群体成员间的互相吸引、介绍和“下套”是引诱加入团伙的重要方式。

四是同命相连感粘合。这些团伙成员经历或家庭状况相同，如都为父母离异或都有被别人骗的经历，同命相连的感觉使他们有归属感，容易一拍即合。常见于未成年人、聋哑人犯罪团伙。这些人多为生活的弱者，得不到社会的正视和家庭的温暖，自认被社会抛弃，思想包袱过于沉重，生产生活难以步入正轨，很容易与一些同命相连的人拉帮结伙，以难友相聚，以犯罪为业，演变成为犯罪团伙。这些人一般更“讲义气”，或有专门“纪律”：一旦被抓获，只能承认自己的被抓获事实，对于团伙的任何情况都不能泄漏，否则就会受到严厉的惩罚。

步骤四：讲解不良交往行为的触发因素

一是精力过剩与调节能力低的矛盾。未成年人生理机能迅速发育，活动量增大，日常学习生活之余仍有大量过剩的精力和体力。但是由于他们心理水平的提高相对缓慢，缺乏足够的调节和控制过剩精力的能力，大脑常常处于兴奋的状态，情绪兴奋性高，往往易因冲动而受到犯罪团伙的引诱蛊惑。

二是孤独感强和强烈交往需求的矛盾。青少年生理和心理成熟年龄普遍提前，青春期产生各种神秘不安的复杂心理。而成人感的增强又导致其对于内心的困惑和疑虑不愿轻易向他人吐露。加上对自己估计过高，强烈要求独立自主，想从心理上改变过去依赖成年人和受人监护的状态，即取得与成年人相同的地位，离开父母的管束，完全独立。在这一过程中，父母、老师对青少年的影响力变小，而同辈群体的影响力增大。而同学间的小帮派、朋友介绍的社会群体往往对青少年极具吸引力。

三是好奇心强和辨别是非能力低的矛盾。未成年人对一切感到新奇，对自己不了解的现象，不理解的问题都表现出十分强烈的好奇心和求知欲，但由于他们社会经验不足，认识能力尚未发展成熟，对许多社会现象和科学的准则还没有自己定型的见解和观点，容易受暗示而模仿，自觉不自觉地受外在不良因素地影响。青少年情绪兴奋性高，波动性大，既表现为热情活泼，又易急躁，激动，好感情用事，更易受哥们义气、朋友面子等因素影响。

四是群体意识与自我意识的矛盾。未成年人由于独立性意向的发展，开始将对外界及外界事物与自己的关系的关注转变为对自己心理活动的关注，容易出现过低或过高的自我评价。在面对新的环境、事件，遭受失败和内心冲突时，易产生严重的挫折感，导致苦闷、自卑、自我放弃。有时会引发过激行为和反社会行为。此时，来自群体的帮助和温暖是导致青少年加入团伙的重要原因。

步骤五：讲解青少年不良群体人际交往的发展

青少年不良群体人际交往的发展，通常要经历“认同—参与—依赖”三个发展阶段。

1. 认同阶段。个体以不良人际交往发展起来的群体基本上都是违法犯罪团伙，或个体通过不良人际交往认识的群体，在其加入前已经是违法犯罪团伙。青少年违法犯罪团伙的日常活动区域常集中在经济发展相对落后的乡镇、城乡结合部，饭馆、歌舞厅、网吧、电子游戏室、洗浴及其他娱乐服务等治安复杂场所。一些社会散闲人员在其中往往因为利益瓜葛和矛盾而拉帮结伙。身处其中的青少年既可能需要其保护，也可能不自觉地对违法犯罪团伙的行为模式感到认同，主动或被动地向团伙靠拢。青少年年龄小、思想不成熟、依附性强，一旦身边有人引诱、劝说其加入，青少年则更易因其冒险冲动的特质而加入犯罪团伙。团伙的集体性、一致性行为容易招致其成员的认同。

2. 参与阶段。青少年对团体的压力更为敏感，易受他人影响，容易产生从众心理和从众行为。从而对团体有较高的遵从意识，当加入了犯罪团伙后，往往会自觉地服从团伙，并且拉拢和引诱其他人加入。初期接触犯罪团伙可能是偶尔地从犯罪团伙得到一定的利益和帮助，但随着陷入其中，团伙会要求其成员参与犯罪活动以达到检验忠诚或共同获利的目的。而一旦参与，并形成恶性循环，就会导致团伙成员对犯罪团伙的服从心理。服从代表着受到群体的吸纳和认同，不服从则代表背叛群体，会受到团伙成员的抛弃和报复。由于犯罪团伙对成员服从性的高度要求，导致参与者对团伙“规矩”的认同越陷越深，从而主动参与犯罪。

3. 依赖阶段。社会组织会利用社会规范对其成员的行为实施约束，犯罪团伙根据其组织程度的不同，也往往具有一定的分工与规范，对团伙成员形成一定的控制。控制以某种名义，凌驾于个人之上，集中反映了团伙的利益和意志。不管它具有什么具体内容和采取什么具体手段，都服务于团伙的总体利益和最高意志，使得团伙能更有力地控制个人。团伙成员面对这种群体压力和控制，不断强化对群体的依赖，在主动认同和被动参与双因素的影响下，形成对团伙的依赖性。一旦对犯罪团伙感到依赖，就会放弃自主性，完全服从于团伙的利益和意志，感觉只有靠团伙行动才能完成自己的事情，由此导致积极参与、跟随或领导团伙犯罪。

步骤六：不良交往认知巩固训练

下图是青少年不良交往发展过程示意图，将图中方格里的内容去除后，要求矫正对象根据前面所学的知识，重新将图中空格内容填写起来。

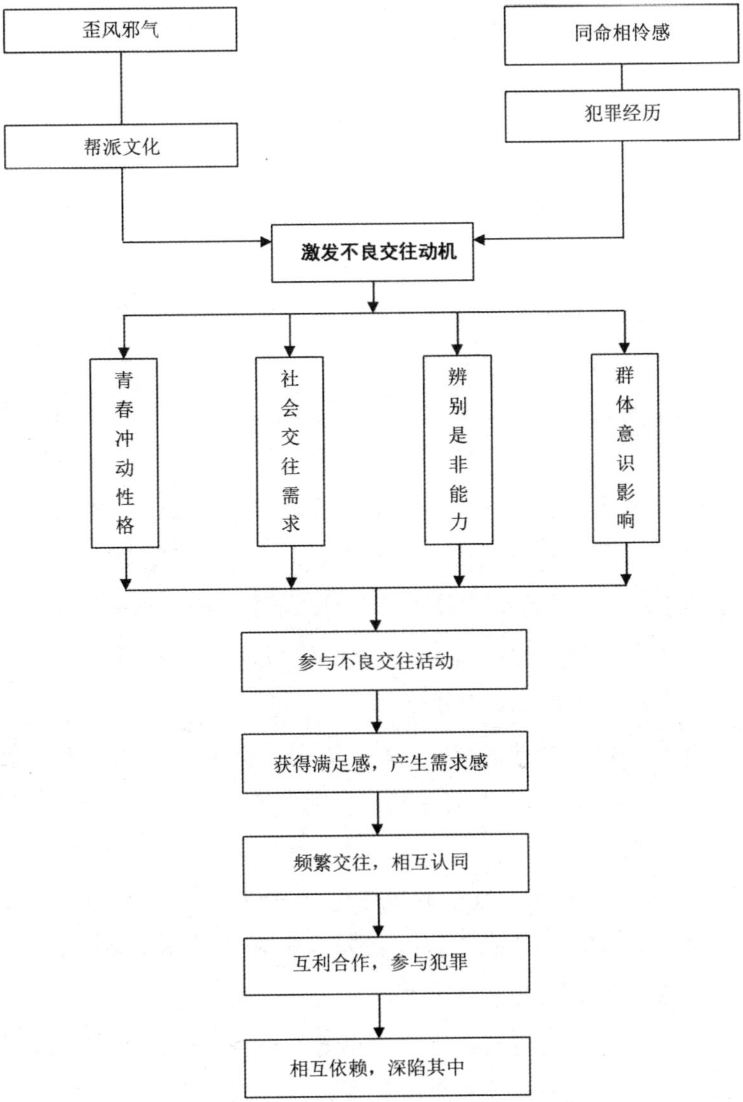

青少年不良交往发展过程示意图

步骤七：不良交往认知应用训练

1. 出示案例

“小虎队组合”

东街有个组合，三个人，大飞，二飞和二平，其中大飞和二飞是哥俩，那个年代是小虎队风靡全中国的时代，你如果不会唱两句小虎队的歌，会被认为来自火星，在邓丽君姐姐驾鹤西去，四大天王还没有完全施展的时候，小虎队对于那时候的孩子来说，是几乎每个人必备的精神食粮，大飞，二飞和二平在一个安静的夜晚，悄悄地组成了东街小虎队！其中大飞因为在三个人里长得最帅，自然成了小帅虎，二平因为为憨厚，实在所以当了乖乖虎，二平做事洒脱，得名霹雳虎！我唯一的一次见三人表演，是在学校的元旦联欢会上，三个人带着那种毛线的霹雳手套，在台上跳着那个年代流行的霹雳舞，二平的手套扣子掉了，那副烂手套在台上甩来甩去，以我当年的眼光看，他们的演出都不算成功，更不用说以现在的眼光看了，他们的表演更加接近于另外一种表演形式——小品，而非舞蹈！

其实他们的组合并不是专门跳舞，没事的时候，三个人总聚在一起，大飞二飞属于有勇无谋那种，两人在小学是出了名的混球，欺负同学，跟老师顶嘴，扎人家车胎，用陈某的一句话说就是：那哥俩从小到大，把所有能干的现眼事都干了！二平不同，他有智慧，他是一个全身上下都充满了低级趣味并且常年乐此不疲的人，一肚子的坏水儿如泉涌般源源不断地从心底突突地冒出来，但不得不说，二平的智慧绝对让他成了一个富有传奇色彩的人物，他从小学五年级就从当地的批发市场批发来各种女孩子喜欢的小饰品，在学校倒卖，到了初一，二平已经是独自拥有两辆山地自行车的“大款”了！如果说陈某孤傲的目空一切，大多数人他是看不起的，那二平是少数几个能让陈某刮目相看的人！二平和麻三一样，属于你一举拳头，他就可以认爹的人，所以二平时不时拿一些小钱贿赂班里的老大，的确，你有实力，就会有人拿钱去捧你，你有钱，就会去找有实力的人当保护伞，二者如果兼得，那你就是一个“英雄”，一个时代的“楷模”，一个八十年代的高富帅，当然，二平的钱绝对不会白花！

有一次二平在西街的游戏厅玩儿三国志，被麻三儿抢了身上的游戏币，二平可能是发了他有生以来第一次也可能是唯一的一次脾气，对着麻三儿喊：你抢劫！之后麻三儿用一记封眼让二平闭上了眼，也闭上了嘴，二平不敢，他家杀鸡他都不敢看，更别提跟人打架了，二平默默地走了，连一片云彩都没留下，但二平绝对不会默默地回来，他的每次回归，都是充满噱头的！作为一个后来叱咤商场的商业奇才，二平从小做事就这么没有节操！

“二平，你眼睛咋弄的，被谁打了！”大飞穿着一条他姐夫不穿了他妈给改小的喇叭裤用一种特别关心的口吻问二平。

“嗨，别提了，被麻三儿打的！”二平叹了口气说。

“丫为什么打你，你没招人家吧！”一旁的二飞知道二平为人处世的原则！

“我招他？我闲的我招他！”二平嘴里嘟囔着，仰着头，眼光里充满了正义感！

“你不招他，他为什么打你啊！”大飞问。

“要不是他们骂你们哥俩，我也不会出头，你们也知道！我这人打架不行，但我咽不下这口气，这不是侮辱你们俩的事，是侮辱咱们组合，是侮辱整条东街！我虽然被打了，但我问心无愧！”二评越说越是激动，甚至还挤出了几滴眼泪！

“孙子麻三儿嘬死呢，闹他！”大飞，二飞呼啦地站起来！

“算了，别去了，委屈我一个人受得了，省的连累大家！”二平坐下，看着远方，幽怨地说道！

“算了，没那么便宜！他怎么打你的，我们给你怎么找回来！”大飞，二飞心中的怒火彻底被点燃了！

大飞，二飞，二平按武力排，应该是大飞大于二飞大于二平，按智力排是二平大于大飞加二飞。在二平面前，大飞二飞属于那种很自然被划分到傻子团队的人。有很多刑事案件都是因为一句话而起，事后双方都后悔莫及，但有的时候，后悔来得及，有的时候后悔却来不及，世上没有后悔药，做事之前考虑的全面一点儿绝不是窝囊的表现，在这方面，大飞二飞和二平差的不是一星半点儿的距离，而是整条街的距离！二平就是那根点燃大飞二飞心中怒火的导火索，并且绝对是最快的那种！

（摘编自天涯论坛《一个黑社会大哥的成长轨迹》）

2. 案例解析

（1）涉案人的人际交往为什么是不良人际交往？指出案例中不良人际交往动机的激发因素有哪些？不良人际交往行为的触发因素有哪些？

（2）青少年不良群体人际交往的发展，通常要经历“认同—参与—依赖”三个阶段，涉案人的不良人际交往处在什么阶段？为什么？

步骤八：巩固训练

1. 进行矫正小结

（1）回顾不良交往的相关知识，以及不良交往的发展过程。

（2）对矫正活动中的优秀参与者予以代币奖励。

2. 布置课外作业

回顾自己不良交往过程中印象深刻的事件，并以书面形式记录下来。

单元三：不良交往状况分析

一、活动方案

矫正目标	通过本单元的矫正，使矫正对象认清入监前不良交往的真实状况。
矫正重点	进行入监前人际交往状况分析。
矫正关键	让矫正对象真正认清不良交往的危害。
方式方法	讲解、讨论、课堂练习、交流分享。
辅助手段	PPT、课外作业、检查督促。
活动时间	6 小时
操作步骤	总结回顾前一训练单元→回顾人际交往关系成长历程→分析入监前人际交往状况→分析入监前不良交往状况→分析不良交往危害性→巩固训练

二、活动内容

步骤一：回顾前一训练单元

1. 简要回顾前一单元内容。

2. 检查课外作业完成情况。

步骤二：回顾人际交往关系成长历程

1. 课堂练习

根据下面的提纲回顾自己成长历程中重要的人际交往关系，并以书面形式记录下来：

（1）与父母的关系。回顾成长过程中与父母交流的内容、关系的变化过程，印象最深的事件。

（2）与同学的关系。回顾在学校中交往最多的同学、交往最多的内容，关系的变化过程，印象最深的事件。

（3）与老师的关系。回顾在学校中对你正面影响和反面影响最大的老师，关系的变化过程，印象最深的事件。

(4) 与同伴的关系。回顾在日常生活中交往最多的同伴、交往最多的内容，在一起做得最多的事，关系的变化过程，印象最深的事件。

(5) 其他需要回顾的重要关系。

2. 交流分享

首先，分组讨论，对回顾的内容进行再完善；接着，每个小组推选 1 人，依次向大家汇报。

步骤三：分析入监前人际交往状况

1. 课堂练习

根据下面的提纲对自己入监前人际交往的状况进行分析，并以书面形式记录下来：

(1) 分析与父母交往中的偏差和障碍，同时分析交往中促进成长的方面。

(2) 分析与同学交往中的偏差和障碍，同时分析交往中促进成长的方面。

(3) 分析与老师交往中的偏差和障碍，同时分析交往中促进成长的方面。

(4) 分析与同伴交往中的偏差和障碍，同时分析交往中促进成长的方面。

(5) 分析其他重要交往关系中的偏差和障碍，同时分析交往中促进成长的方面。

2. 交流分享

首先，分组讨论，对分析的内容进行再完善；接着，每个小组推选 1 人，依次向大家汇报。

3. 矫正人员小结

矫正人员就矫正对象入监前人际交往中的偏差和障碍进行小结：

（1）交往单一性。主要表现为：只与本班级或本宿舍的同学、玩得来的同伴和被吸引的不良群体中的成员交流、玩乐、活动，将自己的人际圈子限定在极其狭小的范围，阻碍了其人际交往的社会化。

（2）社交焦虑症。总是觉得当今社会人心叵测，怕被拒绝。每当与他人交往时，总会心跳不自觉加快，面红耳赤，十分焦虑和紧张。在与父母、同学、老师、朋友的交流过程中，很少讲述自身的想法，十分小心和敏感。这种焦虑心理影响着自己的人际交往。

（3）期望值过高。对人际交往中没有处理好的情况感到苦恼，追求人际关系的完美，期望自己能左右逢源，这种高期望造成失望的心理。自己友善的行为被人误解或者没有得到预期的回报，因而对处理好人际关系的信心大大下降。

步骤四：分析入监前不良交往状况

1. 课堂练习

让矫正对象围绕下面两个问题进行自我分析：

（1）分析你的所有人际交往关系中，哪些交往内容属于不良人际交往、哪些交往内容对不良人际交往产生重要影响？

（2）分析你的不良交往处于“认同—参与—依赖”三个发展阶段中的哪个阶段？有哪些具体表现？

2. 交流分享

首先，分组讨论，对分析的内容进行再完善；接着，每个小组推选 1 人，依次向大家汇报。

步骤五：分析不良交往危害性

1. 课堂练习

让矫正对象围绕下面两个问题进行自我分析：

（1）分析你的不良人际交往经历与你走上犯罪道路的关系。

（2）分析不良人际交往对你的工作、学习、生活和未来，以及对家庭和社会造成的危害。

2. 交流分享

首先，分组交流；接着，每个小组推选 1 人，依次向大家汇报。

3. 矫正人员小结

矫正人员就矫正对象不良交往的危害性进行小结：

（1）不良交往是青少年违法犯罪的“中介变数”。青少年犯罪的原因是多种因素的，家庭、环境、学校、社会文化生活等多方面都同青少年犯罪相关，但是，在这些众多的相关因素中，并不是所有的因素都与青少年的犯罪直接有关，相反，许多的相关因素是通过一个“中介变数”而与青少年犯罪相联系的。例如，在家庭因素中，家庭不健全（包括父母双亡、父死母嫁、母亡父娶、父母离婚、父母管理不当等）可能成为青少年学生走向犯罪道路的客观因素，但是，这些因素往往都是通过结交不良朋友这一点起作用的。

（2）不良交往对青少年犯罪动机的形成有催化作用。首先，不良交往是形成青少年违法犯罪的直接动因。对违法犯罪青少年的大多数来说，开始并没有明显的犯罪动机，而是在社会交往中受坏朋友的影响、怂恿、引诱、激将而产生犯罪动机和参加违法犯罪活动的。这不仅说明青少年不成熟的特点，也说明不良交往对青少年走上犯罪道路有一定的影响。其次，不良交往还对青少年犯罪动机形成强化作用。青少年之间的不良交往活动能使他们增强安全感，减轻罪责感，有“法不治众”的侥幸心理，这就为其犯罪动机的形成起催化作用。

（3）不良交往扩大了青少年违法犯罪的危害性。这种危害性的扩大有两个方面的表现：①导致违法犯罪青少年的人数增加；②表现为作案情节、作案手段和后果变得更加复杂、严重。因为不良的交往是“交叉感染”，形成犯罪团伙，它促使一些人从单一性作案到多元性作案，导致许多恶性案件的发生。

（4）不良交往加重了预防和矫治青少年违法犯罪的困难。对青少年违法犯罪现象，学校、家庭、社会采取了许多良好的防治措施，但是，这些措施常常受到不良交往的干扰。比如许多青少年由于受到良好的教育，曾经是家里的好孩子、学校中的三好学生，但由于不良交往，经不起坏朋友的引诱，走上了违法犯罪道路；而一些犯过罪错的青少年，经过帮助教育，有悔改表现，想重新做人，但由于摆脱不了坏朋友的引诱、威胁，从而重蹈覆辙，成为惯犯。可见不良交往是预防和矫治青少年违法犯罪的一个重要障碍。

步骤六：巩固训练

1. 进行矫正小结

（1）总结矫正对象入监前不良交往的基本现状及其造成的危害。

（2）对矫正活动中的优秀参与者予以代币奖励。

2. 布置课外作业

自我反思不良交往的产生原因及其造成的危害，并写出反省材料。

模块测试评估（一）

步骤一：矫正效果测试。

在认知模块的矫正活动结束后，运用《不良交往认知状况测试问卷（BJR 状况测试）》对矫正对象的矫正目标达成情况进行测试。

步骤二：矫正效果评估。

根据测试情况，评估矫正对象对不良交往认知状况的掌握程度。

115 分以上：对不良交往的认知有了质的飞跃，已经具有强烈的阻断意愿。

100 分以上 115 分以下：效果明显，对不良交往有了深刻的认知。

85 分以上 100 分以下：取得了一定的效果，对不良交往的认知程度相比以前有所上升。

70 分以上 85 分以下：效果一般，对不良交往的有一定的认识。

70 分以下：没有效果。

步骤三：互动交流。

矫正人员就测试中发现的问题，通过辩论、讲解等方式，给予矫正对象必要的帮助和指导，共性问题团体辅导，个性问题个别交流，以巩固第一模块的矫正效果。

模块二：回避

【矫正目标】通过本单元的矫正，力求使矫正对象在面对不良群体时，具有回避与其交往的策略和能力。具体来说，在知识上，要知道有哪些常见的不良交往人群，要掌握联想后果法、理智警醒法、寻求帮助法、婉言拒绝法等回避策略的方法与步骤；在能力上，要熟练掌握对不良群体的信息识别技能和一般回避策略的运用技能；在态度上，要牢记自己曾经面对和将来可能要面对的人际交往危险信息的问题解决策略。

【干预方式】主要采用微电影、专题讲解、主题辩论、团体辅导、个别辅导、课堂讨论、交流分享、案例分析、布置作业、测试评估、点评反馈等方式。

【实施内容】帮助矫正对象认清涉及财、赌、色、毒、网等常见不良交往人群的形成原因，加深对常见不良交往人群的认识；帮助矫正对象掌握不良人际交往信息识别内容，加深对不良人际交往信息识别内容的认识；帮助矫正对象掌握运用联想后果法、理智警醒法、寻求帮助法、婉言拒绝法等策略回避不良人际交往的具体方法与步骤，通过案例解析、课堂讨论和运用训练让他们加深对联想后果法、理智警醒法、寻求帮助法、婉言拒绝法等回避策略的认识和理解；引导矫正对象进行“信息识别＋回避策略”抵制不良人际交往强化训练，让他们拒绝不良人际交往真正成为自身的行为习惯。

【课时安排】常见不良交往群体、不良交往的信息识别、不良交往的回避策略、不良交往“识别＋回避”训练4个单元，以及进行本模块的测试评估，共27个课时。

单元四：常见不良交往群体

一、活动方案

矫正目标	通过本单元的矫正，使矫正对象充分认识有哪些常见的不良交往人群。
矫正重点	使矫正对象认清涉及财、赌、色、毒、网等常见不良交往人群的形成原因。
矫正关键	通过交流分享让矫正对象加深对常见的不良交往人群的认识。
方式方法	讲解、讨论、课堂练习、交流分享
辅助手段	PPT、课外作业、检查督促
活动时间	6 小时
操作步骤	总结回顾前一训练模块→涉财不良群体→涉毒不良群体→涉色不良群体→涉赌不良群体→涉网不良群体→巩固训练

二、活动内容

步骤一：回顾前一训练模块

1. 简要回顾前一单元内容。

2. 检查课外作业完成情况。

步骤二：涉财不良群体

1. 课堂讲解

涉财不良群体，是指受物欲因素的吸引和驱使，而形成的具有一定社会危害性的群体。这类群体的形成原因主要表现为如下因素。

（1）内在因素。主要是个体的贪财图利、过分享乐、好逸恶劳等心理。一是贪财心，是指个体贪爱金钱财物的心理倾向。对生活、生产资料包括金钱的追求是人的正常心理。但只顾自己获得金钱利益而罔顾他人，或者为获得金钱不择手段，则是一种过分贪财行为。由于金钱的有限性，贪财图利往往需要个体付出极大的努力和辛苦，而快速、轻松地获取金钱一般会遭遇极大的阻碍，所以贪财享乐心理往往又伴随着有好逸恶劳等心理。当一个人希望快速、轻松地获得金钱以供自己消费或挥霍时，他很可能已陷入金钱诱惑中。二是无知心，是指人们对一些事物因为缺乏起码的认知而陷入迷茫、不能分辨的心理状态。最大程度地获得资源以保障和满足自身需求是人类的生存本能，个体往往会误认为跟随金钱诱惑就是自己在努力奋斗。对金钱诱惑的认识不明，对法律法规的认识不清，对社会道德的认识模糊，会导致个体尤其是青少年在懵懵懂懂中抵制不住金钱诱惑而实施违法犯罪行为。此外，小偷小摸、拦路要挟等常见社会现象也会误导其对盗窃、勒索等违法犯罪行为的认识。三是冲动心，是指一种发生较急、历时短暂的精神运动性兴奋，同时有情绪激动和口头或躯体攻击行为的心理状态。通过劳动致富是个体获得金钱的主要方式，但当个体面临困境或物质需要膨胀得不到满足时，往往会偏离正常获利轨道而铤而走险。这种追求快速满足的冲动心是金钱诱惑的重要心理表征。无论是抢劫盗窃，还是勒索诈骗，都是短暂快速获利的心理。

（2）外在因素。主要是消费膨胀超出自身能力或个体处于群体中对不当获利的习以为常。一是消费过度膨胀，是指不符合自身支付或购买水平，且超出基本需求和支付能力的消费，是一种扭曲的、不可持续的消费。超前消费、炫耀性消费、过度消费、挥霍消费、享乐消费等都容易导致消费的过度膨胀，从而形成对金钱的更高渴求。当消费需求高于支付能力时，个体出于满足需求的本能，更易受到金钱的诱惑而陷入其中。尤其是在青少年群体中，因上网成瘾、进出酒吧等娱乐场所而导致的消费不支，往往是其实施盗窃、抢劫的主要诱因之一。二是不良群体影响，合伙盗窃、抢劫、勒索往往是涉财类犯罪的主要形式，个体在群体中出于从众等因素影响，更易做出与群体相一致的行为选择。当群体面临金钱诱惑时，个体常会因他人的劝说而动摇信念。而处于这样的群体中，个体识别、抵制诱惑的能力也将不断消解。尤其是当亲人、同学、朋友中有因违法犯罪行为而获利时，个体更容易受其感染和影响。此外，个体面对金钱诱惑的冲动心理也容易因身处群体中而被激化加重，由想法发展为行动。三是具体情境刺激，冲动冒险心理往往是在具体情境刺激下爆发的，个体陷入金钱诱惑往往也有在一定的外在环境或条件促成下进行的。当人处于贫富不均的心理不平衡状态时，当人面对享乐情境不能自拔时，当人处于高压力、低效能的自我感观时，当人面对高收益、低风险的投资项目时，更容易因贪财、报复、释压等原因来回应刺激因素。现实生活中，长期侵染于多刺激因素环境下的行为人，其面对金钱诱惑的能力和自我控制能力都相对较低。尤其是，当个体面对超出自己日常心理承受力的刺激，如羞辱、失业、家庭矛盾、经济困境、高额利润等时，个体如不能及时识别诱惑，往往会被金钱诱惑“牵着鼻子走”而不自知。

2. 交流分享

首先，分组交流你所了解的涉财不良群体，说一说其形成、发展和结局；接着，每个小组推选 1 人，依次向大家汇报。

步骤三：涉毒不良群体

1. 课堂讲解

涉毒不良群体，是指受毒品因素的吸引和驱使，而形成的具有一定社会危害性的群体。这类群体的形成原因主要表现为如下因素。

（1）个体所处涉毒环境与情景及不良人群的影响：一是不良环境场所，歌厅、舞厅、KTV、酒吧、迪吧等娱乐场所往往是摇头丸、冰毒等毒品的主要传播地与发散地。灯红酒绿、动感音乐、烟雾弥漫等环境因素都容易刺激个体生理欲望、麻痹个体自控意识，而毒品往往在这些场所中打着放松、开心等幌子出现。身处其中的青少年往往因音乐、酒精等环境因素的影响，将毒品诱惑视为一种对气氛的刺激而不当回事，不自觉地陷入其中。青少年应尽量避免进入这些场所，就是成年人对其中的人、事、物也要有基本的防备心理。如：对喝过的酒，在短暂离开后不能再饮，以防他人下药；不能吸食不熟悉人给的烟、药片；远离涉毒的聚会，远离有吸毒人员的KTV包厢、酒店房间；不能过度饮酒，要保持清醒等。二是涉毒情景熏染，除长期接触不良环境易陷入毒品诱惑外，长期被涉毒情景熏染也易模糊个体对毒品诱惑的认知。当身边的人经常接触、携带或贩卖毒品，经常看见他人吸食毒品，个体因习以为常、见怪不怪等心理因素影响，也容易对毒品诱惑缺乏畏惧和自制而贸然犯险。毒品的种类繁华多样，其形态和样式也五花八门，但其基本的滥用方式包括烟吸、烫吸、鼻吸、口服、注射等。所以，我们对香烟、卡片、烟壶、药片、注射器等药物滥用的辅助物品应保持警醒，对"嗑药""溜冰"等新词汇有基本认识，对不明药片、奶片、香烟等不能抱着试一试、尝一尝的心态盲目吸食，对出现这些物品的场所、接触这些物品的人员也应保持警惕。三是他人尤其是朋辈的劝说，朋辈通常指在心理、年龄、社会地位相近，经常见面或联络的伙伴，如朋友、同学、邻居等。朋辈影响则指朋辈透过不同的方法，对自己加上一些无形的力量，这些力量可能令自己的想法和行动等有所改变。青少年正值发展的过渡期，在这一过程中同辈群体对其有很大的影响力。青少年需要同辈群体的认同，甚至可能做出不良行为。大多数青少年接触毒品是与朋友一起滥用。朋友、同学、熟人的劝说是青少年第一次吸食毒品的主要诱因。这些劝说往往又打着"试一试""为你好""赏脸""你不敢"等各种面目出现，使人极易放弃对毒品的戒备。如经不住朋友的劝说，就会抵制不住毒品的诱惑。四是被人刺激、误导或欺骗，除劝说以外，他人的刺激、误导和欺骗是毒品诱惑发生作用的重要外因。尤其是由于人们缺乏对新型毒品的认识，它们又常以“药丸、奶片、饮料、酒精”等隐蔽方式出现，极易误导青少年。“嗑药”“溜冰”等隐晦词语也常使人不知所以而误吸。毒品在熟悉的人之间的传播力远远高于在陌生之间，周围或身边人吸毒、涉毒都容易对个体造成不良影响。当朋友、同学、邻居等朋辈群体中有涉毒对象时，应提高警惕；对行为记录不良者，应避免与毒品相关的接触；尤其是青少年，对社会游散人员更应敬而远之，不要称兄道弟、混入他们的小圈子。亲人中有吸毒成瘾的，应引导其科学戒毒。

（2）个体对毒品的不良认知与行为反应：毒品诱惑主要来自于它给人带来短暂而强烈的快乐，这种快乐主要体现在给身体的剧烈刺激。毒品诱惑的关键在于行为人自身的认识能力和心理素质。毒品诱惑常常因个体的好奇心、冒险心、无知心、逆反心、从众心等而进一步影响个体的行为选择。一是好奇心，是指个体遇到新奇事物或处在新的外界条件下所产生的注意、操作、提问的心理倾向。好奇心是个体行为内在动机之一。资料显示，青少年吸食毒品的主要内因就是好奇心。青少年处于大脑和心理发育的关键期，求知欲特别强，对于未知或未尝试的事物感到神秘和好奇。毒品是国家禁品，增加了它们的神秘感，引发青少年跃跃欲试的好奇心。为显示自己的胆色和博取关注，也容易抱着“玩玩”的想法，低估了毒品在不知不觉间上瘾的威力。二是冒险心，是指不顾危险从事某种活动、寻求特定刺激的心理状态。人对自身心理和行为进行自我控制，但冒险心是对自控的投机性、风险性突破。青少年血气方刚，易激动，好冲动，且认知世界的能力不强，容易因他人的反复劝说、激将法、误导等而堕入陷阱。青少年在好奇、追求刺激等心理因素引导下，面对毒品诱惑而不自觉，反而可能认为吸食毒品是一种超越自己、突破自己的方式。在内在冲动、外在刺激的共同作用下，过分追寻冒险刺激的青少年更易接受毒品诱惑。三是无知心，是指人们对一些事物因为缺乏起码的认知而陷入迷茫、不能分辨的心理状态。我们在日常生活当中与毒品离得较远，如果缺乏有关毒品的常识，很难辨别什么东西是毒品。青少年社会经验不足，更易因无知误吸。所以抵制毒品诱惑的第一步应当是科学全面地认识毒品，增强对毒品诱惑的分辨，减少因无知、迷茫、认识不清、分辨不明等因素而误吸毒品。尤其是那些以“免费试用、快乐丸、止疼剂、健身药”等名义出现的毒品，更应引起我们的注意。四是逆反心，是指人们彼此间为维护自尊，而对对方的要求采取相反的态度和言行的一种心理状态。尤其是在青少年当中，常常会以与常理背道而驰来显示自己的“高明”“非凡”。毒品作为社会亚文化的组成，常常成为不良青少年群体显示自己与众不同的标志。而当他人以“你不敢”“没出息”等刺激青少年时，青少年也易因面子问题产生逆反心理而吸食毒品。五是从众心，是指个人受到外界人群行为的影响，在自己的知觉、判断、认识上表现出符合多数人的行为方式。缺乏分析、不作独立思考、不顾是非曲直的一概服从多数是消极的从众。毒品诱惑的从众因素主要体现在个体面对他人的劝说、刺激、诱惑时，不能坚持自己的立场而屈从他人。青少年对所在群体中的求同心、向心力，都容易放大毒品诱惑在这一群体中的影响力。

2. 交流分享

首先，分组交流你所了解的涉毒不良群体，说一说其形成、发展和结局；接着，每个小组推选 1 人，依次向大家汇报。

步骤四：涉色不良群体

1. 课堂讲解

涉色不良群体，是指受色情因素的吸引和驱使，而形成的具有一定社会危害性的群体。这类群体的形成原因主要表现为如下因素。

（1）观看、收听色情、淫秽的音像制品、读物。国家新闻出版署1988年颁布了《关于认定淫秽及色情出版物的暂行规定》，该规定中对色情淫秽出版物的定义是："淫秽出版物是指在整体上宣扬淫秽行为，具有下列内容之一，挑动人们的性欲，足以导致普通人腐化堕落，而又没有艺术价值或者科学价值的出版物：（一）淫亵性地具体描写性行为、性交及其心理感受；（二）公然宣扬色情淫荡形象；（三）淫亵性地描述或者传授性技巧；（四）具体描写乱伦、强奸或者其他性犯罪的手段、过程或者细节，足以诱发犯罪的；（五）具体描写少年儿童的性行为；（六）淫亵性地具体描写同性恋的性行为或者其他性变态行为，或者具体描写与性变态有关的暴力、虐待、侮辱行为；（七）其他令普通人不能容忍的对性行为的淫亵性描写。"这类出版物被称之为是一种"精神鸦片"，毒害青少年的正常心理。据有关部门统计，青少年性犯罪占全部犯罪的34%，而因为观看了色情淫秽音像制品、读物而导致的犯罪占90%。青少年正处于青春萌动期，已经有了初步的性启蒙，对于性怀有强烈的好奇心。而色情、淫秽音像制品、读物，对性赤裸裸的描写，对青少年心理、生理会产生极大的刺激，形成诱惑力、粘合力。这些强烈刺激会激发青少年的性饥渴、性需要，由于青少年年纪轻，不具备结婚的现实条件，性渴求很难得到合理的解决，青少年就容易产生强奸、奸幼、嫖娼等性罪错。有的青少年没有建立健康的性道德，甚至进行淫乱、卖淫等色情活动。

（2）传播淫秽的读物或者音像制品。有的青少年不仅自己收听、观看淫秽色情影视片、读物，还进行传播，这会造成更大范围的社会危害，让更多的青少年成为淫秽读物和音像制品的受害者。有的甚至出售淫秽碟片、制作相关网站用于商业牟利，这更是严重犯罪行为。

（3）进行淫乱或者色情、卖淫活动。淫乱是指性行为不加节制，故意放纵，违背传统性观念、性道德、性伦理。有的青少年为了追求刺激，甚至出现集体淫乱的情况。色情、卖淫活动，是指为获取物质报酬（金钱、礼物等），以交换的方式有代价地或有接受代价之约地与不固定的对象发生的性行为。淫乱、色情、卖淫等活动严重污染了青少年的身心，阻碍了青少年的正常成长。在未成年时，这些都是严重不良行为，而青少年一旦达到 16 岁，这些行为就可能会触犯刑法。

（4）实施性暴力。性暴力，是指以暴力、胁迫或者其他方法，违背妇女意志，强行与其发生性交的行为。所谓暴力方法是指对妇女的身体实行打击或强制。所谓胁迫是指以精神强制的方法，如以实施暴力、揭发隐私、毁坏财产相恐吓，或者以迷信谣言欺骗，或者利用教养关系、职务上的从属关系相威胁等。所谓其他方法，是指除了暴力、胁迫以外，其他的使妇女丧失反抗能力或者利用妇女处于不知或无力反抗的状态的行为，如用酒灌醉、药物麻醉，或者利用妇女患病昏迷或熟睡，或者利用这些妇女的生理心理缺陷与其性交的等方法。

2. 交流分享

首先，分组交流你所了解的色情不良群体，说一说其形成、发展和结局；接着，每个小组推选 1 人，依次向大家汇报。

步骤五：涉赌不良群体

1. 课堂讲解

涉赌不良群体，是指受赌博因素的吸引和驱使，而形成的具有一定社会危害性的群体。这类群体的形成原因主要表现为如下因素。

（1）赌博环境。在我国有一部分人沉溺于赌博。据调查，一些成年人曾经参与过多种赌博活动，例如打麻将、扑克牌或博彩游戏，或其他各式赌场游戏。他们散落于千家万户，徘徊于街头巷尾。有相当一部分青少年，就是在周围众多赌博者甚至家长的影响下，对赌博行为盲目模仿，从不懂到会，再从会到赌钱，而走上歧途的。大多数青少年都渴望接触新事物，体验新生活，一旦社会出现了新的生活内容时，他们就极易去效仿，而不管这种新事物是否对自己有益，更不会去辨别新事物是否对自己有害，由于是盲目仿效，就显得极其危险，赌博亦然。有些青少年朋友受电影电视的影响，认为“赌王”够威风够气派，幻想自己有一天能成为“赌王”，于是学着电影电视里面的情节开始赌博，从而一头扎入“赌海”。有些青少年由于父母离异、家庭关系紧张、学习压力大、师生关系不好、考试受挫，以及待业等不顺心的事引起精神苦闷，情绪低落，精神空虚，而用赌博来麻木自己。也有一些青少年家庭条件很优裕，又不爱学习，缺少健康的精神食粮，在不良因素的影响下，特别是在精神空虚时，会慢慢地从玩游戏而着迷上赌博，这些人企图以赌博来“解脱”自己。这些不积极的心态，其结局只能是在赌博的泥潭是越陷越深，在人生的歧途上越走越远。

（2）本能欲求。一是人性弱点的膨胀。赌博是一种行为活动，也是一种复杂的精神活动，它具有深层的心理本能因素。它能给人带来刺激、乐趣和财富，是人类对自我分析、预测能力、心智的肯定与自信，只不过是盲目的、无知的、浅薄的，是一种人性弱点的膨胀。当赌博一旦以大额金钱财物作赌注，它便从另一方面刺激了人的欲望，对金钱的贪欲又构成了一种新的原动力。一些人把赌博作为一种敛财的方式，执迷不悟。二是好奇心与好胜心。好奇心能使人成就大业，也能引人误入歧途，关键是看自身的分辨力和自控力。而各种活动规则下出现的胜负之分、娱乐活动的相互竞争、斗智斗勇、斗运气中激发出的好胜心，是人的一种本能反应。有人看到周围的人赌博时，就会跃跃欲试，特别是当其看到金钱财物在参赌者之间难以捉摸地转移，并耳濡目染地感受到赢家的喜悦时，会刺激他们参赌的激情冲动，由旁观者变成参加者，逐渐陷入其中难于自拔。三是模仿与从众心理。模仿是指仿效他人的行动，使自己与被仿效对象的行为相一致的心理趋势；从众是指因受到多数人的感染、影响，甚至压力、限制，从而顺从多数人所要求的行为。当人们置身于赌风盛行的区域，或结交一些嗜赌朋友时，周围的赌博行为就起着一种消极示范作用，使其逐渐受到感染，并难以抗拒其诱惑，参赌冲动产生并不断增强，最终深陷赌场。

（3）赌博认知。一是“亲赌”观念。即认为赌博是个人自愿用自己的钱来获取愉悦与实现赌资转手的一种娱乐活动，别人不应干涉。事实证明，绝大多数恶习难改的赌徒、赌棍，从最初进赌场到最后进监狱，始终确信“赌博纯属个人自由”“是正当的娱乐活动”。这种“亲赌观念”的直接后果是引导参赌者不知不觉地在赌博的歧途上“起步”“加速”和“走向深渊”。相比之下，凡是在观念上持“厌赌”或“仇赌”立场的人，都是偶尔参赌或根本不赌的人。二是贪欲与不劳而获思想。由于赌博是营利性的，如果运气好，参赌者可以借此捞上一把，不劳而获地占有别人的财富，实现发家致富的愿望，因而一些人就把赌博当成通向发财之路的阶梯。三是认识不深。缺乏对禁止赌博的法律意识，不清楚赌博的严重性和错误性，以为下注小，“玩玩”没什么关系，也不算什么违法行为。对从小赌很可能发展到大赌，从偶然参赌，很可能发展到嗜赌成性的结局缺乏超前意识和应有的警觉；不以赌博赢钱为耻，反以赌博赢钱为荣。正因为如此，他们对赌博缺乏警惕，丧失免疫力，受偶然因素的影响就可能自觉不自觉地参与赌博，甚至沉迷不可自拔。

（4）赌博心理。一是贪欲与冒险心理。在拜金主义思潮影响下，不少人急功近利，追求快速致富，占有财富的欲望恶性膨胀，当无法通过正当途径满足其欲望时，赌博这种冒险手段就成为他们通向发财之路的阶梯。二是投机与侥幸心理。由于赌博的胜负是不规则的，带有极大的随机性和偶然性，迎合了人们以较少的投入获取较多的财富，甚至不劳而获的投机与侥幸取胜心理。赌博的输赢结果，对赌徒是一个强化刺激，使人失去自制力，欲罢不能。三是娱乐和消遣心理。赌博丰富的内容和形式以及强烈的竞争性和独特的随机性，能满足人们不同层次、不同类型的心理需要。或是为了放松身心，陶冶情操，娱性怡情；或取其热闹，在激烈的竞争中获得快感；或追求“寂静”，求得精神慰藉。然而发展的最终结果大都与娱乐和消遣心理相背离，达到不可收拾的程度。四是寻求刺激心理。赌博可以使人们追求刺激的欲望得到满足。它给人带来物质和精神的双重刺激，这种金钱上和心理上的满足会强化赌徒们的赌博行为。五是赌博文化心理。所谓赌博文化心理，是在赌博氛围下所产生的一种刺激、支配赌博行为的一种心理状态。赌博首先赋予赌徒一种宿命论的心理状态，即凡是输赢都是命中注定的。其次，赌博还赋予赌徒一种自我解嘲的心理状态，即“输钱能够消灾避祸”。再次，赌博使赌徒形成“以赌博胜败论英雄”的心理状态，驱使赌徒们在“英雄观”支配下赢了还想赢，输了想“翻本”，欲罢不能。赌徒们很快被这种文化心理所同化，发展到嗜赌如命的程度。

（5）赌博作用。一是竞争功能。赌博是一种区分胜负优劣的游戏，并且依据胜负优劣而接受或给予他人财物。因此，赌博是一种畸形的竞争形式，通过这种较量，人的竞争心理得到满足。二是娱乐功能。赌博最初产生时叫“博戏”，是游戏和娱乐的产物，具有强烈的娱乐性。后来人们以金钱、财物作注，才使赌博变得复杂。赌博集刺激性和娱乐性于一体，迎合人们的需要，成为人们消遣娱乐的方式之一。三是交际功能。赌博的娱乐功能使它同时成为一种交际手段，它借助于金钱和其他媒介物，通过娱乐过程，能彼此增进了解。同时，物以类聚，人以群分，好赌之人不约而同走到一起。四是营利功能。赌博中，人的金钱占有欲通过赢钱的形式得到满足。这也是自古以来，赌博产生、发展，并给人以强大诱惑力的原因所在。

2. 交流分享

首先，分组交流你所了解的涉赌不良群体，说一说其形成、发展和结局；接着，每个小组推选 1 人，依次向大家汇报。

步骤六：涉网不良群体

1. 课堂讲解

涉网网络不良群体，是指在网络世界上与行为人进行聊天、交易、约会等交流的人，及现实生活中与行为人经常一起上网的人当中，有着不当行为目的、不良行为习惯甚至违法犯罪的群体。尤其值得注意的，由于网络的隐蔽性，网络世界上的“某个人”往往可能并不是单一的人，而可能是一群人或组织。这类群体的形成原因主要表现为如下因素。

（1）内在因素。主要是个体的空虚、冒险、好奇、享乐心理及过度依赖网络带来的各种刺激。一是心理空虚，是指人们因日常生活的单调乏味、心理发展水平尚不成熟，而导致的空虚、无聊、寂寞、迷茫等心理反应。青少年对自己的生活没有合理的规划、没有制定出能体现自己实际能力与自我价值相统一的规划目标，是导致其沉迷网络的一个重要原因。学习、生活上缺乏目标，精神容易空虚，也更需要精神上的慰藉，网络自然也就了他们自我安慰的工具。而人际交往圈子狭窄与自身社会交际需求的矛盾也会使人感到孤独寂寞，希望寻找新的方法来打发时间。大量青少年首次接触网络游戏并沉迷其中，往往都是其心理空虚、迷茫之时。二是追求刺激，是指人们沉迷于网络游戏、网络聊天、网络暴力、网络色情信息等网络内容带来的感官、心理和身体刺激，并主动上网去进一步接受刺激，以不断满足自己。好奇、冒险和冲动是导致青少年更容易追求刺激的重要诱因，而贪图享乐、麻痹大意又是强化追求刺激行为的影响因素。当个体长期通过网络寻求刺激，会影响其通过正常社会生活建立心理满足的能力，从而影响其社会功能的健全发展。而网上不良信息内容的刺激也会诱导青少年放弃原有的价值观，而形成简单、片面甚至错误的思维习惯和行为方式，从而影响其心理健全。三是逃避现实，是指人们因现实生活中的压力，为寻求心理平衡和满足而沉迷于网络虚拟世界的行为。在生活中，人们会遇到一些不如意或困难，会为一些事情感到苦恼。但在虚拟的网络世界中，人们可以享受到现实中从未有过的快感和满足。这种现实和虚拟世界的巨大反差，吸引着许多人沉溺其中不能自拔。正是这种贪图享乐、逃避现实的心理，导致很多人用网络来麻醉自己。当网络诱惑已形成自身行为习惯时，网上的不良信息就更容易侵入到人们的认知与行为当中，造成虚拟与现实不分、上网成瘾、认知能力退化和思维简单化等。

（2）外在因素。主要是不良的网络信息、网络人群和网络环境等对行为人的诱导与刺激。一是网络不良信息，是指网络上存在、传播并对人们认识世界能力有不良影响的图片、信息等网络内容。网络不良信息既包括色情、暴力、反动、恐怖等会直接影响个体认知的信息，也包括诈骗、仇视、放纵、偏激等会间接影响个体认知思维的信息，还包括网络游戏、网络聊天等网络活动中存在的会影响个体信息处理能力的不良内容。网络不良信息构成了网络诱惑的主要因素，是个体可以直接感受并会发生持续影响的网络诱惑。无论是网络沉迷、网络伤害还是网络犯罪，人们接触网络诱惑的初级形式往往均是片段化的网络不良信息。网络不良信息的累加与持续的作用，会导致网络诱惑影响的不断加重，直至行为人陷入诱惑当中。二是网络不良群体，是指在网络世界上与行为人进行聊天、交易、约会等交流的人，及现实生活中与行为人经常一起上网的人当中，有着不当行为目的、不良行为习惯甚至易违法犯罪的群体。网络诱惑除不良信息外，另一个重要外在诱惑因素就是不良人群。上网同伴、不良网友对个体的行为的影响，往往超出普通朋友的作用。而青少年又处在社会心理发展的求同期，容易受到网友等群体的行为暗示和诱惑，做出盲目冲动的行为。尤其值得注意的，由于网络的隐蔽性，网络世界上的“某个人”往往可能并不是单一的人，而可能是一群人或组织。三是网络不良环境，是指网络监管制度、网络文化等因素中的问题作为外在环境对上位者的影响。由于网络自身的自由、隐蔽、虚拟等特性，网络行为往往更加能体现个体的主观意识，更容易受到他人或环境因素的影响。网络文化对青少年的心理成长具有十分重要的影响，积极健康的网络文化可以促进青少年开阔眼界，以更加理性包容的心态认识世界，而消极不良的网络文化则会引导青少年偏激片面地认识问题，从而导致暴力、逆反、堕落等。

2. 交流分享

首先，分组交流你所了解的涉网不良群体，说一说其形成、发展和结局；接着，每个小组推选 1 人，依次向大家汇报。

步骤七：巩固训练

1. 进行矫正小结

（1）总结涉及财、赌、色、毒、网等常见不良交往人群的形成原因。

（2）对矫正活动中的优秀参与者予以代币奖励。

2. 布置课外作业

学习并掌握涉及财、赌、色、毒、网等常见不良交往人群的形成原因，从中找出这些常见不良交往人群的外部表现特征。

单元五：不良交往的信息识别

一、活动方案

矫正目标	通过本单元的矫正，使矫正对象能够充分提高不良交往信息识别能力。
矫正重点	使矫正对象能够掌握不良交往信息识别内容。
矫正关键	通过交流分享让矫正对象加深对不良交往信息识别内容的认识。
方式方法	讲解、讨论、课堂练习、交流分享
辅助手段	PPT、课外作业、检查督促
活动时间	6 小时
操作步骤	总结回顾前一训练单元→讲解人际交往的一般过程→定向阶段信息识别→情感探索阶段信息识别→情感交流阶段信息识别→稳定交流阶段信息识别→巩固训练

二、活动内容

步骤一：总结回顾前一训练单元

1. 简要回顾前一单元内容。

2. 检查课外作业完成情况。

步骤二：讲解人际交往的一般过程

1. 定向阶段：包括对交往对象的注意、选择和初步的交流等。

2. 情感探索阶段：交往双方开始思考并寻求共同点，包括兴趣、爱好、话题等等。随着交往次数的增多，发现可以建立情感联系的方面越多，交往就会持续下去。也有话不投机半句多的，此时交往将会结束。

3. 情感交流阶段：此时，交往的双方已有了基本的信任和感情。交往的广度和深度继续发展，能真诚地为对方着想，既善于赞美对方的优点也敢于批评对方的过错。通过双方的信息反馈，感情会逐步加深。

4. 稳定交流阶段：这时，交往的双方能够包容对方的缺点，在心理上有同一性或相容性。互相认识全面而深刻，允许对方进入自己的私密领域，双方有很高的信任感和安全感。

步骤三：定向阶段信息识别

1. 讲解定向阶段信息识别的内容

（1）对涉财不良群体的识别

初次交往，如果交往对象出现以下情形，其可能是涉财不良群体，应当选择回避。

a. 有贪财图利、过分享乐、好逸恶劳等心理；

b. 有超前消费、炫耀消费、过度消费、挥霍消费、享乐消费等不良消费情形；

c. 对金钱有很高的渴求。

（2）对涉毒不良群体的识别

初次交往，如果交往对象出现以下情形，其可能是涉毒不良群体，应当选择回避。

a. 出入歌厅、舞厅、KTV、酒吧、迪吧等娱乐场所，这些地方往往是摇头丸、冰毒等毒品的主要传播地与发散地；

b. 在娱乐场所，过度饮酒；

c. 在娱乐场所，吸食不熟悉人给的烟、药片；

d. 参加涉毒的聚会；

e. 出现在吸毒人员的 KTV 包厢、酒店房间；

f. 想与你称兄道弟的社会游散人员；

g. 要你免费试用“快乐丸、止疼剂、健身药”等。

（3）对涉色不良群体的识别

初次交往，如果交往对象出现以下情形，其可能是涉色不良群体，应当选择回避。

a. 传播淫秽的读物或者音像制品；

b. 收听、观看淫秽色情影视片、读物；

c. 出售淫秽碟片、制作相关网站用于商业牟利。

（4）对涉赌不良群体的识别

初次交往，如果交往对象出现以下情形，其可能是涉赌不良群体，应当选择回避。

a. 想把赌博当成通向发财之路的台阶，有不劳而获地占有别人的财富，实现发家致富的愿望；

b. 把赌博当成娱乐和消遣，想从中获得快感，或追求“寂静”，求得精神慰藉；

c. 参与过多种赌博活动，熟悉多种赌博规则。

（5）对涉网不良群体的识别

初次交往，如果交往对象出现以下情形，其可能是涉网不良群体，应当选择回避。

a. 网上交流，要你提供能确定身份的信息，包括：家庭地址、学校名称、家庭电话号码、密码、父母身份、家庭经济状况等信息；

b. 网上交流，要你发送自己或家人的照片和视频；

c. 网上交流中带有脏话、攻击性、淫秽、威胁、暴力等使你感到不舒服的信息；

d. 网上交流，给你传递暴力、反动、色情、恐怖等会直接影响认知的信息，或传递诈骗、仇视、放纵、偏激等间接影响认知思维的信息，以及其他不良内容；

e. 出入“黑网吧”，或给你推荐“黑网吧”；

f. 现实生活中与自己一起上网者、网吧内的陌生人等人群，给你提供 QQ 群、社交网站，或给你发出邀请、给出网址等。

2. 交流分享

（1）回顾服刑前，你所交往的不良群体属于哪一类不良群体？回忆跟他们初次交往所获取的信息中，哪些信息能够确定其可能属于某一类的不良群体？如果当时能够分辨出来，你会选择回避吗？为什么？

（2）首先，分组交流；接着，每个小组推选 1 人，依次向大家汇报。

步骤四：情感探索阶段信息识别

1. 讲解情感探索阶段信息识别的内容

（1）对涉财不良群体的识别。

经多次交往，如果出现以下情形，可确定交往对象是涉财不良群体，应当坚决回避。

a. 出现定向阶段列举的情形；

b. 对金钱诱惑的认识不明，对法律法规的认识不清，对社会道德的认识模糊；

c. 抵制不住金钱诱惑，出现小偷小摸情形，甚至实施盗窃、勒索、抢劫等违法犯罪行为。

（2）对涉毒不良群体的识别。

经多次交往，如果出现以下情形，可确定交往对象是涉毒不良群体，应当坚决回避。

a. 出现定向阶段列举的情形；

b. 接触、携带或贩卖毒品；

c. 吸食毒品。

（3）对涉色不良群体的识别。

经多次交往，如果出现以下情形，可确定交往对象是涉色不良群体，应当坚决回避。

a. 出现定向阶段列举的情形；

b. 性渴求很强烈；

c. 有淫乱、嫖娼等性罪错。

（4）对涉赌不良群体的识别。

经多次交往，如果出现以下情形，可确定交往对象是涉赌不良群体，应当坚决回避。

a. 出现定向阶段列举的情形；

b. 看到周围的人赌博时，就会跃跃欲试；

c. 有亲赌观念，确信“赌博纯属个人自由”“是正当的娱乐活动”；

d. 对禁止赌博认识不深，不清楚赌博的严重性和错误性，不以赌博赢钱为耻，反以赌博赢钱为荣。

（5）对涉网不良群体的识别。

经多次交往，如果出现以下情形，可确定交往对象是涉网不良群体，应当坚决回避。

a. 感觉空虚无聊，贪图刺激、追求享乐、逃避现实压力，到网络空间寻求心理平衡；

b. 上网没有钱，向父母讨要，或向别人借，或欺骗父母、亲戚朋友，甚至铤而走险，去盗窃、勒索、抢劫等；

c. 痴迷网络游戏；

d. 沉迷网络，思维、意志、精神等方面出了问题；

e. 沉迷网络，对现实与虚拟的界限产生模糊，导致将网络上的行为方式代入到实际生活中；

f. 沉迷于虚拟世界而不能自拔。

2. 交流分享

（1）回顾服刑前，初次交往正常，经多次交往才发现所交往的对象属于哪一类不良群体？回忆交往过程中所获取的信息，哪些信息能够确定其属于某一类的不良群体？如果当时能够分辨出来，你会选择回避吗？为什么？

（2）首先，分组交流；接着，每个小组推选 1 人，依次向大家汇报。

步骤五：情感交流阶段信息识别

1. 讲解情感交流阶段信息识别的内容

（1）对涉财不良群体的识别

正常交往后，如果出现以下情形，可确定交往对象是涉财不良群体，应当坚决回避。

a. 出现定向阶段、感情探索阶段列举的情形；

b. 有较强烈的追求快速满足的冲动心；

c. 面临困境或物质需要膨胀得不到满足时，铤而走险，实施盗窃、勒索、诈骗、抢劫等违法犯罪行为。

（2）对涉毒不良群体的识别

正常交往后，如果出现以下情形，可确定交往对象是涉毒不良群体，应当坚决回避。

a. 出现定向阶段、感情探索阶段列举的情形；

b. 打着“试一试”“为你好”“赏脸”“你不敢”等各种面目，劝说你吸食毒品；

c. 打着可以快速暴富的名义，劝说你携带或贩卖毒品。

（3）对涉色不良群体的识别

正常交往后，如果出现以下情形，可确定交往对象是涉色不良群体，应当坚决回避。

a. 出现定向阶段、感情探索阶段列举的情形；

b. 组织或参与色情、卖淫活动，以获取物质利益；

c. 有强奸行为。

（4）对涉赌不良群体的识别

正常交往后，如果出现以下情形，可确定交往对象是涉赌不良群体，应当坚决回避。

a. 出现定向阶段、感情探索阶段列举的情形；

b. 把赌博作为一种敛财的方式，执迷不悟；

c. 把赌博作为交际手段，借助于金钱，通过赌博过程，把好赌之人不约而同聚到一起。

（5）对涉网不良群体的识别

正常交往后，如果出现以下情形，可确定交往对象是涉网不良群体，应当坚决回避。

a. 上网时间失控，经常比预定时间长；

b. 对家人或亲友隐瞒迷恋网络的程度；

c. 因迷恋网络而面临失学、失业或失去朋友的危险；

d. 离开网络情绪低落、头昏眼花、疲乏无力、食欲不振，或神不守舍，而一旦上网便精神抖擞，百“病”全消；

e. 利用网络实施网上盗窃、网上诈骗、网上色情、网上赌博、网上洗钱、网上勒索、网上教唆或传播犯罪方法、网上恐怖、网上报复等犯罪行为。

2. 交流分享

（1）回顾服刑前，是否有经过一段时间交往并产生一定程度的信任后才发现所交往的对象属于某一类不良群体的情况？回忆交往过程中所获取的信息，哪些信息能够确定其属于某一类的不良群体？如果当时能够分辨出来，你会选择回避吗？为什么？

（2）首先，分组交流；接着，每个小组推选 1 人，依次向大家汇报。

步骤六：稳定交流阶段信息识别

1. 讲解稳定交流阶段信息识别的内容

深入交往后，如果出现以下情形，可确定交往对象属于不良群体，应当坚决回避。

（1）与涉财、涉毒、涉色、涉赌、涉网等不良群体中的人、事、物有联系；

（2）有较强的从众心理，易受群体中他人行为的影响，缺乏独立思考，不顾是非曲直，在自己的知觉、判断、认识上总是表现出符合多数人的行为方式，不能坚持自己而屈从他人。

2. 交流分享

（1）回顾服刑前，是否有经深入交往并感觉有很高的信任感和安全感后，才发现所交往的对象属于某一类不良群体的情况？回忆交往过程中所获取的信息，哪些信息能够确定其属于某一类的不良群体？为什么相互关系到了稳定交流阶段，才发现对方属于某一类的不良群体？如果当时能够分辨出来，你会选择回避吗？为什么？

（2）先分组交流，接着，每个小组推选 1 人，依次向大家汇报。

步骤七：巩固训练

1. 进行矫正小结

（1）总结不良人际交往各个阶段的信息识别内容；

（2）对矫正活动中的优秀参与者予以代币奖励。

2. 布置课外作业

学习并掌握不良人际交往各个阶段的信息识别内容，总结过去人际交往中信息识别方面的缺陷和教训。

单元六：不良交往的回避

一、活动方案

矫正目标	通过本单元的矫正，使矫正对象能够掌握运用联想后果法、理智警醒法、寻求帮助法、婉言拒绝法等策略回避不良交往的技能。
矫正重点	使矫正对象能够掌握运用联想后果法、理智警醒法、寻求帮助法、婉言拒绝法等策略回避不良交往的具体方法与步骤。
矫正关键	通过案例解析、课堂讨论和运用训练让矫正对象加深对联想后果法、理智警醒法、寻求帮助法、婉言拒绝法等回避策略的认识和理解。
方式方法	系统讲解、案例解析、课堂讨论、运用训练
辅助手段	PPT、课外作业、检查督促
活动时间	6 小时
操作步骤	总结回顾前一训练单元→联想后果法→理智警醒法→寻求帮助法→婉言拒绝法→巩固训练

二、活动内容

步骤一：总结回顾前一训练单元

1. 简要回顾前一单元内容。

2. 检查课外作业完成情况。

步骤二：运用“联想后果法”回避不良交往的理解与训练

联想后果法是指在确认并面对不良人际交往时，思考和预计继续交往行为可能导致的后果，分析后果的影响，从而正确面对不良人际交往并正确选择行为。联想后果法是一种常见的不良人际交往回避策略，也是人们辩证理性思维的重要表现。古人说“三思而后行”，就是教我们要养成做事前多思考的习惯。“三思而后行”并不是胆小怕事、瞻前顾后，而是成熟、负责的表现。尤其是青少年做事比较冲动，往往凭第一感觉和冲动行事，结果很多时候考虑问题不是很周全。联想后果法就是在面对不良人际交往而不知道如何作为时，仔细思考行为可能带来的后果和风险，从而克制冲动性选择，提高行为的预见性。联想后果法的重点是对交往后果的全面、辩证的思考。

1. 方法与步骤。联想后果，应当较为全面地思考不良人际交往行为本身、可能产生的后果以及后果可能造成的影响，按照事件发展的时间顺序梳理行为线索，对行为后果可能导致的危害要辩证分析。可引导矫正对象对具体的不良人际交往的后果按以下步骤进行联想：

（1）成本分析。根据交往事件需要行为人付出的经济成本、精神成本和其他成本，思考不良交往对自己可能造成的危害和损失，包括违背自己做人的原则、和自己的价值观念背驰、有损自己的人格和尊严、导致违法犯罪行为、不符合自己的兴趣爱好、可能陷入某种圈套、庸俗的交易、浪费时间和金钱、可能会助长自己的虚荣等不健康心理，对成长不利等。

（2）成本累加。思考并列举出交往成本，并进行加法和乘法换算。“加法换算”为多种成本累加，即交往事件可能导致的各种危害与损失间相累计形成的一次放纵对自己造成的影响。如“偷窃行为成本＝导致违法犯罪＋有损人格尊严＋陷入盗窃团伙陷阱＋助长贪财心理”。“乘法换算”为多次成本累加，即多次交往事件可能导致的危害与损失相累计形成的放纵对自己的影响。如“多次偷窃行为成本＝导致严重违反犯罪＋形成好逸恶劳习惯＋破坏正常社会功能＋放纵贪欲”。成本累加是后果联想的重要环节，是对行为后果的全面而预见性的思考。

（3）结果预计。按照成本分析与累加的结果，思考可能带来的现实危害。出于回避不良人际交往的需要，结果预计要按照负性结果的方向进行联想，对可能导致的结果做最坏的思考。如参与不良群体的偷窃行为，一旦被抓，可能面临治安拘留和罚款；更严重的，偷窃数额较大的还会面临刑事处罚。偷窃行为导致身边的人对自己的议论，流言蜚语影响个人交际圈子，破坏家庭和谐，被家人嫌弃和鄙视。偷窃虽然可能快速获得金钱，但也会使自己习惯于不劳而获，养成不良习惯，放弃正常的职业技能学习，导致自己缺乏生存和劳动的技能。

2. 案例分析。按照“联想后果法”的步骤“成本分析 + 成本累加 + 结果预计”对案例进行分析。掌握各步骤的具体内容与方法，并以案例讨论的方式增强对方法的理解和把握。

（1）出示案例：

色情暴力信息造成网络伤害

中国青少年研究中心公布了一项针对“青少年网络伤害问题研究”课题的调查，青少年上网时间为全国平均水平的 2.3 倍，有近半数的青少年接触过黄色网站。调查显示：48.28% 的青少年接触过黄色网站；43.39% 的青少年收到过含有暴力、色情、恐吓、教唆、引诱等内容的电子邮件或电子贺卡；14.49% 的青少年因为相信了网上的虚假信息造成了财物或身心的伤害。色情信息和暴力信息是青少年遭受网络伤害的两大因素。北京市海淀区法院的统计，抢劫罪的数量在 1999 年以后上升为未成年人犯罪之首，性犯罪案例近年来也有所增加，这两种未成年人犯罪类型八成左右都与网络有关。调查发现，网络里的色情信息对青春期孩子的影响甚至大过暴力信息。此外，青少年每天平均上网时长为 5.3 小时，平均每周上网时长为 37.1 小时，其中每天上网时长为 8 小时及以上的占 37.0%。而全国的网民平均每周上网时长为 16.2 小时。青少年网民的平均上网时长约为全国平均水平的2.3倍。调查中，69.4%的人认为上网或玩网络游戏是一种给生活减压或发泄情感的方式。专家介绍，人们在上网时缺少“他人在场”的压力，“快乐原则”支配着个体行为，日常生活中被压抑的情感在网络上得到宣泄，包括网上浏览不良信息、网络谩骂等行为。“如果你有一段时间（比如3天）不上网，会觉得难受吗?”针对这一问题，有55.32%的青少年给了肯定回答。此外，55.2%的青少年有过“因上网导致的不适的身体反应”。根据本次调查分析，四类青少年人群易发展成网络成瘾的受害者，分别是生活在家庭环境冷漠，缺少温情教养方式的青少年；采用幻想和退避等不成熟应对方式心理的青少年；社交焦虑水平较高和社交效能感较低的青少年；自我认同度较低的青少年。

（2）案例解析：

按照“成本分析+成本累加+结果预计”的思路对不良网络交流的后果进行联想分析。

3. 课堂讨论

（1）出示案例：

吸毒的后果

美国俄勒冈州姆尔特诺默郡（Multnomah County）警察署从2004年开始一项名为“Faces of Meth（瘾君子的脸）”的项目，搜集了无数冰毒吸食者前后对比照，用以警示大家远离毒品，同时也让人们更加关注这个非常严重的社会问题。

吸食冰毒三个月

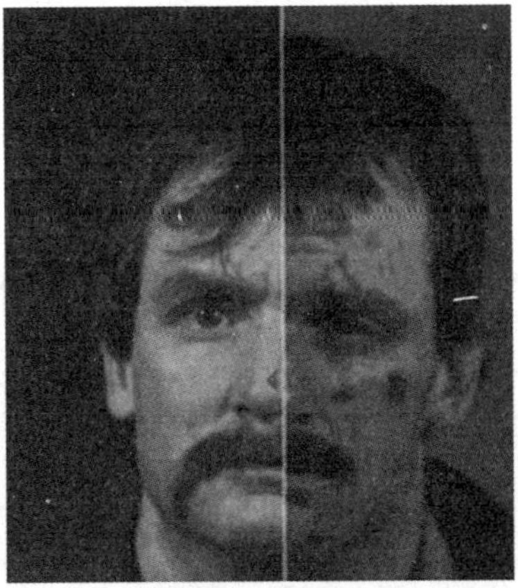

吸食冰毒一年

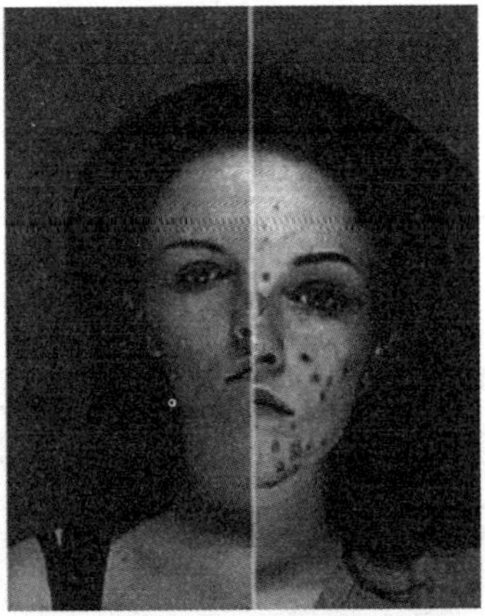

吸食冰毒两年

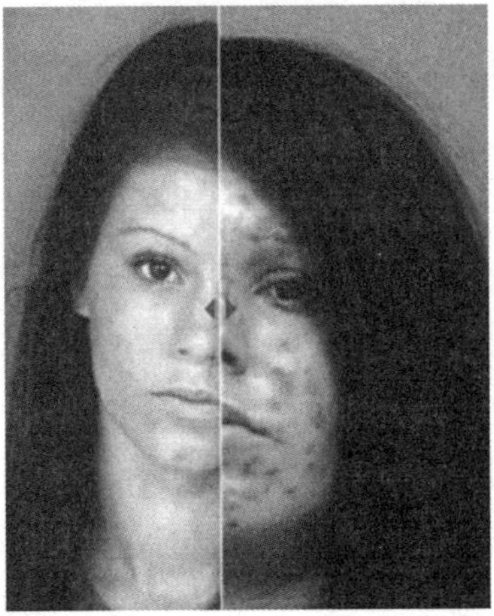

吸食冰毒六年

（2）分组讨论

①4 名学员为一组，讨论下列 2 个问题：

a. 联想长时间或多次吸毒的后果有哪些，思考如何进行交往涉毒群体的后果联想？

b. 回顾自已入狱前，经历过哪些不良人际交往？联想和分析不良人际交往可能导致的后果与损害。

②每个小组推选1名代表将讨论的结果向大家汇报。

③小结：矫正人员点评。

4. 运用训练

（1）角色示范

①案情举例：中学生小建喜欢与同伴玩扑克。一天，小伙伴们为确定让谁请客吃冰淇淋，议定以钱作为赌注。小建的牌技好，很快便将其他同学的钱赢来，并用赢来的钱买来冰淇淋分给同学吃。同学黄某家庭经济条件比较好，经常用零花钱在校园周围玩游戏机，刚开始只是好奇，输赢在5元以内。不久上了瘾，经常通宵达旦地玩赌博机。一次，黄某对小建说："赌顿冰淇淋太不刺激了，跟我去玩赌博机吧，那才有趣。"小建虽然对扑克感兴趣，但想到去游戏厅玩赌博机，如果被爸爸看到了，肯定会骂自己。再说，他听说过黄赌毒的危害。赌博和变相赌博是法律明令禁止的行为，赌博就像吸毒一样容易上瘾，一旦陷进去就难以自拔不仅荒废了学业，为了有钱继续赌博只有去偷去抢，最终走上犯罪道路。于是，小建拒绝了黄某的邀请。

②现场讲解：案例中的小建面对来自赌博的诱惑，能正确运用联想后果法，思考和分析黄赌毒诱惑对自己可能造成的危害，克制了接触诱惑的冲动。"黄"对青少年的危害：未成年人在涉"黄"后，轻者会想入非非，精神萎靡，无心向学；重者会诱发性犯罪及与之联系的暴力犯罪和经济犯罪，对青少年危害极大。"赌"对青少年的危害：赌博容易使人滋长不劳而获的思想，败坏社会风气。有的未成年人染上赌博恶习后，严重影响学习，扭曲了人际关系，甚至一步步走上诈骗、偷窃、抢劫的犯罪道路。"毒"对青少年的危害：侵蚀人的肌体，毒害人的精神，威胁人民生命财产安全和社

会稳定，可能会使人走上违法犯罪道路，付出沉重的代价。

（2）角色扮演

①确定剧情，指导扮演过程：询问主角情况，根据其印象深刻的不良交往事件，设计确定剧情，指导主角在扮演中运用联想后果法解决问题。

②选择典型案例扮演，其他学员观看：安排三例分别进行角色扮演，三名配角在现场参加者中配选。扮演后，针对矛盾中的成本和后果进行联想分析，对每一例给予反馈。

③分组扮演：学员两人一组，进行角色扮演。扮演后，针对联想后果法的运用，对代表性案例给予反馈。

步骤三：运用“理智警醒法”回避不良人际交往的理解与训练

理智警醒法是指在确认并面对不良人际交往时，能保持自身的理智，运用自我提醒、情绪控制等方式方法警醒自己，以克制冲动、理智处理矛盾冲突。面对不良交往群体，我们应时刻保持一颗警醒理智的心，学会自危和警醒，用理智去战胜诱惑。人在极端情绪和极端环境下会做出不理智的事情，等情绪平复后才发现可以用更好的办法去处理矛盾。人不仅有感情，更要有理智。如果失去理智，诱惑在感情的放纵下就可能成了脱缰野马。在陷入需求满足和消极情绪而难以自拔时，可通过自我暗示、自我激励等方法进行理智控制。如在心里暗暗提醒自己，要冷静，沉住气，要有信心抵制诱惑，就能遏制冲动，避免不良情绪下的自我放纵。

1. 方法与步骤。警醒理智，应当较为客观、辩证、统一地思考自己在面对不良交往人群时扮演的角色及应当承担的责任，按照主要矛盾和次要矛盾、矛盾的主要方面和矛盾的次要方面、矛盾对立面的不同需求进行理性分析和梳理，对自己的行为和目前的状态要作客观的评价，从中寻找理性解决问题的方法。不断提醒自己保持冷静和警惕，不能受冲动等不良情绪支配。

（1）事先思考。事先思考是在交往行为发生前，对采取行为所能引发的结果、行为双方当事人的态度目的、行为矛盾的焦点、行为发生的原因等问题进行先思考，以保持理智，防止身处矛盾中而当局者迷。谁没有用脑子去思考，到头来他将一事无成。经过思考所做的行动一般是比较合理的，但有时是容不得你思考的，这时的行为就可能很无序，所以在面对事情是最好先思考后行动。面对充满很多未知因素的交往行为，需要我们因事制宜、因时制宜，掌握正确的处理解决问题的方法。自我管理大师史蒂芬·柯维讲过这样一个故事：一群工人在丛林里清除矮灌木，他们在埋头苦干。但有人却会先爬上最高的那棵树，巡视全貌，然后大声嚷道："不是这块丛林!"如果说清除灌木的工作是"处理矛盾"，那么清除哪一片丛林中的灌木就是"理智警醒"，比前者更为重要。在不同场合下，我们应对自己的行为有一个事先的思考准备，才能在相应场合下表现更充分得体，才能避免犯方向性错误，更理智地处理交往问题。

（2）自我提醒。自我提醒是指在矛盾冲突情境下，运用自我暗示、提醒和激励等手段，保持对事物的理性认知，增强自我控制能力。面对金钱的诱惑，可以提醒着自己，钱本身外之物，锦衣绸缎，不过枯尸败骨上的败絮旧棉。豪宅千间，不过是乱坟岗的守墓房。良田千亩，埋葬尸骸的不过是方寸之地。钱，为人所用，人，怎么可以成为金钱的奴隶？列御寇不食郑子之禄，逃脱的不仅是杀身之祸，更保全了自己的一生名节；王震不受百金之礼，因为他知道，天知地知你知我知，若收下，自己良心如何得安？可以运用一些名言警句："人，怎么可以因钱而失去自己的气节？掸一掸衣袖，我要过我自己的生活。"也可以运用一些简短的提醒语："控制住，我能行”“放松，我要冷静点”“不义而富且贵，于我如浮云”等。

（3）理性控制。理性控制是指在面对不良交往人群产生心理矛盾时，在感性认知和理性认知之间倾向于选择理性认知解决问题，在放纵情绪和克制行为之间倾向于选择克制行为来防止事态恶化。理智控制是建立在对事态事先思考的基础上，并通过自我提醒的作用，已经全面认识到矛盾的关键，但尚不知道如何选择。此时，应牢牢把握理性认知，克制感性冲动，依照事先思考的理性思维方式，在自我提醒的促进下，以自己客观、理性的行为解决问题。

2. 课堂讨论

（1）出示案例：

案例一：赌博上瘾了，谁能救救我

我从参加工作起，交友不慎，学会了很多坏习惯。抽烟喝酒就不说了，最要命的就是学会了赌博。当然，我属于工薪阶层，不是大款。我所说的赌博，就是打麻将或者玩扑克。开始参加工作时，工资很低，打牌也只带点“小彩头”，但好像对生活影响不大。但随着这些年收入的逐步提高，打牌的赌注也水涨船高，而且大大超过了收入的增长比例。在我待的这个城市，夜夜都能听到稀里哗啦的麻将声，打扑克的也不在少数。在繁华的商业街，到处都有出售自动麻将机的店铺。还有一种店子，专门提供自动麻将机给别人玩，还提供饭食茶水，靠抽取彩头盈利。至于隐藏在居民区里面的麻将桌，就更是不计其数了。不少人都通宵达旦地投入牌局，第二天红着眼睛还在谈论麻将的问题。生活在这样的氛围里，我别无选择，只能同流合污了。最现实的一个问题是：我周围的朋友都喜欢打牌，如果不和他们一起玩，势必逐步疏远，到最后必然会被排斥在朋友圈以外。但不知道为什么，我十次打牌，起码有七次要输钱。现在不但没有一分钱积蓄，反而欠下不少赌债。每个月的工资都被赌得精光，还不敢告诉家人，怕他们担心。赌博可把我害苦了！有时候想想，当年那个朝气蓬勃、胸怀大志的自己到哪里去了？希望大家能指点迷津，教给我一个两全其美的好办法：既不失去朋友，又不再陷入赌博的深渊！

案例二：赌博上瘾难自拔

我迷上了赌币机，半年输了全部积蓄，这个钱准备是买房子的钱。一开始我只是小赌，输了一些就拿我的积蓄，把我输的赢回来之后，却上瘾了，最后把积蓄输得差不多了，心里非常烦躁，晚上睡不着，本来有个工作，现在也不想做了，我也没有勇气跟家里人讲，现在一有钱就情不自禁地去赌博想把输的赶回来，结果越赶越深！有时候，赌友们都有这样的经历，那就是开始看着别人玩，看了很久，忍了很久，结果不知道为什么，人一下子就冲上去，玩了，忍不住，想要那种刺激，且财注越下越大，事后，都觉得很疯狂，自己都不知道为什么。我想也许是压抑太久，需要刺激。我也戒了一段时间，突然有一天忍不住又跑去了，而且赌得很大。我现在心情很低落，没有心情做任何事情，总是不断的责备自己为什么这么傻。当初怎么会去赌博？这么多钱没了我该怎么和家里、和女朋友交代？我感觉简直快要疯了。

（2）分组讨论

①4 名学员为一组，讨论下列 2 个问题：

a. 在赌博诱惑面前，可以做怎样的事先思考、自我提醒和理智控制？以上述其中一个案例为例，按照“事先思考 + 自我提醒 + 理性控制”的思路设计问题解决的策略。

b. 回顾自己入狱前，经历过哪些不良人际交往？思考在确认和面对不良群体诱惑时，如何才能保持理智警醒？

②每个小组推选 1 名代表将讨论的结果向大家汇报。

③小结：矫正人员点评。

3. 运用训练

（1）角色示范

①案情举例：

请你一起反邪教

杨大姐家住重庆江津区德感街道，年纪大腰椎疼，时常疼得无法直立，每天都要吃药。2007 年 4 月，几个神秘人向她鼓吹，加入教会就能治病。杨大姐半信半疑，加入成为“全能神”邪教一员。教会时常聚会，有专人授课，传授腰椎疼痛时，唱教会歌曲就行，还能纾解郁闷心情。成员们还聚在一起看教会光碟，一看一天，晚上才回家。家人抗议，杨大姐说，教会说，家里的事都不用管，上天自有安排。从此，在别人眼里，杨大姐变得有点怪，成天哼着歌，不知唱的什么，病情却逐渐加重。“家人反对给我的压力很大，但我不敢退出。”杨大姐说，她担心自己的不坚定会波及家人安危，因为入教前她曾被迫向教会发誓，一旦脱离教会家人会遭报应，对此她深信不疑。不久，杨大姐等当地“全能神”教会成员被警方控制，经过相关部门感化，他们彻底认识到自己的愚昧，与“全能神”脱离关系。

在反邪教宣传周活动上，杨大姐回想曾在邪教那些荒唐日子，现身说法，奉劝大家不要相信邪教任何鼓吹。她说：“我再也不会信任何邪教了，现在想想他们根本就是乱弹琴。我常跟自己说，不要有愚蠢的贪念，哪有有病不治会好的道理。”杨大姐呼吁所有人一起反邪教：你若发现邪教分子非法串联、集会、闹事，印刷、偷运散发传单，请拨打 110，发现钱币上有宣传邪教字迹，请立马到银行更换，不要继续使用。若收到邪教手机短信、电子邮件，可通过 12321 网络不良与垃圾信息举报中心（www. 12321. cn）举报，并及时删除。若电脑查收到邪教内容网站，可立即向中国互联网违法和不良信息举报中心（www.12377.cn）举报。

②现场讲解：

杨大姐之前接触过邪教组织，并受到其蛊惑和诓骗，陷入邪教的诱惑陷阱。但吃一堑长一智，面对邪教诱惑，杨大姐已经可以运用理智警醒法来解决矛盾冲突。相信当邪教组织再以“治病、保平安、世界末日”等名目诱惑她时，她因为有了之前的理性认识，对邪教保持着警惕之心，会以更加理智的心态看待问题。杨大姐通过现身说法传递反邪教的理念，正是她理智警醒的表现。面对错综复杂的诱惑，建立事先的理性认识、学会及时的自我提醒和加强面对诱惑时的理性控制都十分重要。试想，如果缺乏对邪教的理性认知，或虽然有认知但处事时把理性认知抛到一边，任由感情用事，那么诱惑就更容易发挥作用，导致我们上当受骗。

（2）角色扮演

①确定剧情，指导扮演过程：询问主角情况，根据其印象深刻的不良交往事件，设计确定剧情，指导主角在扮演中运用理智警醒法解决问题。

②选择典型案例扮演，其他学员观看：安排三例分别进行角色扮演，三名配角在现场参加者中配选。扮演后，针对如何理性面对不良群体诱惑，如何保持自我警醒进行分析，对每一例给予反馈。

③分组扮演：学员两人一组，进行角色扮演。扮演后，针对理智警醒法的运用，对代表性案例给予反馈。

步骤四：运用“寻求帮助法”回避不良交往的理解与训练

寻求帮助法是指在确认并面对不良人际交往时，自己茫然无知，不知道如何处理矛盾冲突，不知道如何做出正确的行为选择，而向他人寻求帮助。由于青少年心智发展尚不完全成熟，社会功能还较薄弱，在对部分问题的处理上还依赖于他人的指导和帮助。尤其是面对不良交往群体的诱惑，意志薄弱的成年人尚难以应付，未成年人更是缺乏明辨是非的能力和化解矛盾的能力。所以，应当树立求助意识，在面临困惑、愤怒、委屈、恐惧等情境时，面对暴力、恐怖、邪教的引诱和威胁时，要学会向成人求助、向家人求助、向朋友求助、向师长前辈求助、向专业人士求助、向政府求助。一人计短，两人计长。敞开胸怀，学会倾听他人意见建议，避免当局者迷。学会主动寻求社会组织和专业力量帮助，通过心理咨询、成长建议、团体保护等方式避免自己暴露在易受诱惑、易被侵害的环境中。

1. 方法与步骤

（1）找人倾诉。找人倾诉是最常见的面临矛盾冲突的解决办法。人生活在社会上，总会面对各种困难与问题，不仅有各种外在的不良诱惑，还有各种内心的不安、彷徨、困惑与恐惧。诉说自己的矛盾冲突、倾吐自己的不良情绪，有利于达成心理的平衡，防止矛盾冲突的累积而酿成冲突激化。当我们面对金钱困境时，面对色情诱惑时，可能因自己缺乏相应经验而不知道该如何处理。如未成年人第一次接触黄色信息、图片、影片，如得到及时正确的引导，可以防止沉迷黄色内容，但如果放任其进一步接触则可能导致对色情诱惑的放纵。此时，应放下包袱，找自己信赖的、有理性的亲人朋友交流，一吐自己的困惑，寻求正确的解决方法。

（2）接纳建议。接纳建议是指在找人倾诉的基础上，学会接纳他人的合理建议，用于纠正自己行为上的偏颇与问题，以有效解决矛盾问题。朋辈群体对青少年尤其是未成年人的行为选择具有较大的影响力，未成年人易因为他人建议而盲目服从或跟从，从而引发不良群体的不良作用。所以，在面对他人建议时，还应保持头脑清醒，对建议按合理、合法等标准进行筛选，选择最优方案。还应尽可能多听父母、老师、长辈的建议，多听取心理咨询师、教育专家、警察等社会专业人士的建议，防止偏听偏信。对他人的良好建议，可以书面方式记录下来，并对照自己面对的诱惑和矛盾，进行比对分析，以建议来督促自己正确解决问题。

（3）请人监督。请人监督是针对未成年人自控能力不足，内在约束难以抵制不良群体诱惑时，依靠外在约束力量增强行为自控力。尤其是在面临不良涉毒群体、涉网群体、邪教的诱惑时，未成年人一旦坠入其中，如果没有外在因素的帮助很难自我脱离。此时，应在真心接纳他人建议的基础上制定问题解决方案。如网络成瘾者可制定近期的上网控制方案，明确每天上网几小时，并要父母做好时间控制。误入邪教的人可制定远离邪教的方案，请家人丢掉所有与邪教相关的书籍、资料，可每天完成一篇认识社会与反思自己的心得，并与家人共同讨论。

2. 案例分析。按照“寻求帮助法”的步骤“找人倾诉＋接纳建议＋请人监督”对案例进行分析。掌握各步骤的具体内容与方法，并以案例讨论的方式增强对方法的理解和把握。

（1）出示案例：

卖淫团伙的诱惑

小倩今年15岁，就读于某中学，是一名正值花季的初三学生。4月17日上午，同村的刘甲来她家串门，两家的关系不错。在闲聊中，刘甲说：“现在孩子们学习压力都很大，考大学也不容易，与其到时候让孩子受苦，不如早点出去打工，也好见见世面。”刘甲又说，她儿子刘乙在广东开了个小店，现在生意红火，小两口生意忙不过来，正想找个人帮他们带小孩。小倩的父母有些动心，刘甲就以每月工资500元，外加包办毕业证为条件，答应让小倩去给她儿子带小孩。到了当地，小倩才发现刘甲的承诺是一派谎言。其实，刘甲、刘乙夫妇正是卖淫团伙的成员。他们一直以打工为名骗人卖淫，在同乡中寻找20岁以下的妹子到广东“打工”，并逼迫她们从事卖淫活动。此前，刘甲还叫了本村两个女孩去广东“打工”，因两人父母没有同意，于是盯上了小倩。

刘乙安排小倩住在一栋居民楼4楼的房屋内。刚开始，刘只是要她做扫地、洗衣及煮饭等家务。过了好几天，刘乙原形毕露，竟向年幼无知的小倩索要伙食费、住宿费以及车费共计600元。当时，本来就孤单在外的小倩一下子被突如其来的“讨债”吓哭了，说要其父亲送钱过来。刘乙趁机强迫小倩“接客”，同伙唐某也在一旁花言巧语地诱惑，小倩就这样被送入了“火坑”。一天晚上，小倩卖淫出来后，乘唐某方便之机逃出了魔掌。她一口气跑了4公里，在一个公用电话亭里，给衡阳叔叔家拨了电话，告诉堂哥说自己出事了，要他赶快将自己接过去。天亮后，一个路过的女子见其可怜，将小倩介绍到一家毛线厂做事。

（2）案例解析：

按照“找人倾诉＋接纳建议＋请人监督”的思路，思考当自己面对与小倩相同的生活情境时，该如何以寻求帮助的方法脱离陷阱？

3. 课堂讨论

（1）出示案例：

案例一：父亲带儿子信邪教

张某因信邪教故意杀人被捕，据其向警方的供述，他于7年前的2007年开始加入“全能神”组织，而将他带入该组织的，却是自己的亲生父亲。当时张某年仅16岁，他的父亲于2005年入教，在村里秘密组织他人一起信教，同时引诱全家人的加入。说张某信了“全能神教”，成了该教的“虔诚教徒”，如果放在之前，在村里人眼中简直就是个不值一驳的笑话。因为在村里人眼中，张某应该是一个跟任何宗教都“八竿子打不着”的人。很多人都知道张某，但对他的评价却并不一致。张某一家生活在村里的时候就是“有钱人”，在绝大多数人还住在一门一户的农家院中时，张某便在村口外直通县城的大道北侧盖起一栋3层楼房。“那楼修得就像城里人的别墅一样，就差一个院子。”村民如是说。张某的出名不仅仅因为他是这里“先富起来”的人，还因为坊间盛传他是“道上混的”。“有时候跟他混的人惹了事、打了架，都搬出他来跟对方‘了结’，所以好多事都算到他头上了。不过他这人很讲义气，有段时间小流氓打架互相‘搬山头’的时候，也都说我们‘张哥’如何如何之类的。”村民后来评价张某：“这小子脾气暴躁，但就听他老子的。平常也不多话，不怎么跟人交流，可能就是因为他父亲的影响才入的邪教吧。当时如果有人提醒一下他，也不至于落个杀人偿命的下场。”

案例二：我与网游的故事

网络游戏害人不浅啊，就拿我亲身经历来说吧，我接触网络游戏是在2001年的时候。那时候正在读初中，对单机游戏厌烦了，想试试新鲜事物。这一试不要紧，就是3年多，这3年间我耽误了大量学习时间，人生最应该学习的时间段却投入在游戏里。那时候觉悟低，叛逆，听不进去劝。最疯狂的时候，我上学前要从早晨7点起来去网吧玩到8点半，周末就一天一夜泡在网吧。骗父母是去打篮球，最长一次玩过24小时没间断，后来父母知道了，没有什么好办法阻止，就在家里安置了电脑、宽带，我没有一点节制的迹象。高中3年也泡了汤，时间金钱全部撒在了游戏上。到了大学，大一的第二学期，那时候正盛行魔×世界，全宿舍都在玩，我的手好像就不听使唤了，自己痒了起来。这游戏是讲一个出勤率，每天就跟上班似的，晚上准7点必须在线，我也似乎习惯了。在游戏里我投入了大量的金钱、时间、经历，我在游戏里的出勤率和在教室的成反比。因为这个游戏，我大一的时候因学分没有修够，拿到了退学警告处分。大学第二年，我那犯贱的手又沾染上了传×世界，同宿舍人也加入了进来，网络游戏就像毒品，传×世界与魔×的不同就在于，传×世界只要你有钱你就是王道，所以在大二的一年里，我往游戏里投资了将近一万元，当然我在游戏里也只是有些牛的人，相对于游戏里投资几十万的玩家来说，我只是皮毛。

在大把大把的时间、金钱砸到了游戏里之后，我几乎因网络游戏而停止了自己的学业。这时，大学辅导员老师找到我，在询问了我上网成瘾的情况后，让我主动去找学校心理健康指导中心的老师谈谈。我当时也感觉到已经到了非改变不可的时候了，不然我的大学就这么被网游毁掉了。心理咨询老师让我换种思维方式，想想如果自己不玩网络游戏，就会有很多时间陪陪家人学学知识，如果不往游戏里砸钱，可以吃多少好吃的，买好的衣服，过好的生活。他还给我提了很多有用的建议。在心理咨询老师的帮助下，我也逐渐醒悟了，知道了网络游戏的各种模式无非就是想挣钱。在游戏里你再牛终究是个虚拟的数据，不能拿到现实中。

（2）分组讨论

①4名学员为一组，讨论下列2个问题：

a. 在上述案例中，可以如何找人倾诉、接纳建议、请人监督以解决矛盾？以上述其中一个案例为例，按照“找人倾诉＋接纳建议＋请人监督”的思路设计问题解决的策略。

b. 回顾自己入狱前，经历过哪些不良人际交往？思考在面对这些不良群体诱惑时，应如何寻求帮助?

②每个小组推选1名代表将讨论的结果向大家汇报。

③小结：矫正人员点评。

4. 运用训练

（1）角色示范

①案情举例：

迷失的少年

他叫彭某，今年17岁。现正在某未成年犯管教所服刑。他曾经是个没有人要的孩子，父母在他很小的时候就离异了，他从小在缺少父母呵护的家庭中长大。父母离异后，法院将他判给了母亲。但母亲因为重新组建了家庭，便对他不闻不问。奶奶早已年过花甲，且身体不好，更没办法去照顾他。他一直很不开心，直到认识他所谓的“兄弟”。

杰娃、权娃、瘦猴子（均为绰号），他们年龄相差不大。因为脾气相投，很快便走到一起，经常在KTV唱歌，下馆子吃饭，到各地游玩。这样的生活对彭某来说，与以前的生活相比，使他享受到了前所未有的“快感”。一切在他看来，认为自己的兄弟杰娃是个相当有“能力”的“牛人”。每次出去不管到哪都是杰娃开的车，而且每次开的车的款式都不同。彭某感到杰娃为人耿直，出手大方，在外的消费基本都是杰娃支付。彭某也不明白杰娃怎么有这么多钱，但出于对朋友的信任，他并没有多问。一段时间后，彭某终于明白了，杰娃所用的钱都是靠他偷车换来的。而且权娃、瘦猴子他们也都是在道上混的，他们组成了一个盗窃团伙，专门偷车，由权娃负责到处寻觅无人看管的车辆，杰娃负责开锁，瘦猴子负责销脏。一次，杰娃对彭某说：“阿灿，我们每天花费也蛮大的，最近你也花了不少钱。这样吧，我们还缺个望风的，你加入我们，以后大家还是有吃有喝。如果不讲兄弟面子，那就把以前的花费还给咱。”彭某一时慌张，不知道该说什么好，他感觉很迷惘……

（根据刘志诚等编著：《青春之痛：未成年人犯罪警示录》案例改编）

②现场讲解：

彭某误交朋友，被引诱加入犯罪团伙。此时他该怎么办？彭某可能也知道加入犯罪团伙是条不归路，但面对朋友的引诱、还钱的威胁、群体的压力，很难做到积极主动地明辨是非、拒绝诱惑。此时，他要想解决矛盾，正确的路径应该是尽可能寻求他人的建议和帮助。由于未成年人认知的局限性，他们的很多想法还不成熟，如果能接纳他人的建议，可以纠正行为选择中的偏差，防止堕入诱惑陷阱。案例中，彭某的亲人对其缺乏管教，他很难从他们身上获得帮助。但彭某可以向老师求助、与要好的同学商量，甚至可以直接向公安机关、未成年人保护团体等求助。在寻求帮助中，要多听多看，向一些社会经验丰富、日常行为良好的成年人求助，也可以自己在网上找一些案例进行比照分析，还可以通过广播、网络向一些社会组织、专家寻求帮助。当人身受到威胁时，还要学会表面敷衍后及时向公安机关报警。

2. 角色扮演

①确定剧情，指导扮演过程：询问主角情况，根据其印象深刻的不良交往事件，设计确定剧情，指导主角在扮演中运用寻求帮助法解决问题。

②选择典型案例扮演，其他学员观看：安排三例分别进行角色扮演，三名配角在现场参加者中配选。扮演后，按照寻求帮助的三个步骤和类别进行分析，对每一例给予反馈。

③分组扮演：学员两人一组，进行角色扮演。扮演后，针对寻

求帮助法的运用，对代表性案例给予反馈。

步骤五：运用“婉言拒绝法”回避不良交往的理解与训练

婉言拒绝法是针对不良群体的诱惑，行为人通过鲜明的态度表示拒绝，以制止诱惑群体对自己的影响。

1. 方法与步骤

婉言拒绝法的基本方法与步骤是“坚守底线＋学会说不＋慎重交友”。

（1）坚守底线。对朋友、伙伴、同事的邀请、劝说、引诱做理性分析，重点围绕“是否损害他人权益，是否造成不良影响，是否导致违法犯罪”。明确自己的行为底线，绝不做有违个人底线和社会底线的事。要坚守法律底线、道德底线、人格底线，如面对涉网不良群体诱惑应坚守“七条底线”：法律法规底线、社会主义制度底线、国家利益底线、公民合法权益底线、社会公共秩序底线、道德风尚底线、信息真实性底线，面对涉财不良群体诱惑要坚守不能通过违法犯罪获利的底线。

（2）学会说不。要学会对他人的教唆、引诱说“不”！特别是当他们以“朋友”的面目出现，劝诱你时更要当心。不要因为顾及朋友、同学的情面而接受诱惑。遇到他人相邀，要设法推脱，不要被一些“难得的聚会”“今天非同寻常”之类的言语所打动。不要主动参与，如果他人强拉自己，要首先声明自己不愿参加；拒绝要有礼貌，但态度要坚决，不要给人以在讲客气话的错觉；再者态度要大方，万一推脱不了，不妨采用“阳奉阴违”等方式。切不可抱着“就一次，没关系”的侥幸心理，要坚决、毫不犹豫地拒绝，只有这样才避免走向自我毁灭。

（3）慎重交友。多数青少年陷入诱惑都是在同学或朋友的影响下，不自觉地参与其中，所以交友应谨慎。青少年应该多结交朋友，但并不是每一种朋友都可以交的，我们应该结交一些对自己学习与生活都有益的良师益友，而不能去交一些酒肉朋友。如果你的朋友有恶习你也跟着模仿；如果你的朋友炫耀自己常常吸毒、赌博、上网，你也“不甘示弱”；如果你的朋友向你描述色情、暴力信息，你经不住诱惑也要试一试，那么最后必然的结局是你和你的朋友一起毁灭。对不值得你去交朋友的人要像远离敌人一样远离他们，尽可能少与他们的交往。

2. 案例分析。按照“婉言拒绝法”的步骤“坚守底线+学会说不+慎重交友”对案例进行分析和讨论。掌握各步的具体内容与方法，并以案例讨论的方式增强对方法的理解和把握。

（1）出示案例：

给迷信邪教同学的一封公开信

同学们，最近学校里有一些不明身份的人在传播一种“宗教”，叫作“全能神”。有不少同学居然信了，其实“全能神”是邪教，你们知道吗？你们知道邪教对我们的危害吗？我来告诉你吧！近年来，邪教势力在世界范围内滋生蔓延，已成为一大国际危害，成为阻碍社会进步的一股逆流，构成了对整个人类社会的严重危害，同时也给无数个家庭和个人带来悲剧性的灾难，产生在中华大地上的“全能神”等邪教组织，从它产生的那一天起，就不停地捣乱滋事，大搞教主崇拜，编造歪理邪说、藐视人类尊严，欺骗和蒙蔽善良民众、残害生命、聚敛钱财、践踏人权、扰乱社会、破坏法制、破坏社会稳定。邪教没有春天，它肆意蔓延的时候像瘟疫一样可怕。它教唆人们去忘记科学带给我们生活的力量，忽视爱与感激这样最美好的东西。生命的权利被邪教里那些兴风作浪别有用心的人剥夺，深陷其中的人离幸福越来越远。在邪教的欺世之谈之下，我们老实的农民兄弟把辛苦挣的钱送给那所谓的邪教教主，只为了他们许诺给自己健康；那些平凡善良的人们甚至可以去残害最珍贵的生命。在邪教的痴迷者当中，风华正茂的女大学生和天真可爱的小学生也成了牺牲品。邪教在伪科学的幌子下肆意践踏我们的权利：花儿一般的孩子没有了天真烂漫的微笑，曾经温暖的全家福里已经永远少去了一人。昨日熟悉的朋友今天却是那么遥远，而家庭的欢笑已经支离破碎。对于我们而言，这个世界真正美好的东西是亲人、朋友、爱以及感激。

（2）课堂讨论：

①讨论：如何按照“坚守底线+学会说不+慎重交友”的思路婉言拒绝邪教诱惑?

②每4名矫正对象为一组，每个小组推选1名代表将讨论的结果向大家汇报。

（3）案例解析：

①指出当身边的同学劝说你信奉邪教时，你婉言拒绝的步骤是什么，及各步骤的要求。

②矫正人员对课堂讨论的内容进行小结和点评。

3. 运用训练

（1）角色示范

①案情举例：

叔叔，我不抽

叔叔劝侄子抽烟，侄子尽量采取一切办法拒绝抽烟。叔叔说：“来，抽一根，没事的，你都16岁了，都是个大人了。”

要求侄子表明自己的态度，并婉转拒绝。矫正对象重点观察：是叔叔劝抽烟容易还是侄子拒绝容易？侄子采用了哪些方法拒绝叔叔？在对拒绝过程的示范中可运用如下技巧：首先判断对方是否是好意，有无义务答应对方的要求。对方是好意的，但你无义务满足对方要求，应委婉拒绝。先感谢对方的好意邀请；语气平缓，带有歉意；向对方解释原因，取得对方的谅解；此次拒绝，为下一次留有余地；具体表达自己的想法。例如："对不起，我不想参加，非常感谢你的邀请""我很愿意与你一起逛街，可本周六我已有安排，下次吧！"再次，如果对方仅考虑自己利益、强人所难或不怀好意，拒绝时应直接而清楚。拒绝时应直接而清楚，说"不"就足够了，无义务解释拒绝的原因；语言清楚、语气坚定；用"我"字句开头；注意躯体语言；不要找理由和含糊其辞，给对方留有余地，例如："不，我不想那样做。""您抽吧，别客气。""我已经戒了。""不行，我认为这样做不好。"

②现场讲解：

在上述案情中，叔叔引诱侄子吸烟。由于吸烟常常是毒品诱惑的重要伪装形式，所以本案例中的诱惑主要是毒品诱惑或其他成瘾性药物诱惑。由于叔侄关系非同一般，主人公不能因为猜想而直接拒绝。但对未成年人来说，抽烟属于不良行为，应明确表明态度并加以拒绝。在拒绝过程中，要注意首先表明自己对这件事的态度，坚守自己的底线；其次，要学会说不，使用简介、婉转的方式表达，考虑到对方易于接受；再次，要学会谨慎交往，减少与引导自己从事不健康、不适宜行为的长辈、朋友、同学接触，婉转拒绝来自不良群体的劝说引诱。

（2）角色扮演

①确定剧情，指导扮演过程：询问主角情况，根据其印象深刻的不良交往事件，设计确定剧情，指导主角在扮演中运用婉言拒绝法解决问题。

②选择典型案例扮演，其他学员观看：安排三例分别进行角色扮演，三名配角在现场参加者中配选。扮演后，针对婉言拒绝法在

回避不良交往中的运用，对每一例给予反馈。

③分组扮演：学员两人一组，进行角色扮演。扮演后，针对婉言拒绝法的运用，对代表性案例给予反馈。

步骤六：巩固训练

1. 进行矫正小结

（1）回顾联想后果法、理智警醒法、寻求帮助法、婉言拒绝法的相关内容与实施步骤。

（2）对矫正活动中的优秀参与者予以代币奖励。

2. 布置课外作业

以自己或身边的不良交往事件为素材，完成3次运用联想后果法、理智警醒法、寻求帮助法、婉言拒绝法等策略回避人际交往不良群体的角色扮演，并以书面形式记载下来。

人际交往不良群体回避策略训练												
不良交往事件	联想后果法			理智警醒法			寻求帮助法			婉言拒绝法		
	成本分析	成本累加	结果预计	事先思考	自我提醒	理性控制	找人倾诉	接纳建议	请人监督	坚守底线	学会说不	慎重交友
事件一												
事件二												
事件三												

单元七：不良交往“识别 + 回避”训练

一、活动方案

矫正目标	通过本单元的矫正，使矫正对象进一步掌握面对人际交往不良群体危险信息时拒绝不良交往的回避技能，并能牢记自己曾经面对和将来可能要面对的人际交往危险信息的问题解决策略。
矫正重点	本单元的矫正重点是进行“信息识别 + 回避策略”抵制不良交往强化训练。
矫正关键	通过强化训练让矫正对象拒绝不良交往真正成为自身的行为习惯
方式方法	微电影、案例分析、主题辩论、矫正作业
辅助手段	PPT、课外作业、检查督促
活动时间	6 小时
操作步骤	总结回顾前一训练单元→观看微电影→不良人际交往信息识别强化训练→“信息识别 + 回避策略”抵制不良人际交往强化训练→“信息识别 + 回避策略”运用技能训练→巩固训练

二、活动内容

步骤一：总结回顾前一训练单元

1. 简要回顾前一单元内容。

2. 检查课外作业完成情况。

步骤二：观看微电影《迷失的夏天》（第二届“为了明天——关爱青少年彩虹行动”微电影大奖赛获奖作品），分析剧情，思考并辩论下列问题：

1. 引导矫正对象思考以下两个问题：

（1）你认为小刚与父母的关系存在什么问题？对他走上违法犯罪道路有哪些影响？

（2）小刚在与诱惑其违法犯罪的大飞的交往过程中，哪些信息能够推测大飞是一个应当远离的危险人物？

2. 课堂辩论：

（1）如果你是痴迷网络的小刚，缺钱上网应当怎么办？

（2）如果你是小刚，遇到大飞这样的危险人物，应当采取什么回避方法？

步骤三：进行人际交往不良群体危险信息识别强化训练

1. 根据过去经历过的和将来可能要面对的不良交往群体，选择一种或几种类型的人际交往不良群体信息识别卡，认真阅读卡中列举的危险信息，并补充你所经历的或认为的，但卡中没有列举的危险信息。

卡1　涉财类人际交往不良群体危险信息识别卡

交往程度	涉财危险信息	交往程度	涉财危险信息
定向阶段	初次交往，如果出现以下情形，其交往对象可能是涉财不良群体，应当选择回避。 a. 有贪财图利、过分享乐、好逸恶劳等心理；[1 2 3 4] b. 有超前消费、炫耀消费、过度消费、挥霍消费、享乐消费等不良消费情形；[1 2 3 4] c. 对金钱有很高的渴求。[1 2 3 4] ……	情感交流阶段	正常交往后，如果出现以下情形，可确定交往对象是涉财不良群体，应当坚决回避。 a. 出现定向阶段、感情探索阶段列举的情形；[1 2 3 4] b. 有较强烈的追求快速满足的冲动心；[1 2 3 4] c. 面临困境或物质需要膨胀得不到满足时，铤而走险，实施盗窃、勒索、诈骗、抢劫等违法犯罪行为。[1 2 3 4] ……

续表

交往程度	涉财危险信息	交往程度	涉财危险信息
情感探索阶段	经多次交往，如果出现以下情形，可确定交往对象是涉财不良群体，应当坚决回避。 a. 出现定向阶段列举的情形；[1 2 3 4] b. 对金钱诱惑的认识不明，对法律法规的认识不清，对社会道德的认识模糊；[1 2 3 4] c. 抵制不住金钱诱惑，出现小偷小摸情形，甚至实施盗窃、勒索、抢劫等违法犯罪行为。[1 2 3 4] ……	稳定交流阶段	深入交往后，如果出现以下情形，可确定交往对象属于不良群体： （1）与涉财、涉毒、涉色、涉赌、涉网等不良群体中的人、事、物有联系；[1 2 3 4] （2）有较强的从众心理，易受群体中他人行为的影响，缺乏独立思考，不顾是非曲直，在自己的知觉、判断、认识上总是表现出符合多数人的行为方式，不能坚持自己而消极屈从他人。[1 2 3 4] ……

卡 2　涉毒类人际交往不良群体危险信息识别卡

交往程度	涉毒危险信息	交往程度	涉毒危险信息
定向阶段	初次交往，如果出现以下情形，其交往对象可能是涉毒不良群体： a. 出入歌厅、舞厅、KTV、酒吧、迪吧等娱乐场所，这些地方往往是摇头丸、冰毒等毒品的主要传播地与发散地；[1 2 3 4] b. 涉毒的聚会；[1 2 3 4] c. 出现在吸毒人员的 KTV 包厢、酒店房间；[1 2 3 4] d. 想与你称兄道弟的社会游散人员；[1 2 3 4] e. 声称可免费试用“快乐丸、止疼剂、健身药”等。[1 2 3 4] ……	情感交流阶段	正常交往后，如果出现以下情形，可确定交往对象是涉毒不良群体： a. 出现定向阶段、感情探索阶段列举的情形；[1 2 3 4] b. 打着“试一试”“为你好”“赏脸”“你不敢”等各种面目，劝说你吸食毒品；[1 2 3 4] c. 打着可以快速暴富的名义，劝说你携带或贩卖毒品。[1 2 3 4] ……

续表

交往程度	涉毒危险信息	交往程度	涉毒危险信息
情感探索阶段	经多次交往，如果出现以下情形，可确定交往对象是涉网不良群体，应当坚决回避。 a. 出现定向阶段列举的情形；[1 2 3 4] b. 接触、携带或贩卖毒品；[1 2 3 4] c. 吸食毒品。 ……	稳定交流阶段	深入交往后，如果出现以下情形，可确定交往对象属于不良群体： （1）与涉财、涉毒、涉色、涉赌、涉网等不良群体中的人、事、物有联系；[1 2 3 4] （2）有较强的从众心理，易受群体中他人行为的影响，缺乏独立思考，不顾是非曲直，在自己的知觉、判断、认识上总是表现出符合多数人的行为方式，不能坚持自己而消极屈从他人。[1 2 3 4] ……

卡3　涉色类人际交往不良群体危险信息识别卡

交往程度	涉色危险信息	交往程度	涉色危险信息
定向阶段	初次交往，如果出现以下情形，其交往对象可能是涉色不良群体，应当选择回避。 a. 传播淫秽的读物或者音像制品；[1 2 3 4] b. 收听、观看淫秽色情影视片、读物；[1 2 3 4] c. 出售淫秽碟片、制作相关网站用于商业牟利。[1 2 3 4] ……	情感交流阶段	正常交往后，如果出现以下情形，可确定交往对象是涉色不良群体，应当坚决回避。 a. 出现定向阶段、感情探索阶段列举的情形；[1 2 3 4] b. 组织或参与色情、卖淫活动，以获取物质利益；[1 2 3 4] c. 有强奸行为。[1 2 3 4] ……

续表

交往程度	涉色危险信息	交往程度	涉色危险信息
情感探索阶段	经多次交往，如果出现以下情形，可确定交往对象是涉色不良群体，应当坚决回避。 a. 出现定向阶段列举的情形；［1 2 3 4］ b. 性渴求很强烈；［1 2 3 4］ c. 有淫乱、嫖娼等性罪错；［1 2 3 4］ ……	稳定交流阶段	深入交往后，如果出现以下情形，可确定交往对象属于不良群体： （1）与涉财、涉毒、涉色、涉赌、涉网等不良群体中的人、事、物有联系；［1 2 3 4］ （2）有较强的从众心理，易受群体中他人行为的影响，缺乏独立思考，不顾是非曲直，在自己的知觉、判断、认识上总是表现出符合多数人的行为方式，不能坚持自己而消极屈从他人。［1 2 3 4］ ……

卡 4　涉赌类人际交往不良群体危险信息识别卡

交往程度	涉赌危险信息	交往程度	涉赌危险信息
定向阶段	初次交往，如果出现以下情形，其交往对象可能是涉赌不良群体，应当选择回避。 a. 想把赌博当成通向发财之路的台阶，有不劳而获地占有别人的财富，实现发家致富的愿望；［1 2 3 4］ b. 把赌博当成娱乐和消遣，想从中获得快感，或追求“寂静”，求得精神慰藉。［1 2 3 4］ c. 参与过多种赌博活动，熟悉多种赌博规则。［1 2 3 4］ ……	情感交流阶段	正常交往后，如果出现以下情形，可确定交往对象是涉赌不良群体，应当坚决回避。 a. 出现定向阶段、感情探索阶段列举的情形；［1 2 3 4］ b. 把赌博作为一种敛财的方式，执迷不悟；［1 2 3 4］ c. 把赌博作为一种交际手段，借助于金钱，通过赌博过程，把好赌之人不约而同聚到一起。［1 2 3 4］ ……

续表

交往程度	涉赌危险信息	交往程度	涉赌危险信息
情感探索阶段	经多次交往，如果出现以下情形，可确定交往对象是涉赌不良群体，应当坚决回避。 a. 出现定向阶段列举的情形；[1 2 3 4] b. 看到周围的人赌博时，就会跃跃欲试；[1 2 3 4] c. 有亲赌观念，确信“赌博纯属个人自由”“是正当的娱乐活动”；[1 2 3 4] d. 对禁止赌博认识不深，不清楚赌博的严重性和错误性，不以赌博赢钱为耻，反以赌博赢钱为荣。[1 2 3 4] ……	稳定交流阶段	深入交往后，如果出现以下情形，可确定交往对象属于不良群体： （1）与涉财、涉毒、涉色、涉赌、涉网等不良群体中的人、事、物有联系；[1 2 3 4] （2）有较强的从众心理，易受群体中他人行为的影响，缺乏独立思考，不顾是非曲直，在自己的知觉、判断、认识上总是表现出符合多数人的行为方式，不能坚持自己而消极屈从他人。[1 2 3 4] ……

卡 5　涉网类人际交往不良群体危险信息识别卡

交往程度	涉网危险信息	交往程度	涉网危险信息
定向阶段	初次交往，如果出现以下情形，其交往对象可能是涉网不良群体，应当选择回避。 a. 网上交流，要你提供能确定身份的信息；[1 2 3 4] b. 网上交流，要你发送自己或家人的照片和视频；[1 2 3 4] c. 网上交流，遇到带有脏话、攻击性、淫秽、威胁、暴力等使你感到不舒服的信件或信息；[1 2 3 4] d. 网上交流，给你传递暴力、反动、色情、恐怖等会直接影响认知的信息，或传递诈骗、仇视、放纵、偏激等间接影响认知思维的信息，以及其他不良内容；[1 2 3 4] e. 出入黑网吧，或给你推荐黑网吧；[1 2 3 4] f. 现实生活中与自己一起上网者、网吧内的陌生人等人群，给你提供 QQ 群、社交网站，或给你发出邀请、给出网址等。[1 2 3 4] ……	情感交流阶段	正常交往后，如果出现以下情形，可确定交往对象是涉网不良群体，应当坚决回避。 a. 上网时间失控，经常比预定时间长；[1 2 3 4] b. 对家人或亲友隐瞒迷恋网络的程度；[1 2 3 4] c. 因迷恋网络而面临失学、失业或失去朋友的危险。 d. 离开网络情绪低落、头昏眼花、疲乏无力、食欲不振，或神不守舍，而一旦上网便精神抖擞，百“病”全消；[1 2 3 4] e. 利用网络实施网上盗窃、网上诈骗、网上色情、网上赌博、网上洗钱、网上勒索、网上教唆或传播犯罪方法、网上恐怖、网上报复等犯罪行为。[1 2 3 4] ……

续表

交往程度	涉网危险信息	交往程度	涉网危险信息
情感探索阶段	经多次交往，如果出现以下情形，可确定交往对象是涉网不良群体，应当坚决回避。 a. 感觉空虚无聊，贪图刺激、追求享乐、逃避现实压力，到网络空间寻求心理平衡；[1 2 3 4] b. 上网没有钱，向父母讨要，或向别人借，或欺骗父母、亲戚朋友，甚至铤而走险，去盗窃、勒索、抢劫等。[1 2 3 4] c. 痴迷网络游戏；[1 2 3 4] d. 沉迷网络，思维、意志、精神等方面出了问题；[1 2 3 4] e. 沉迷网络，对现实与虚拟的界限产生模糊，导致将网络上的行为方式代入到实际生活中；[1 2 3 4] f. 沉迷于虚拟世界而不能自拔。[1 2 3 4] ……	稳定交流阶段	深入交往后，如果出现以下情形，可确定交往对象属于不良群体： (1) 与涉财、涉毒、涉色、涉赌、涉网等不良群体中的人、事、物有联系；[1 2 3 4] (2) 有较强的从众心理，易受群体中他人行为的影响，缺乏独立思考，不顾是非曲直，在自己的知觉、判断、认识上总是表现出符合多数人的行为方式，不能坚持自己而消极屈从他人。[1 2 3 4] ……

2. 为自己所选择的每一类人际交往不良群体的危险信息设定危险等级，并在人际交往不良群体危险信息识别卡提供的信息中进行选择。(说明：人际交往不良群体的危险信息被设定为“1、2、3、4”四个等级，其中“1”对应高度危险信息；“2”对应中度危险信息；“3”对应低度危险信息；“4”对应没有危险。)

3. 制作一份适合你的人际交往不良群体危险信息识别卡

卡 6　我的人际交往不良群体危险信息识别卡

高危信息		中危信息		低危信息	
类型	危险信息	类型	危险信息	类型	危险信息

续表

高危信息		中危信息		低危信息	
类型	危险信息	类型	危险信息	类型	危险信息

步骤四：进行“信息识别＋回避策略”抵制不良交往强化训练

根据《抵制不良交往强化训练表》中的要求，采用你完成的《卡6　我的人际交往不良群体危险信息识别卡》中的高危信息，进行抵制不良人际交往强化训练。训练步骤如下：

1. 采用你完成的《卡6　我的人际交往不良群体危险信息识别卡》中的危险信息，逐个独立完成回避策略的制定。

2. 在独立完成策略制定的基础上，进行小组讨论，对自己所制定的策略进行修改完善。

抵制不良交往强化训练表

信息识别		回避策略		
序号	危险信息	危险等级	制定回避策略自我训练	征求意见，修改完善前述策略
1				
2				
3				
4				
5				

步骤五：巩固训练

1. 进行矫正小结。

（1）总结面对不良交往群体时的回避策略。

（2）对训练活动中任务完成得比较好的人员予以代币奖励。

2. 布置课外作业。

（1）熟记你所完成的《表1　抵制不良人际交往强化训练表》中的内容。

（2）学习并牢记以下“警示语”，自觉回避不良人际交往：

▲不要试图同诱惑争辩，躲开它，躲得远远的。面对诱惑动不动心并不重要，重要的是为了诱惑而动摇自己的良心。——孟德斯鸠

▲顽强的毅力可以征服世界上的任何一座高峰。——狄更斯

▲坐怀不乱。

▲钱财如粪土，仁义值千金。

▲有德行的人之所以有德行，只不过受到的诱惑不足而已；这不是因为他们生活单调刻板，就是因为他们专心一意奔向一个目标而无暇旁顾。——邓肯

▲如果我们把诱惑当成奋斗的目标或当成一种前进的助动器，最终有一天我们把诱惑我们的东西变成自己实现拥有的东西。——佚名

▲要善于网上学习，不浏览不良信息。要诚实友好交流，不侮辱欺诈他人。要增强保护意识，不随便约会网友。要维护网络安全，不破坏网络秩序。要有益身心健康，不沉溺虚拟世界。——全国青少年网上文明公约

▲少年吸毒实可哀，青春年华全抛开，珍惜生命拒毒品，不受诱惑乐悠哉。——佚名

▲不要和诱惑较劲，应离得越远越好。——佚名

▲洁身自好是抵制各种诱惑的良药。——佚名

▲意志消沉是各种诱惑的挚友。——佚名

▲近朱者赤，近墨者黑

模块测试评估（二）

步骤一：矫正效果测试

在回避模块的矫正活动结束后，运用《不良交往回避能力测试问卷（BJH 测试）》对矫正对象的矫正目标达成情况进行测试。

步骤二：矫正效果评估

根据测试情况，评估矫正对象对不良群体的危险信息识别能力和回避策略运用技能。

90 分以上，提升效果显著，对不良交往的回避能力很强；80 分以上 90 分以下，提升效果明显，对不良交往的回避能力较强；70 分以上 80 分以下，取得了一定的效果，对不良交往的回避能力相比以前有所上升；60 分以上 70 分以下：效果一般，对不良交往有一定的回避能力；60 分以下：没有效果。

步骤三：互动交流

矫正人员就测试中发现的问题，给予矫正对象必要的帮助和指导，共性问题团体辅导，个性问题个别交流，以巩固这一模块的矫正效果。

模块三：取代

【矫正目标】 通过本单元的矫正，力求使矫正对象学会运用健康有益的活动取代不良交往。具体来说，在知识上，要掌握网络交流活动的基本规则和发展兴趣爱好的基本原则；在能力上，要学会运用健康有益的网络交流和兴趣爱好取代不良交往活动；在态度上，要认识到健康有益活动的重要性，自觉充实自己的业余生活。

【干预方式】 主要采用个别谈话、话题讨论、设计方案、撰写心得、冥想、网络沟通、资料学习、模拟训练、反思、承诺书、观察记录、问卷测试、开办兴趣培训班、案例分析、成果展示、布置作业等方式。

【实施内容】 引导矫正对象通过沟通自觉认识到自己与交往方主要社交活动的不良影响，分辨良性交往活动与不良交往活动的差异，并能自觉取代；引导矫正对象认识并掌握网络交流活动应当遵守的基本规则，能明辨是非，通过模拟网络交流训练，自觉进行健康合宜的网络社交活动；引导矫正对象认识不同兴趣爱好可能导致的影响，并审视自己的兴趣爱好，组织他们参加兴趣培训班并能制定学习计划书，培养良好的兴趣爱好。

【课时安排】 本模块的矫正具体划分为三方沟通内容评议、健康网络交流活动、兴趣爱好养成引导等 3 个单元，以及进行本模块的测试评估，共 21 个课时。

单元八：三方沟通内容评议

一、活动方案

矫正目标	认识不良交往活动的危害，并学会用健康有益的活动取代不良交往活动。
矫正重点	引导矫正对象通过沟通自觉认识到自己与交往方主要社交活动的不良影响。
矫正关键	引导矫正对象分辨良性交往活动与不良交往活动的差异，并能自觉取代。
方式方法	个别谈话、话题讨论、设计方案、撰写心得
辅助手段	冥想、网络沟通、作业
活动时间	2 课时
操作步骤	矫正人员与矫正对象沟通→矫正人员与矫正对象的交往方沟通→矫正对象与其交往方沟通→适宜交往活动取代不良交往活动

二、活动内容

步骤一：围绕下列内容，与矫正对象进行个别谈话沟通

（1）进入管教所之前，你的业余生活的主要内容有哪些？

①阅读观影；②和朋友玩；③闲逛；④上网、玩游戏；⑤挣钱；⑥赌博；⑦喝酒；⑧运动；⑨________。

（2）你业余时间经常出入的场所有哪些？

①歌舞厅；②游戏厅；③网吧；④台球室；⑤酒吧；⑥洗浴中心；⑦图书馆；⑧餐馆酒店；⑨________。

（3）了解矫正对象的犯罪经历，并以“犯罪前 24 小时”为时间参照，指导矫正对象在下表中详细记录下自己的活动时间、活动内容、活动地点以及一起活动的相关人员。

	时间	内容	地点	人员
24 小时前 ↓ 犯罪				

如何认识和评价你的这些活动，你与相关人员从事这些活动对你的犯罪有何影响？

（4）假如时光可以倒流，你会和什么人去做什么事？

矫正人员根据个别谈话的内容进行整理，形成矫正方沟通记录。

步骤二：围绕上述内容，与矫正对象的同案犯或社会交往对象进行个别谈话沟通

如矫正对象有共同犯罪的同伙，则由矫正人员与其进行个别谈话，重点了解其犯罪前 24 小时的活动；如矫正对象的日常交往对象未犯罪，则由社区联系，并做好交往方沟通记录。

	时间	内容	地点	人员
24 小时前 ↓ 犯罪				

步骤三：将矫正方和交往方的“犯罪前24小时活动记录”相比较，重点围绕以下内容，由矫正人员进行引导，矫正方与交往方进行现场或网络沟通

（1）我目前的境况如何；

（2）回忆我们之前的交往活动；

（3）我们之前交往活动与犯罪的关系；

（4）假如回到从前，我希望……；

（5）等我（们）出狱了，我希望我们之间的关系是……。

矫正人员要引导双方对自己目前的处境进行分析，并重点查找双方都具有的常见的交往活动，寻找共同点。可以通过对上述两张图表的对比，看看矫正方与交往方犯罪前24小时内有哪些相交叉的交往活动，分析这些活动的影响与危害。

矫正方与交往方要通过现场或网络沟通，加深对自己日常交往活动内容的认识，详细列出自己与对方的交往活动内容，并填在下表中。

	活动内容
有益交往活动	
不良交往活动	

三方沟通结束后，要求矫正对象撰写矫正日记，谈谈自己在沟通中有哪些认识与感受。

步骤四：引导矫正对象用有益交往活动取代不良交往活动，分析这种取代可能造成的影响。

选取具有代表性的取代方案进行重点示范分析，分析中要注意以下几点：

（1）要引导矫正对象自主认识与评价哪些是有益交往活动，哪些是不良交往活动。对矫正对象设计的取代方案不用求全责备，可在沟通交流中澄清模糊认识，不断进行修正。

（2）引导矫正对象对照之前的“犯罪前24小时交往活动表”详细列明取代活动的时间、内容、地点和人员，并重点说明自己设计的取代方案的可行性。

原有交往活动					取代方案				
	时间	内容	地点	人员		时间	内容	地点	人员
24小时前 ↓ 犯罪					24小时前 ↓ 犯罪				

（3）引导矫正对象在认识不良交往活动影响的基础上，认清取代不良交往活动的意义。以自己的过往经历和认识为素材，撰写一篇矫正心得《假如我回到从前》，可参考以下格式：

假如我回到从前，我不会________，我会____________；假如我回到从前，我不会____________，我会____________；假如我回到从前，我不会____________，我会____________；假如我回到从前，我不会____________，我会____________；假如我回到从前，我不会____________，我会____________。

在矫正人员的指导下，填写《给你的一封信》，并寄给矫正对象的同案犯或社会交往对象。

给你的一封信
________： 　　你好！ 　　通过上次的沟通，我想了很多，我想到以前，____________________ ____； ____ 我想到现在，____ ____ ____； 我想到将来，____ ____ ____。 假如能回到从前，我不会__________，我会____________________； 假如能回到从前，我不会__________，我会____________________； 假如能回到从前，我不会__________，我会____________________。 “希望在前方”，希望我们以后能____________，能__________，能__ ________，成为各自生命中的益友。

单元九：健康网络交流活动

一、活动方案

矫正目标	认识网络交流活动的基本规则，并能自觉运用到自己的网络社交活动中。
矫正重点	引导矫正对象认识并掌握网络交流活动应当遵守的基本规则，能明辨是非。
矫正关键	引导矫正对象通过模拟网络交流训练，自觉进行健康合宜的网络社交活动
方式方法	话题讨论、资料学习、模拟训练
辅助手段	反思、承诺书、观察记录
活动时间	4 课时
操作步骤	认识自己网络交流活动的合宜性→分辨网络交流活动中健康合宜与不良违规之间的区别→网络交流模拟情境训练→回馈与反思

二、活动内容

步骤一：阅读下文，并回答以下问题

网络社区的基本规则

网络社区，又叫虚拟社区，最早见诸霍华德·莱因戈德 1993 年的著作《虚拟社区：在一个电脑化的世界里寻找联系》，记录了他在旧金山的 WELL 社区里的经历，当时人们使用的技术包括 Usenet、MUD、IRC、聊天室和邮件列表等，万维网还没有多少人熟悉。今天，网络社区被用来泛指各种各样的通过网络进行交往的社会群体。它不意味着群体成员之间存在非常强的纽带关系，虽然莱因戈德原来用这个词指“人们开展长期的公开讨论，有足够的感情投入，以形成个人关系网”。Web 2.0 技术深刻地影响了虚拟社

区，以至于出现了社区（Community）2.0 的说法，其典型代表包括 Facebook 和 Friendster 这样的社交网站（social networking website），Twitter 这样的微博服务，Flickr 这样的照片分享网站，Del. icio. us 这样的社会性书签，等等。

在网络社区中，人们使用文字信息彼此联系，而且，他们越来越多地进入多媒体虚拟环境互相接触，虽然这样的举动是不定期的。现在，有越来越多的网站以营造虚拟社区为标榜。然而，是什么东西使社区具有凝聚力呢？一个人能够事实上加入 20 个不同的社区，每天在每一个社区里只花 15 分钟吗？目前常见的网上社区的情形是，人们上网、下网，自行其是，这样的社区感并不真实。

法国网络文化理论家皮埃尔·莱维在有机的社会群体（家庭、部族）、有组织的社会群体（国家、机构、宗教和公司）以及自组织的群体（如网络社区）之间作了区分，认为后者是一种自愿的、暂时的和善变的组织，由共享的智力努力和情感投入所维系。社区成员在其兴趣和需求发生变化的时候可能转到其他社区，在同一时间内他们也可能从属于不止一个社区。无论是什么情况，他们都会在一个知识空间内共同生产和分享知识，参与集体讨论、谈判和发展。

人们可以在一个社区中进行什么投入？有两样东西很容易付出，特别是在网上：时间和金钱。金钱往往是最容易的。例如，网络服务商 AOL 每月向用户收取租费，但交钱并不能使你真正成为社区成员，也不能使你感到对社区依依难舍（这也许反而会使你弃社区而去，因为能节省金钱）。不过，交钱确实显示了你的某种诚意。从情感上说，你会赋予这笔开销正当的理由，因为你珍惜你花钱得到的东西。

时间的投入可能不那么简单。像现实社区一样，良好的网上社区需要精心照顾和培育，成员希望有人出来解决分歧、确定基调、寻找赞助者，还需要有人维护数据库或是令对话正常进行，与支撑社区或同社区有交流的买卖人耐心打交道，并制定社区的规划，在社区利益发生变化的时候对这些规划加以修改。除了归属感而外，真正的社区会有很强的义务感，对其成员提出各种各样的要求，有些要求甚至十分严苛。遗憾的是，许多关于联网关系的描述从来不曾提到义务、责任、限制、琐碎的工作等，而这些恰恰是发展一个真正社区所必需的。

埃瑟·戴森总结了几条关于社区的基本规则，它们是极有道理的：每位参与者都应该清楚他付出什么，又希望得到什么，总体说来，虽然每个人的愿望都会有所不同，但这些愿望应该互相吻合；应该有某种办法区别谁是社区成员，谁处在社区之外。否则的话，社区就失去了意义；社区成员应该有这样的感觉：因为他们在社区中投入很多，所以离开社区是一件很困难的事情。在一个紧密团结的社区内，最严厉的惩罚是禁止、开除、剥夺、放逐……所有这些词都显示了如果被一个社区拒之门外，会有多么可怕；社区的规则必须十分清晰，违者必须追究责任。

社区的一个基本价值是成员间的相互信任。最终，公开的气氛以及共同的经验和互动的探讨将创造真正的社区，而非仅仅靠规则强行构建。人们无法仅靠遵循规则而生活，所以他们才会必然地和自己喜爱的人走到一起。网络空间只不过是他们可以从事这类活动的又一个地方，这次他们的活动摆脱了时空限制。但在最后，许多人很有可能要在有形世界中找出他们在网络空间中结识的朋友，因为你根本无法在网上与朋友共享日落美景、休闲桑拿或是美味佳肴。

（摘编自《新周刊》第382期）

（1）你经常使用的网络交流工具是什么？

（2）通过网络交流，你感觉自己收获到些什么？

（3）你与他人在网络上交流的主要内容有哪些？

（4）你认为网络交流应该遵守哪些守则？

（5）评价一下自己的网络交流活动是否健康？

步骤二：学习与网络交流相关的法律、制度、规范，并详细列举出自己日常网络交流活动的主要内容，分析这些活动哪些是健康合宜的，哪些是不良违规的。给自己设计一个网络交流活动承诺书，要求列明自己在网络交流时应当注意的十件事，分别包括可以做的五件事和不能做的五件事。

资料一：全国人大常委会关于维护互联网安全的决定

（2000年12月28日第九届全国人民代表大会常务委员会第十九次会议通过　根据2009年8月27日第十一届全国人民代表大会常务委员会第十次会议《关于修改部分法律的决定》修正）

我国的互联网，在国家大力倡导和积极推动下，在经济建设和各项事业中得到日益广泛的应用，使人们的生产、工作、学习和生活方式已经开始并将继续发生深刻的变化，对于加快我国国民经济、科学技术的发展和社会服务信息化进程具有重要作用。同时，如何保障互联网的运行安全和信息安全问题已经引起全社会的普遍关注。为了兴利除弊，促进我国互联网的健康发展，维护国家安全和社会公共利益，保护个人、法人和其他组织的合法权益，特作如下决定：

一、为了保障互联网的运行安全，对有下列行为之一，构成犯罪的，依照刑法有关规定追究刑事责任：

（一）侵入国家事务、国防建设、尖端科学技术领域的计算机信息系统；

（二）故意制作、传播计算机病毒等破坏性程序，攻击计算机系统及通信网络，致使计算机系统及通信网络遭受损害；

（三）违反国家规定，擅自中断计算机网络或者通信服务，造成计算机网络或者通信系统不能正常运行。

二、为了维护国家安全和社会稳定，对有下列行为之一，构成犯罪的，依照刑法有关规定追究刑事责任：

（一）利用互联网造谣、诽谤或者发表、传播其他有害信息，煽动颠覆国家政权、推翻社会主义制度，或者煽动分裂国家、破坏国家统一；

（二）通过互联网窃取、泄露国家秘密、情报或者军事秘密；

（三）利用互联网煽动民族仇恨、民族歧视，破坏民族团结；

（四）利用互联网组织邪教组织、联络邪教组织成员，破坏国家法律、行政法规实施。

三、为了维护社会主义市场经济秩序和社会管理秩序，对有下列行为之一，构成犯罪的，依照刑法有关规定追究刑事责任：

（一）利用互联网销售伪劣产品或者对商品、服务作虚假宣传；

（二）利用互联网损害他人商业信誉和商品声誉；

（三）利用互联网侵犯他人知识产权；

（四）利用互联网编造并传播影响证券、期货交易或者其他扰乱金融秩序的虚假信息；

（五）在互联网上建立色情网站、网页，提供色情站点链接服务，或者传播色情书刊、影片、音像、图片。

四、为了保护个人、法人和其他组织的人身、财产等合法权利，对有下列行为之一，构成犯罪的，依照刑法有关规定追究刑事责任：

（一）利用互联网侮辱他人或者捏造事实诽谤他人；

（二）非法截获、篡改、删除他人电子邮件或者其他数据资料，侵犯公民通信自由和通信秘密；

（三）利用互联网进行盗窃、诈骗、敲诈勒索。

五、利用互联网实施本决定第一条、第二条、第三条、第四条所列行为以外的其他行为，构成犯罪的，依照刑法有关规定追究刑事责任。

六、利用互联网实施违法行为，违反社会治安管理，尚不构成犯罪的，由公安机关依照《治安管理处罚法》予以处罚；违反其他法律、行政法规，尚不构成犯罪的，由有关行政管理部门依法给予行政处罚；对直接负责的主管人员和其他直接责任人员，依法给予行政处分或者纪律处分。

利用互联网侵犯他人合法权益，构成民事侵权的，依法承担民事责任。

七、各级人民政府及有关部门要采取积极措施，在促进互联网的应用和网络技术的普及过程中，重视和支持对网络安全技术的研究和开发，增强网络的安全防护能力。有关主管部门要加强对互联网的运行安全和信息安全的宣传教育，依法实施有效的监督管理，防范和制止利用互联网进行的各种违法活动，为互联网的健康发展创造良好的社会环境。从事互联网业务的单位要依法开展活动，发现互联网上出现违法犯罪行为和有害信息时，要采取措施，停止传输有害信息，并及时向有关机关报告。任何单位和个人在利用互联网时，都要遵纪守法，抵制各种违法犯罪行为和有害信息。人民法院、人民检察院、公安机关、国家安全机关要各司其职，密切配合，依法严厉打击利用互联网实施的各种犯罪活动。要动员全社会的力量，依靠全社会的共同努力，保障互联网的运行安全与信息安全，促进社会主义精神文明和物质文明建设。

资料二：七条底线

2014 年 8 月 15 日中国互联网大会发出倡议，全国互联网从业人员、广大网民都应坚守“七条底线”，包括法律法规底线、社会主义制度底线、国家利益底线、公民合法权益底线、社会公共秩序底线、道德风尚底线、信息真实性底线。

资料三：全国青少年网络文明公约

要善于网上学习　不浏览不良信息

要诚实友好交流　不侮辱欺诈他人

要增强自护意识　不随意约会网友

要维护网络安全　不破坏网络秩序

要有益身心健康　不沉溺虚拟时空

	健康合宜的活动	不良违规的活动
网络交流活动		

网络交流活动承诺书

我承诺：

在网络交流活动中，

我将＿＿＿＿＿＿＿＿＿＿＿＿＿＿＿＿＿＿＿＿，

我将＿＿＿＿＿＿＿＿＿＿＿＿＿＿＿＿＿＿＿＿，

我将＿＿＿＿＿＿＿＿＿＿＿＿＿＿＿＿＿＿＿＿，

我将＿＿＿＿＿＿＿＿＿＿＿＿＿＿＿＿＿＿＿＿，

我将＿＿＿＿＿＿＿＿＿＿＿＿＿＿＿＿＿＿＿＿，

不会＿＿＿＿＿＿＿＿＿＿＿＿＿＿＿＿＿＿＿＿，

不会＿＿＿＿＿＿＿＿＿＿＿＿＿＿＿＿＿＿＿＿，

不会＿＿＿＿＿＿＿＿＿＿＿＿＿＿＿＿＿＿＿＿，

不会＿＿＿＿＿＿＿＿＿＿＿＿＿＿＿＿＿＿＿＿，

不会＿＿＿＿＿＿＿＿＿＿＿＿＿＿＿＿＿＿＿＿，

做到安全、健康、文明上网，维护网络和谐秩序，提升网络行为修养，促进健康合宜交流。

步骤三：以罪犯教育网为依托，设立“矫正对象网络交流群”，安排三次网络交流活动，每次一小时，每名矫正对象的网名随机设定。矫正人员通过交流群，对每名矫正对象的网络交流活动进行观察记录，重点关注其交流的内容。在交流中，矫正人员可抛出有关议题，引导矫正对象进行讨论：

（1）“最近改造上总受挫折，老被扣分，我有点心灰意冷了”；

（2）“×××不爱卫生，真是个邋遢鬼”；

（3）“听说×××总向民警打小报告”；

（4）“我以前在外面吃香的、喝辣的，天天晚上去酒吧”；

（5）“以后出去了记得在 QQ 上找我，我帮你安排工作”；

（6）“你们看过《阿甘正传》吗?”；

（7）“好东西，你懂的”；

（8）“我想学缝纫机修理，大家有什么好的建议”；

（9）“你们以前‘溜过冰’（吸毒）吗?”

矫正人员在参与交流中，要注意观察矫正对象的以下几点表现：

（1）是否发布、传播不良信息，以及对不良信息内容如何反应；

（2）是否发表具有攻击性、暴力性等负面情绪的语言，及对他人的恶言相加如何反应；

（3）是否能主动发布、转换或参与评价有益话题，用健康话题内容取代不良的交流内容。

步骤四：对三次观察记录情况进行分析，并对每位矫正对象进行个别教育，增强矫正效果。

单元十：兴趣爱好养成引导

一、活动方案

矫正目标	认识和重塑自己的兴趣爱好，学会用良好的兴趣活动取代不良交往活动
矫正重点	引导矫正对象认识不同兴趣爱好可能导致的影响，并审视自己的兴趣爱好
矫正关键	引导矫正对象参加兴趣培训班并能制定学习计划书，培养良好的兴趣爱好
方式方法	话题讨论、问卷测试、撰写心得、开办兴趣培训班
辅助手段	个别谈话、案例分析、成果展示
活动时间	6 课时
操作步骤	审视自己的兴趣爱好的→对比不同兴趣爱好对交往活动的影响→参加健康有益的兴趣培训班→养成良好的兴趣爱好

二、活动内容

步骤一：介绍《普鲁斯特问卷》的相关内容，引导矫正对象重点围绕以下五个问题，对自己的日常兴趣爱好进行反思，从而确立“应培养良好的兴趣爱好，取代不良交往”的信念。

（1）你希望自己成为什么样的人？

（2）你的朋友是什么样的人？

（3）你认为自己怎样就会快乐？

（4）你日常的交往活动内容有哪些？

（5）你有哪些感兴趣的事？

普鲁斯特问卷

著名的 Proust Questionnaire（普鲁斯特问卷）由一系列问题组成，问题包括被提问者的生活、思想、价值观及人生经验等。综合看来，通过该问卷问答，能较为全面地展示答卷者的价值观、兴趣爱好及特质。

1. 你认为最完美的快乐是怎样的？
2. 你最希望拥有哪种才华？
3. 你最恐惧的是什么？
4. 你目前的心境怎样？
5. 还在世的人中你最钦佩的是谁？
6. 你认为自己最伟大的成就是什么？
7. 你自己的哪个特点让你最觉得痛恨？
8. 你最喜欢的旅行是哪一次？
9. 你最痛恨别人的什么特点？
10. 你最珍惜的财产是什么？
11. 你最奢侈的东西是什么？
12. 你认为程度最浅的痛苦是什么？
13. 你认为哪种美德是被过高地评估的？
14. 你最喜欢的职业是什么？
15. 你对自己的外表哪一点不满意？
16. 你最后悔的事情是什么？
17. 还在世的人中你最鄙视的是谁？
18. 你最喜欢男性身上的什么品质？
19. 你使用过的最多的单词或者是词语是什么？
20. 你最喜欢女性身上的什么品质？
21. 你最伤痛的事是什么？
22. 你最看重朋友的什么特点？
23. 你这一生中最爱的人或东西是什么？
24. 你希望以什么样的方式死去？

25. 何时何地让你感觉到最快乐？
26. 如果你可以改变你的家庭一件事，那会是什么？
27. 如果你能选择的话，你希望让什么重现？
28. 你的座右铭是什么？

……

普鲁斯特 13 岁时的答案：

你认为程度最浅的痛苦是什么？——和妈妈分开。

你喜欢在哪儿生活？——我的理想国。

你认为现实中的幸福是怎样的？——活在那些我爱的事物当中，包括美丽的大自然，大量的书籍和音乐，不远处有一家法国剧院。

哪一种错误你觉得是最可以被纵容的？——失去工作的才能。

虚构人物中你认为谁是英雄？——那些浪漫而有诗意的，对思想的表达远胜过对现实的虚构的。

你最欣赏的历史人物？——苏格拉底、伯利克里、穆罕默德、小普林尼和奥古斯丁的混合体。

现实中最欣赏的女性是谁？——有天分却过着平常生活的女人。

你欣赏的小说中的女英雄是谁？——那些非常有女性气质，非常柔弱、纯洁、任何一面都非常美的女子。

你最欣赏的男性气质？——智慧，有道德。

你最欣赏的女性气质？——温柔、自然，聪明。

你最希望拥有的？——阅读、做梦和写诗。

你最希望成为谁那样的人？——如果这问题没有的话，我宁愿不回答。非要说的话，我希望是小普林尼。

普鲁斯特 20 岁时的答案：

你最显著的特质是什么？——渴望被爱，或者说，希望被关怀、被溺爱胜过被钦佩和赞赏。

你最喜欢男性身上什么品质？——温柔的、女性的迷人气质，阴柔的吸引力。

你最喜欢的女性身上什么品质？——有着男性的美德，在友谊中率直、真诚。

你最看重朋友拥有什么样的品质？——敏感，倘若他们对我具有某种身体上的吸引力，那他们的敏感就是我需要的。

你天性中的缺点是什么？——缺乏理解能力，意志力不强。

你认为完美的快乐是什么样子的？——没有，恐怕那是一种很崇高的东西，我还没有勇气来说它到底是什么样子的。假使敢于表达，恐怕在说出来的那一刻，已经破坏了它。

你最伤痛的是什么？——从不曾见过我的母亲与我的祖母。

你最想成为什么？——我自己，就如那些我赞赏的人希望我成为的那种人。

你最想在哪个国家生活？——一个能让我对某些事确定不疑的国家，在那里，敏感温柔的思绪总是可以得到回应。

你最喜欢的小说中的男主角是什么？——哈姆雷特。

什么是你最不喜欢的？——我自己的最糟糕的品质。

你最希望具有怎样的天赋？——意志力强与难以抗拒的吸引力。

你感觉最被纵容的错误是什么？——那些我可以理解的错误。

什么是你的座右铭？——我宁愿不说，担心那会带给我坏运气。

将矫正对象对问卷的回答结果及对相关问题的讨论情况记录在下表中：

	《普鲁斯特问卷》测试结果
我希望自己成为什么样的人	
我的朋友是什么样的人	
我认为自己怎样就会快乐	
我日常的交往活动内容有哪些	
我有哪些感兴趣的事	

步骤二：对照上表的内容，引导矫正对象明确以下几点认识：

（1）如果你希望成为怎样的人，你的日常活动包括交往活动一定要符合一定的特质。

（2）如果你的朋友是怎样的人，可以从一个侧面也会反映你的情况。

（3）如果你想自己快乐，你应该从事一些健康有益的活动。

（4）如果你不知道什么是健康有益的活动，可以从培养良好的兴趣开始。

（5）“每个人的差异在于业余时间活动的不同”，先去寻找自己的兴趣吧。

设想一下下面这些不同兴趣爱好的人的交往活动，选择一个你认为与自己未来可能相像的角色，撰写一篇矫正作业《如果我是____________》，畅想可能会遇到的社会交往活动内容。

类型	角色	交往活动内容
A	17 岁高中生，成绩一般，阳光开朗，爱好体育运动，喜欢打篮球	
B	17 岁高中生，成绩一般，阳光开朗，爱好与朋友聚会，喜欢三五个朋友在一起喝酒吃饭	

续表

类型	角色	交往活动内容
C	25岁电子厂工人，收入不高，爱好摆弄电子器械，喜欢学习维修知识	
D	25岁电子厂工人，收入不高，爱好赌博，喜欢玩老虎机、打麻将	
E	30岁手机店老板，未婚，爱好音乐，喜欢与好友一起切磋吉他	
F	30岁手机店老板，未婚，爱好灯红酒绿的刺激享受，喜欢夜店、酒吧	

步骤三：参观文化艺术教育中心与职业技能培训中心，引导矫正对象认识相关兴趣教育班的内容、课程、活动时间以及可能起到的有益作用，激发矫正对象对兴趣班的兴趣。

管教所目前开设的文化艺术和职业技能兴趣教育内容有：

兴趣爱好教育班				
文化艺术教育中心	绘画班	书法班	篆刻班	剪纸班
	十字绣班	泥塑班	古筝班	音乐班
	健身班	瑜伽班	舞蹈班	
职业技能培训中心	家电维修班	验光配镜班	烹饪班	电瓶车维修班
	糕点制作班	3D绘图班	插花班	

要求每名矫正对象报名参加一门以上兴趣教学班，并通过列明计划（每周最少要有两次以上自学时间）、效果检验、个别辅导等方式检查督促矫正对象认真学习培养兴趣爱好。

兴趣爱好培养计划书

承　诺

我承诺：

我将认真学习____________班的课程内容，主动学习相关知识，培养健康积极的兴趣爱好，拓宽眼界、提升自我，用良好的兴趣活动取代不良交往活动。

承诺人：

时间：

兴趣班	时间	掌握内容	效果

参加兴趣培训班的收获与感悟

对矫正对象学习效果的评价与寄语

步骤四：举办一场兴趣爱好成果交流展示会，可以实物展览、汇报演出、师徒仪式等形式集中展示矫正对象通过一段时间的学习所掌握的技术技艺，并邀请矫正对象亲属入监参观。

模块测试评估（三）

步骤一：矫正效果测试

在取代模块的矫正活动结束后，运用《不良交往取代能力评价表（BJQ 测试）》对矫正对象的矫正目标达成情况进行测试。该评价表是不良交往阻断技能的取代能力维度评价，分为自我评价和民警评价，是凭感觉和观察而进行的定性评价，重点考察矫正对象对社会交往活动、网络交流活动和兴趣爱好活动的问题查找的准确程度和取代内容的合理程度。

步骤二：矫正效果评估

根据测试情况，评估矫正对象能否运用正确的社会交往取代不良的社会交往。

步骤三：互动交流

矫正人员就测试中发现的问题，给予矫正对象必要的帮助和指导，共性问题团体辅导，个性问题个别交流，以巩固这一模块的矫正效果。

模块四：控制

【矫正目标】通过本单元的矫正，力求使矫正对象提高对不良交往的自我控制，以及帮助矫正对象获取对自我控制的外部支持。具体来说，在知识上，要掌握自我控制和外部支持的相关知识和要求；在能力上，要学会对不良交往环境进行控制，同时，要学会运用家庭和社会帮教力量来监督和支持自己对不良交往的控制；在态度上，要认识到自我控制能力对阻断不良交往的影响，以及家庭支持和社会帮教的重要性，提高自我控制能力训练的自觉性。

【干预方式】主要采用微电影、案例分析、主题辩论、计划书、情境模拟、心理剧、家长开放日、辅导讲座、心理游戏、科教视频、主题帮教活动、签订协议、个别辅导、爱心妈妈QQ群、爱心联系卡、交往档案、矫正作业等方式。

【实施内容】引导矫正对象认识自我控制对不良交往阻断的作用，掌握自控的基本方法，并将自我控制方法运用到案例分析和自我控制计划制定过程中；修复并提升矫正对象家庭成员间的亲密关系，并使家庭成员对不良交往控制的方法有清晰认识，引导矫正对象认同家庭支持，发挥家庭对交往控制的作用；引导矫正对象认同社会帮教，吸纳社会资源用于不良交往环境的社会控制，建立社区、警官、志愿者及“爱心妈妈”的帮教体系，形成多对一的管教格局。

【课时安排】本模块的矫正具体划分为建立自我控制计划、寻求家庭亲情支持、签订社会帮教协议等3个单元，以及进行本模块的测试评估，共21个课时。

单元十一：建立自我控制计划

一、活动方案

矫正目标	认识自我控制能力对阻断不良交往的影响，学会对不良交往环境进行控制。
矫正重点	引导矫正对象认识自我控制对不良交往阻断的作用，掌握自控的基本方法。
矫正关键	引导矫正对象将自我控制方法运用到案例分析和自我控制计划制定过程中。
方式方法	微电影、案例分析、主题辩论、矫正作业
辅助手段	计划书、情境模拟、心理剧
活动时间	2 课时
操作步骤	分辨不同自控能力对控制不良交往环境的影响→掌握不良交往环境自我控制的基本方法→制定社会交往环境自我控制计划书→案例或模拟情境训练

二、活动内容

步骤一：观看微电影《愿望锁》（第二届“为了明天——关爱青少年彩虹行动”微电影大奖赛获奖作品），分析：为何景天与阿贡两名青年具有同样的愿望却走上了不同的人生道路？

	家庭条件	成长经历	生活愿望	社会交往	自我信念	人生道路
阿贡						
景天						

通过对剧情的分析，我们可以知道：景天与阿贡的成长环境是基本相似的，父亲都是入城务工的农民工，两人从小在寨子里长大，进城后也一起玩耍。但后来结交朋友、接触环境、家庭教育等因素的不同，导致二人思想观念的差异，从而进一步将二人推向不同的人生道路。

引导矫正对象思考以下几个问题：

（1）你认为景天与阿贡的分化从什么时候开始？

（2）你认为阿贡为什么会一步步走向犯罪？

（3）景天与阿贡的差异体现在哪里，他有什么不同的信念？

（4）假如景天与阿贡一起辍学，他的发展道路会不同吗？

围绕“社会交往环境能否决定人的命运”这一辩题组织矫正对象进行小组辩论，正方观点是“社会交往环境决定人的命运”，反方观点是“社会交往环境不能决定人的命运”。

通过辩论，引导矫正对象认识以下几点：

（1）社会交往环境在很大程度上会影响一个人，不能忽视。

（2）人对社会交往环境具有选择权，可以控制和改善自己的人际交往。

（3）要把握自己的命运，必须有所为、有所不为，坚持信念，加强对交往环境的自我控制。

步骤二：掌握自我控制的基本方法，学习运用“远离、亲近、坚持、放弃、目标、作为”六步骤分析法制定自己的社会交往环境自我控制计划。

（1）首先要明确你在社会交往中应当远离谁。

（2）同样你要明确你在未来交往中应当去亲近的对象。

（3）同时你还要明确自己在人际交往中应当坚持的准则有哪些。

（4）有坚持就有放弃，要知道自己在社会交往中可以放弃的东西。

（5）最重要的一步，你要知道你的社会交往的具体目标是什么。

（6）最后，你要准确地列出要达到你所设定的目标你应当怎么做。

社会交往环境自我控制计划书	远离谁	
	亲近谁	
	坚持什么	
	放弃什么	
	哪些目标	
	如何作为	

要求每名矫正对象按照六步骤分析法，建立自己的自我控制计划，并将计划书做成小卡片随身携带。每月末，矫正对象要对照六个方面内容进行反思和总结，对计划书进一步修正。

步骤三：以“阿贡出狱的那天”为题，写一篇作文，设想阿贡出狱那天会发生什么事。

矫正人员可在作文前对矫正对象进行启发，引导矫正对象围绕以下三个问题思考：

（1）阿贡出狱那天谁会来接他，他爸爸？景天？抢劫团伙成员？他们见面会说什么？

（2）阿贡出狱以后他会有什么愿望，他最想立马去做什么事？去做时又会发生什么？

（3）景天给阿贡介绍了一份工作，并带他去面试，阿贡会有什么反应，以后会怎样？

参照阿贡的具体情况，请你帮阿贡列一份社会交往环境自我控制计划。

阿贡的《社会交往环境自我控制计划书》	远离谁	
	亲近谁	
	坚持什么	
	放弃什么	
	哪些目标	
	如何作为	

步骤四：根据以下三个情境，设想景天和阿贡会发生什么事，他们又将如何应对？

设想一下：景天因学费问题没有上成大学，在一家建筑工地打工。阿贡出狱一年多了，在景天的介绍下，也来到建筑工地打工。平常工作非常辛苦，工地工人休息时就经常聚在一起打牌、喝酒消遣。景天却坚持自学，报考了建筑工程从业资格考试。阿贡想多挣点钱，晚上就到夜店做兼职保镖。景天认为夜店龙蛇混杂，提醒阿贡一定要远离是非、珍惜现在。

情境一：工地

休息日，景天和阿贡都在宿舍里休息。工友来找他们打牌，景天和阿贡会怎么样……

情境二：夜店

景天和阿贡带着女朋友到夜店玩，阿贡遇到以前在监狱一起服刑的牛哥，牛哥邀请他们两人换个“场子”玩，景天和阿贡会怎么样……

情境三：法庭

景天因亏空公款而被检察院立案起诉，阿贡去法庭听审。景天说出了自己之前发生的事：景天的高中同学在某投资机构工作，他告诉景天只要在他公司开户投钱，他担保稳赚不赔。景天投过几次后发现确实如此，就希望多挣点钱，就挪用了建筑公司的工程款，谁知钱汇过去同学就“跑路”了。阿贡帮景天赔付了工程款，他们之间会怎么样……

注意在设想中不要拘泥于对景天和阿贡已有的刻板印象，可大胆想象景天和阿贡的反应，并将社会交往环境自我控制分析融入对人物的分析中，思考：

（1）自我控制是否会改变一个人的社会交往环境乃至人生命运？

（2）应当坚持怎样的自我控制方案，才能有效阻断不良交往环境？

（3）如果你是景天或阿贡，面对这三个情境，你会制定怎样的自我控制计划？

	自我控制计划	景天	阿贡	矫正对象
情境一	远离			
	亲近			
	坚持			
	放弃			
	目标			
	作为			

续表

	自我控制计划	景天	阿贡	矫正对象
情境二	远离			
	亲近			
	坚持			
	放弃			
	目标			
	作为			
情境三	远离			
	亲近			
	坚持			
	放弃			
	目标			
	作为			

将矫正对象分为三个小组，每组依据一个具体情境创作心理剧剧本，要求以工地、夜店、法庭为环境，设想景天和阿贡对不良交往环境的自我控制反应。剧本中，要以旁白、画外音等形式体现“远离、亲近、坚持、放弃、目标、作为”等因素。对其中成熟的剧本组织排演。

单元十二：寻求家庭亲情支持

一、活动方案

矫正目标	认识家庭亲情支持对控制不良交往环境的重要性，并构建良好的家庭支持。
矫正重点	修复并提升矫正对象家庭成员间的亲密关系，发挥家庭对交往控制的作用。
矫正关键	使矫正对象认同家庭支持，使家庭成员对不良交往控制的方法有清晰认识。
方式方法	家长开放日、辅导讲座、心理游戏、案例分析
辅助手段	签订协议书、矫正作业、科教视频
活动时间	4 课时
操作步骤	家长学校辅导讲座→家长开放日活动→签订《不良交往阻断家庭支持协议书》→布置矫正作业

二、活动内容

步骤一：组织举办一场家长学校“青少年社会交往与家庭支持”辅导讲座，观看相关视频，学习《上海市 0—18 岁家庭教育指导内容大纲（试行）》第五部分“15—18 岁高中学生”中专题 2、3、4 有关人际交往的内容，引导矫正对象的家长增强对以下几点问题的认识：

（1）家庭环境、家庭教育、家庭支持对孩子的成长具有十分重要的影响。

（2）青少年的社会交往需要受到家庭的关注、监督与指导。

（3）亲子关系的融洽有利于减少甚至阻断孩子的不良交往。

（4）家长应有意识地与孩子增强亲子关系，建立良好的家庭环境，控制孩子的不良交往。

（5）孩子应接受和体察家长亲人对自己的关心爱护，在阻断不良交往时积极寻求家庭支持。

资料一：可供学习的讲座视频

曾仕强：《家庭教育》

曾仕强：《亲子关系》

魏书生：《这样教出好孩子》

王大伟：《让孩子远离伤害》

邓荫萍：《让童心飞翔——如何增进孩子的交友能力》

于丹：《〈论语〉心得（五）：交友之道》

卢勤：《孩子心灵成长的十大需求》

翟鸿燊：《国学之大智慧（交友篇）》

张勤：《师说：学会与孩子沟通》

张勤：《师说：走出成长的困惑》

彭成：《感恩教育：不要让爱你的人失望》

杨淑芬：《和谐家庭　幸福人生——弟子规讲解》

齐大辉：《家长必修课：中国关心下一代家长教育工程》

孙云晓：《父母的“上岗执照”——合格父母的12条准则》

金学解、蔡学慧：《中华优秀传统文化与家庭教育——教子有方》

资料二：《上海市0—18岁家庭教育指导内容大纲（试行）》

为深入贯彻落实《中共中央、国务院关于进一步加强和改进未成年人思想道德建设的若干意见》、《中华人民共和国未成年人保护法》、《上海市学生民族精神教育指导纲要》、《上海市中小学生生命教育指导纲要》以及《上海市家庭文明建设“十一五”指导计划》等文件精神，坚持以社会主义核心价值体系为引领，加强家庭美德、职业道德、社会公德和个人品德建设，为孩子创设良好的家庭环境，使家庭教育符合孩子的身心发展特点，从而促进孩子勤奋学习、快乐生活、全面发展，现从孩子和家长的需求出发，编制《上海市0—8岁家庭教育指导内容大纲（试行)》(以下简称“大纲”)。

一、家庭教育的指导思想、目标及任务

家庭教育是指在家庭中家长（监护人）自觉地、有意识地按照国家相关法律和孩子成长发展的要求，通过家庭生活和言传身教，对孩子实施一定教育影响的行为活动。它是学校教育和社会教育的基础。家庭环境和家长的道德文化素质直接影响着孩子的成长，家庭教育对培养下一代、促进家庭幸福和睦、提高全民族素质具有重要的意义，对社会主义精神文明建设具有积极的促进作用。

家庭教育既要为孩子营造健康幸福的人生，促进和谐家庭的建设，同时也要培养社会主义事业建设者和接班人。家长应培养和提高孩子的思想道德素质、科学文化素质、劳动技能素质、审美素质和生理、心理素质，培养孩子的创新精神和实践能力，要加强对孩子的思想品德教育，引导其养成良好的行为习惯，提高孩子的文明素养和公民意识。

家庭教育指导工作的目标是：扩大家庭教育和科学育儿知识的宣传和普及，使广大家长的整体素质和教育子女的能力得到全面提高，促进家长和孩子共同成长；推进现代家庭教育理论体系建设，提高家庭教育指导者和管理者的理论水平、服务意识、指导和研究能力，使家庭教育指导工作水平和家庭教育质量都有新的提高；进一步完善家庭教育工作长效机制，推动构建学校、家庭、社会“三结合”的教育网络。

家庭教育指导工作的任务是：以人的发展为本，遵循孩子身心发展的规律和家庭教育指导工作规律，满足家长自身的需求和社会发展的要求，帮助家长更新教子观念，树立正确的育人观，明确为国教子的责任和义务；传授家庭教育的基本知识，指导家长掌握科学育儿的方法，交流和推广家庭教育的成功经验，提高家长教养孩子的能力，促进家长和孩子共同成长；优化家庭教育环境，增强家庭、学校、社会共同参与素质教育的意识与合力。

二、家庭教育的指导原则

实施家庭教育要注重科学性与人文性的统一，引导家长关注以下原则：

1. 遵循科学，正确引导

正确了解孩子身心发展的特点及规律，尊重孩子接受意趣，顺应孩子的天性，关注经验获得的机会和发展潜力，让他们能在丰富的、适宜的环境中自然发展，和谐发展，快乐成长。

2. 重视差异，因材施教

由于孩子的发展有很大的个体差异性，表现为发展的速度不同、特点不同，而且就其本身而言，发展也存在着不平衡性，因此，应针对不同孩子的特点，重视孩子在发育与健康、感知与运动、认知与语言、情感与社会性等方面的发展差异，关注孩子的多元智能，在遵循一般规律的基础上有针对性地进行个别化教育。

3. 满足需求，理性施爱

重视孩子的情感关怀，强调以亲为先、以情为主，关爱孩子，赋予亲情，满足孩子成长的需求，尊重孩子的意愿，使他们积极主动、健康愉快地发展。同时在满足孩子生长需求的基础上，应理性施爱，既不拔苗助长，也不放任自流；既不要一味溺爱、放纵孩子，也不过分地限制、压制孩子。只有将感情与理智相结合地施爱，孩子才能健康成长，否则会适得其反。

4. 正面教育，赏识有度

对孩子要赏识、激励、宽容，坚持正面教育，多发掘孩子的闪光点，以表扬、鼓励为主，但不排斥必要的批评和适度的训诫。赏识要有度，把握教育的最佳期。批评时要注意把握度和时机，注意实际效果，避免产生副作用。

5. 榜样示范，平等交流

事事处处树立榜样，当好孩子的第一任教师。建立民主平等新型的亲子关系，父母要真诚地与孩子平等交流，实行双向互动。了解孩子，走进他们的精神世界，成为孩子的朋友，从而引导他们，教育他们。

6. 三位一体，和谐教育

以家庭教育为基础，学校教育为主体，社会教育为依托，积极构建全面、健康、和谐的三位一体的教育网络，发挥教育合力，有计划、有步骤、分层次地开展各种教育活动，全面促进孩子身心健康的发展。

三、家庭教育指导的内容

家庭教育旨在促进孩子身心健康发展，促使孩子成人、成才和成功。家庭教育指导要在明确各年龄段孩子身心发展特点的基础上，形成各阶段有机衔接、螺旋上升和全面系统的指导内容体系。

针对当前家庭教育中比较突出的问题，“大纲”内容按年龄段分为五个部分共 62 个指导内容专题，即 0—3 岁 12 个专题、3—6 岁 12 个专题、小学阶段 15 个专题、初中阶段 12 个专题、高中阶段 11 个专题。为便于家庭教育指导人员更好地了解各年龄段的孩子并掌握家教指导策略，在每个年龄段的指导专题前，均对该年龄段孩子的身心发展特点和家庭教育的重点作了描述。“大纲”力求主动地、灵活地、创造性地、有效地开展指导活动，通过亲子关系沟通、青少年儿童身心保健等方面的服务，帮助家长掌握和提升家庭教育的能力和质量，营造有利于儿童青少年健康成长的和谐家庭氛围。

Ⅰ. 0—3 岁婴幼儿（略）

Ⅱ. 3—6 岁幼儿（略）

Ⅲ. 6—11 岁小学生（略）

Ⅳ. 11—15 岁初中学生（略）

Ⅴ. 15—18 岁高中学生

（一）15—18 岁高中学生身心发展特点

高中阶段的孩子在经过青春期的急骤发育后，进入了相对稳定阶段，也就是发育成熟和定型阶段。他们的身体生长，主要表现在形态发育、体内器官的成熟与机能的发育、性生理成熟等几个方面。此外，高中生的心理发展呈现出如下特点：(1) 认知结构的完整体系基本形成，思维能力基本上完成了向理论思维的转化，抽象逻辑思维占了优势地位，辩证思维和创造思维有了很大的发展。(2) 观察力、有意识记能力、有意想象能力迅速发展，思维的目的性、方向性更明确，认知系统的自我评价和自我控制能力明显增强。(3) 自我意识的能力和水平提高，内容进一步丰富和深刻，表现在自我明显分化、对自己形象的关注、自我评价能力进一步提高、自尊心与自卑感并存等方面。(4) 在情绪情感方面，以外显为主向以内隐为主发展，以冲动为主向以自制为主发展，以直接、具体为主向以间接、抽象为主发展，以生理需要为主向以社会性需要为主转变。(5) 在性意识方面呈身心发展不平衡、对身体发育的关心和烦恼、对异性的兴趣增加等特点。

（二）高中学生家庭教育指导重点

高中时期是孩子自我觉悟的时期，人生观、价值观、世界观逐步形成。高中也是孩子在学校生活中压力最大的时期，面临人际交往、升学就业以及自我成长等多重压力。父母在对高中生的家庭教育指导中，既要保持对他们的关注，也要给予他们足够的空间，要让他们担当责任，帮助他们树立正确的信念。高中生家庭教育的重点是让孩子正确处理好与自我与他人、与社会的关系，学会感恩，学会承担责任，为孩子成为合格公民、向社会迈出坚实步伐做好重要准备。

（三）15—18岁高中学生家庭教育指导专题内容要点

专题1　和孩子共同适应高中阶段的生活

高中阶段是人生旅途的重要转折。家长的理解与宽容是缓和高中学生心理压力的重要途径。要尊重孩子的独立性，学会放手但不放任，以平等交流的方式来代替对孩子的控制。要引导家长帮助孩子认识高中与初中学习、生活的差异性，帮助孩子提高对生活的兴趣和热爱、对学习的激情和主动，引导孩子明确学习动机、学会学习、学会合作、正确对待自己的学习成果；指导家长从孩子的实际出发，给其一个适当的定位，并不断调整自己对孩子过高的期望值；指导家长经常与孩子沟通交流，掌握孩子的学习情况、思想动态，保持与学校的密切联系，了解孩子可能遇到的适应问题并及时解决问题。

家庭教育应该成为家长与孩子共同学习、相互学习的过程。父母应该主动为自己也为孩子留一点时间和空间，营造温馨和谐的家庭环境，缓解高中学生的学业压力，给予孩子以精神的支持。

专题2　跨越代沟，建立和谐的亲子关系

高中阶段孩子遇到问题更倾向于和同学、朋友交流，而和父母的交流趋于减少，因而常会产生代沟问题。亲子沟通是父母与孩子之间信息交流的过程，是家庭教育的基础，也是一种实现家庭教育功能的重要方式。指导家长加深亲子之间的相互理解，掌握亲子沟通的技能和艺术。引导家长倾听孩子的心声，不要急于批评，要试图理解，学会换位思考；家庭的事情，也可以和孩子商量，听听他的想法，特别是孩子成长中的问题，孩子要有发言权；要创造良好的家庭气氛，多看孩子身上的优点，并给予充分的肯定。跨越代沟需要亲子双方的共同努力，父母和孩子都要不断学习，正确处理家庭中的权威与民主、平等之间的关系。指导家长要学会欣赏孩子，提高孩子自身形象，让孩子获得和感受自信；指导家长要看到孩子的成长，要相信孩子有独立处理事情的能力，尽可能支持他们，在他们遇到困难时，给予安慰和鼓励；指导家长要尊重孩子的人格，不使用过分惩罚手段去维持在孩子面前的权威。

专题3　指导孩子建立和谐的人际关系

良好的人际关系涉及孩子的自我认识、交往技能、对他人的尊重和对他人帮助的感恩等等方面。父母的人际关系及家庭关系对孩子建立健康的人际交往具有潜移默化的教育作用，家庭中的相互尊重、相互合作、平等交流是对孩子进行人际关系教育的最重要的环节。

家庭中要致力于创建良好沟通的人际环境；重视对孩子的诚信教育、感恩教育和尊重他人、文明礼仪的教育；引导家长支持孩子多参加学校组织的集体活动，在人际交往中学会与人合作；指导孩子正确处理人际交往中的冲突，使孩子在交往中严以律己，宽以待人，以诚恳、公平、宽厚态度对待别人；对孩子在人际关系处理中的困惑，要及时与孩子沟通交流，不要简单地用父母的权威和经验取代孩子的体验和思考。

专题4　指导孩子学会与异性交往

高中阶段的学生有了朦胧的性意识，渴望接近异性、了解异性、欣赏异性、仰慕异性，并由此引发各种心理和行为困扰。要引导家长对孩子与异性交往不要过度敏感，更不能以此为理由私拆孩子信件、偷听孩子电话、翻看孩子日记等，这些做法容易伤害孩子的自尊，而无益于问题的解决；指导家长帮助孩子划清友谊与爱情的界限，使孩子认识到早恋对自我发展的不利影响，正确进行异性交往；指导家长教育孩子在异性交往中学会自律，帮助孩子认识早恋对自我发展的不利影响；指导家长抓住日常生活中的相关事件，对孩子进行青春期性生理、性道德教育，包括抵制毒品和防止艾滋病等教育。

专题5　指导孩子在学习中取得成功

每一位进入高中阶段学习的孩子，都渴望在学习中有更快的进步，成绩有显著的提高，然而，愿望与现实之间有时难免会有距离。与初中学习相比，高中学习往往是深入学习的起点，具有知识量大、系统性强，综合性强、各学科互相影响、能力要求高、贵在自我发展等特点。要引导家长通过教师、书本、孩子等途径了解高中阶段的学习特点，指导孩子学会学习，提高孩子的学习能力。引导家长了解自己孩子的实际情况，重视对孩子合理、科学使用时间的指导，注重劳逸结合；引导孩子根据自己的实际情况，明确学习目标并制定实现目标的具体措施，积极开展社会学习，鼓励孩子充分调动学习积极性，逐步培养自己主动获取知识、巩固知识的能力，养成自主学习、终身学习的好习惯。

专题6　指导孩子在生活中学会负责

负责是现代公民的基本素养，也是孩子社会化的最重要的品行。责任感的家庭培养是其他教育无法取代的。没有承担责任的经历和体验，孩子的责任感难以形成；让孩子学会合作的首要条件是引导其发现团队的重要性和他人的长处。

家庭成员的地位是平等的，把孩子对家庭的重要性告诉孩子，引导其共同分担家庭的责任和义务。家长要放手让孩子掌握多种生活技能，提高孩子的独立生活能力；要把家庭中遇到的困难告诉孩子，培养其主动为家庭分忧解难的意识。有关孩子的决定要征求孩子的意见，并告诉孩子要勇于对自己做出的决定负责。充分创造机会让孩子品尝与人合作的快乐，在感悟合作中进行自我调整。鼓励孩子积极参加社会实践活动，在活动中承担责任，学习合作。

专题7　指导孩子确立正确的消费观，学会理财

由于社会经济发展和家庭物质生活改善，今天孩子的消费往往出现误区，主要表现为：吃喝消费向广告看齐，用品消费向名牌看齐，人情消费向朋辈看齐，美容消费向明星看齐等。家长有时对孩子在物质上过度溺爱，宁可自己节衣缩食，也要满足孩子的需求。

为了适应市场经济的发展，家长应引导孩子学会正确的价值判断，指导孩子当家理财。从小培养孩子的消费理财能力，既可以养成孩子不乱花钱的习惯，又有利于孩子及早形成独立的生活能力，这也是现代人应具备的基本素养。

在家庭中，家长应重视对孩子进行正确的消费观和理财能力的教育。引导孩子从小懂得对需要什么和想买什么加以区别；经常举行家庭会议，让孩子了解“家情”，共同参与家庭决策，共同面对家庭危机与不幸；在家庭生活中，通过父母与孩子角色互换，让孩子学会操持家务，当家理财；教会孩子懂得区别物品的贵和贱，使他们对理性花钱有初步概念；指导孩子熟悉、掌握基本的金融知识与工具，在可能的情况下，将每个月的零花钱一次性全给孩子，但如何花，由他们自己决定，培养他们的自觉意识。

专题8　加强“珍惜生命教育”，培养健康人格

生命教育是家庭教育内容的重要组成部分，开展生命教育是家庭教育的重要职责。高中阶段的生命教育着重于帮助和引导学生形成科学、合理的性生理、性心理和性道德观念，学会尊重他人、理解生命、热爱生命，提高保持健康、丰富精神生活的能力，培养积

极的生活态度和人生观等。父母的人格和生活方式会对孩子产生直接影响，科学良好的家庭生活方式是热爱、珍惜生命的具体体现。

引导家长积极营造乐观健康的家庭生活氛围，让孩子感受家庭的温暖和幸福，感受到亲人的爱；家长应该对生活持有积极的态度，敢于向命运挑战，并引导孩子正确面对困难和挫折。家长不仅要关心孩子的学习，更要关心孩子人格的健全发展，要教会孩子怎样做人。

专题9　指导孩子在网络面前不迷失自我

计算机网络已成为21世纪人们工作、学习和生活不可或缺的工具。网络信息将是高中学生成长最丰厚的学习资源，如何引导他们正确利用网络资源、培养网络道德，应当成为现代家庭教育的重要内容。

预防高中阶段孩子网络沉溺的最有效方法就是要多与孩子互动、沟通，营造温馨和谐的家庭关系及亲密的亲子感情，充分了解孩子的心理需求，并给予关怀；家长要以身作则，在上网时间、上网地点、上网内容、上网方式等方面为孩子做出榜样；家长要在引导孩子把电脑当成学习工具的同时，积极为孩子的课外活动提供条件；家长要关注孩子的异常表现，及时发现孩子在上网方面存在的问题，冷静对待，切忌采取随意粗暴的方法，要着眼于培养孩子的自律能力。

专题10　以平常心指导孩子面对高考

高考对每个孩子来说，都是一个非常重要的转折点。家长、老师的高期望普遍超过孩子可接受的程度。要指导家长适度期望，但不过高期望，更不无期望；指导家长对孩子既要有学历期望，更应有能力期望和全面素质发展的期望。应发现并开发孩子的潜能，给孩子提供一个健康成长的平台；指导家长科学合理安排孩子的生活，让孩子劳逸结合，身心愉快；指导家长引导孩子树立自信心，消除自卑感和忧虑感，有条不紊地复习强化所学的知识，以泰然自若的心情去应付考试；指导家长培养孩子良好的作息习惯，做到有张有弛，劳逸结合，科学用脑；指导家长在选择志愿时尊重和理解孩子，为孩子减压助考，帮助孩子树立信心，让孩子感受成功。

专题11　指导孩子树立理想、规划未来

高中阶段的孩子处于充满理想和抱负的金色年华。理想是他们走向成功的先决条件，如果没有理想，就没有目标，就没有方向。要及时指导孩子树立人生理想、规划未来发展。要指导家长以身作则，成为孩子的楷模，在担任好家庭角色的同时，更应担任好社会角色；指导家长教育孩子确立国家意识，增强社会责任；指导家长从孩子实际出发，不断调整对孩子的期望，引导孩子确立远大目标并正确处理社会需求与个人追求之间的关系；指导家长教育孩子学会把树立理想与平时的学习生活工作结合起来。

引导家长尝试与孩子就社会热点问题进行对话交流，让他们从健康的视角看问题；引导孩子阅读经典，让优秀的作品唤起孩子的高尚情怀和崇高的思想；鼓励孩子参加各类社会实践、志愿者活动，培养孩子的社会责任感；从孩子实际出发，不断调整对孩子的期望，帮助孩子正确处理社会需求与个人追求之间的关系。

……

资料三：3个关于毒品与青春的故事，告诉你家庭对孩子的成长有多重要

他们本该有美好的青春，本该在课堂上听课，或在父母怀中撒娇，但他们却选择了吸毒来给自己的青春留下烙印———或是“炫耀”自己，或是排解孤独，或是性格叛逆……

女大学生报复母亲吸毒

人物档案

姓名：青青

年龄：18 岁

职业：在校大学生

江北区寸滩强制戒毒所里，有一名曾经的乖乖女，如今的吸毒问题少女——18 岁的青青（化名）。被送进戒毒所前，她刚进入主城某大学读书。

青青的父亲是做建材生意的老板，母亲是某事业单位职工。家庭环境的优越，也让父母对唯一的女儿给予了厚望，当然也管教得相当严格。昨日青青告诉重庆晚报记者，从小到大，她感觉父母“没有给我一丝丝个人空间”。她从来不敢写日记，从来不敢在家里放漫画书。因为母亲经常会翻看自己的所有东西，连交友都要经过母亲事前“审批”。

长期的压抑终于在领取大学通知书那天得到释放。青青觉得，自己到主城读书，离开父母就好了。令她万万没想到的是，母亲竟然提前办理了病退，还在主城买了房子，成为陪读母亲。母亲一如既往地对青青严加看管，特别是不准她和男生接触过密。

青青称，自己的叛逆情绪像脱了缰的野马，一发不可收拾。才上课一个星期，青青就跟着一些同学去酒吧和 KTV 玩，认识了一些社会上的人。从未有过的新鲜刺激感，让青青对母亲严厉的看管更厌烦。她向警方坦白，为了报复母亲，她往往很长时间不去学校上课，还学会了吸毒。纸包不住火，青青因为聚众吸毒，被江北警方抓获。听见女儿被送到江北寸滩强制戒毒所戒毒时，母亲几乎不敢相信，气得住进医院。“主要是觉得我妈烦，管得太宽太严，想报复她，逆反。”青青说。

民警点评：有时大人不要只凭自己的爱好教育孩子。教育孩子要讲方式，最该注意的是心理上的变化和成长以及必要的沟通和理解。江北寸滩强制戒毒所民警不仅帮助青青戒毒，还对家长进行了批评和教育。

有钱男孩邀人在家吸毒

人物档案

姓名：小屈

年龄：17 岁

职业：服装批发

小屈今年 17 岁，家庭条件相当不错：父母很多年前就做衣服批发生意，家底殷实。正因为如此，夫妻俩早出晚归，相当忙，几乎没有时间管儿子。

因为作息时间不一样，夫妻两人出门时儿子还没起床，两人回家了儿子已睡觉。平时，小屈由奶奶照顾，父母与儿子之间没多少交流。

父母将对儿子的愧疚都化作了零花钱，儿子要多少就给多少。由于缺乏父母管教，小屈成绩不好，初中读完后就没读书了。父亲就让儿子去批发市场帮忙，学习打理生意，以后好子承父业。但很多时候，小屈都觉得这种天还没亮就要出门的工作，自己不能适应。

为了消遣无聊，小屈长期邀约和自己一样没读书的同学朋友混在一起。小屈有钱，这是朋友圈都知道的事情。于是，有些朋友开始邀约他吸食新型毒品。

为了还人情，小屈也开始在家里邀约朋友一起吸食和玩耍。不久，小屈聚众吸毒的事被邻居举报，小屈等人被沙坪坝派出所民警当场抓获。

沙坪坝派出所副所长苟丹平介绍，由于容留3人以上在家吸毒，目前小屈除了要戒毒外，还要等待处理。

屈先生对此追悔莫及：有再多的钱，也买不回健康的儿子了。他和老婆商量，要帮助儿子戒毒，等儿子改造出来后，给他亲人的关怀，不要只顾生意。“本来赚钱是为了儿子，现在儿子都这样了，赚钱来干什么？”

民警点评：戒毒所里很多吸毒青少年，都出生在比较有钱的家庭。这些年轻人缺乏奋斗目标，所有事情都是父母安排好，不缺钱、没有理想，于是空虚寂寞缺乏激情。处于青春期的青少年，因对毒品危害性认识不足，认为吸毒是一种高级享受，吸得起毒代表自己有身份、有钱，于是用吸毒来满足炫耀心理。父母给予孩子的，不应是钱，而是正确的人生观。

单亲男孩排解寂寞吸毒

人物档案

姓名：强强

年龄：19岁

职业：无业

在沙坪坝强制戒毒所，19岁的强强（化名）孤独地坐在一侧，不想和人说话。

强强吸毒有两三年历史了，虽然年纪很小，但是个老毒友。强强从小父母离异，母亲远走嫁人，父亲带他长大。平时，强强父亲在菜市场卖肉，能赚一些钱，经济条件一般。

单亲家庭的强强，有一种与生俱来的孤独和自卑感。16岁时，强强离开学校，经常去游戏厅打游戏，认识了一些流浪在社会上的朋友。

第一次，有人拿出一颗红色药丸，让强强试着服用。强强服用过后，感受到了前所未有的快感——那些单亲家庭带来的自卑和寂寞，在刺激和兴奋中，消失了。此后，强强很依赖这种感觉。因为不太贵，一颗50元，他长期买来吸食。“它能让我自信，让我高兴，让我不寂寞。”

强强被送入沙坪坝强制戒毒所戒毒后，父亲张先生特别后悔：“我忽略了孩子的感受，一天只为生计忙活，没怎么管孩子。”戒毒所民警，慢慢走进强强的心。在戒毒所里，民警拿来书教强强学习，希望他戒毒完成后能回归社会。

强强也答应民警，要找一家技校，好好学门手艺，不再荒废青春、不再自暴自弃。

民警点评：不良的家庭环境往往成为青少年违法犯罪的重要原因。许多离异家庭，给孩子心理造成不可名状的创伤。父母作为孩子的第一老师，应该在这个时候给孩子更多的安慰和关心，而不是不闻不问，任其发展。希望那些婚姻亮红灯的家长，能以此为戒，给缺失爱的孩子多一份关爱，多一份责任。

家庭是孩子成长的第一个社会，父母是孩子的第一任老师。家庭心理环境对孩子心理健康的影响主要表现在以下几个方面：

1. 家庭气氛对孩子心理健康的影响。在气氛紧张、父母关系不和谐的家庭里，父亲和母亲常常是烦恼不安、性情暴躁、言语粗鲁，对长辈缺少孝敬甚至虐待。对于还没有独立生活能力、完全依赖父母的儿童来讲，在这样的环境中，孩子容易情绪紧张。孩子长期处在这种情绪中，又缺少温暖和关爱，容易使孩子形成孤僻、自私、玩世不恭等不良品质，对儿童的心理健康产生负面影响。

2. 父母的教育观念对孩子心理健康的影响。父母的教育观念对孩子心理健康产生不利因素主要有以下两种：（1）严厉管教论。持这种观点的父母往往要求孩子必须一切听从家长，信奉“棒头底下出孝子”“不打不成器”等传统观念。其实，长期处在父母高压政策下的孩子易形成幼稚、依赖、神经质的心理，他们的独立性和自主性较差，有些幼儿可能变得更加依赖无主，有些则可能变得更加反抗、暴烈。(2) 自然成熟论。持这种观点的父母对孩子往往持放任自流概不过问的教养态度。这种忽略型家庭中儿童就会因为得不到关心、得不到父爱与母爱而产生孤独感，逐渐形成富于攻击、冷酷、自我甚至放荡的不良品质，常常会有情绪不安、反复无常、容易触怒、对周围的事物漠不关心的心态。

3. 家庭情感沟通对孩子心理健康的影响。情感沟通是家庭心理环境重要的组成部分。不良的沟通对孩子人格的形成与发展不利。(1) 指责埋怨型沟通。指责埋怨型沟通使家庭问题往往在相互指责和埋怨中不了了之，问题最终并未真正解决。家庭未了结事件越多，家庭生活越是沉闷或紧张甚至危机四伏。这是一种很具破坏功能的家庭沟通模式，被指责者要不逆来顺受，要不逆反、攻击性强。(2) 迁就讨好型沟通。迁就讨好型沟通的家庭，缺乏一种家庭成员之间真挚的爱，而且会养成一些依赖而又固执、软弱而又任性等不良人格特点。孩子在这种迁就讨好型沟通模式中，更容易形成的是任性，只要父母迁就自己，自己却很少迁就父母。(3) 唠叨啰嗦型沟通。唠叨啰嗦型沟通主要表现在母亲以及一些过于琐碎的父亲身上。一般情况下，这样的父母不太关心别人真正的情感，自己被许多意义不大的琐事缠绕，给孩子最大的感觉是唠叨、烦人。这种沟而不通的表现是表面上双方都在说话，而且可能持续较长时间，但信息根本没有交流，反而会造成孩子出现逆反和抵触的心理。

所以，改善家庭环境的途径，创设和谐的家庭心理环境在于：

1. 建立恰当的父母角色，形成和谐的夫妻关系。

2. 建立和睦的家庭氛围和良好的亲子关系。父母要和孩子一起游戏，一起学习，发展共同的兴趣，和孩子共享经验和成果，增进父母和孩子之间的感情和相互间了解。父母要把孩子作为平等的人，尊重孩子的爱好，给他一定的自主权利决定与选择事情；有些事情可以和孩子商量，征求孩子的意见。这种健康的家庭生活、和谐融洽的家庭气氛有助于儿童健康心理的形成和稳定。

3. 注重亲子沟通态度与行为方式。父母要多以鼓励、理解、尊重的方式与子女谈心，即使惩罚也要富于情感性，要伴随合理的解释。

4. 建立父母—子女互相学习的家庭环境。如果在一个家庭中，父母对生活充满热爱，个性品质健康向上，思想感情积极热情，观念信仰正确得体，风俗习惯有趣活跃，便会使孩子生活在积极向上的心理环境之中，造就孩子的良好个性。

（摘编自《重庆晚报》）

步骤二：利用家长开放日的机会，组织矫正对象与其家长亲人进行面对面的沟通，通过团体心理游戏、“我为妈妈洗洗脚”、个别沟通等形式修复与增进矫正对象的家庭亲子关系。在活动中，要在使矫正对象家长明确融洽的亲子关系有利于阻断孩子的不良交往这一认识的基础上，通过情感交流、理性认识、技巧学习等环节提升家长处理家庭关系问题的能力。

活动一：让爱住我家

1. 社交森林

由3~5名矫正对象在沙盘中模拟原始森林的场景，切入导语——在原始森林中，你带着狗、孔雀、大象、狮子、猴子五种动物，但是你现在遇到了困难，它们成了你的包袱，你需要将这些动物抛弃，请问你最先抛弃什么，最后抛弃什么？

各种动物的象征意义：狗——朋友，孔雀——爱人，大象——父母，狮子——敌人，猴子——金钱。通过游戏，要增强矫正对象与其家长对家庭关系重要性的认识。

2. 思考以下问题，并组织矫正对象与其家长讨论

（1）自己最喜欢的家庭氛围是什么？最不能容忍的家庭矛盾是什么？

（2）你认为在朋友与家人哪个更重要？如果家人阻止你与某人的交往你会怎么办？

（3）怎样处理家庭冲突？如何建立良好的家庭关系？

活动二：我为妈妈洗洗脚

由矫正对象帮其监护人洗脚，活动后请矫正对象及其监护人分别谈感受。

活动三：亲子沟通个别辅导

围绕下列内容，指导矫正对象家长认识其在亲子沟通上存在的问题，重点围绕过去孩子不听话，结交社会不良青年而自己劝阻不力这一点展开，对矫正对象家庭关系进行修复。

亲子沟通应当知道的一些事

亲子关系，顾名思义就是父母与孩子的关系。作为人际关系的一种，亲子关系最为久远、普遍和稳定。亲子关系是青少年人格形成过程中重要的构成因素，对青少年有着深远的影响。青少年亲子关系问题是指发生在青少年与父母之间影响双方感情投入和积极评价的情绪、态度和行为。导致亲子关系问题可能有亲子矛盾的长期积累，青少年的独立意识与父母不愿意或者不善于让他们取得平等地位的矛盾，青少年缺乏控制情绪和解决冲突的能力，现代社会日益明显的代际差异等原因。在家庭关系中，常见的父母类型有：绝望的父母。这类父母感到他们的孩子无法改变，并且总会产生不良行为。因此放弃对孩子的管教。非对立的父母。这类父母可以避免与孩子对立，有时很害怕因为对孩子提出任何要求而将失去孩子的爱。当听到“我恨你”“你是个坏爸爸！”或“我真希望有个新妈

妈”时，父母被完全击垮了，管教孩子的意愿也被削弱了。筋疲力尽的父母。这类父母看上去似乎没有足够的精力来管理和教育孩子。有些父母可能是单身家长，要整天工作，精力不充沛的父母经常会有短期或长期的抑郁症状。内疚的父母。这类父母因孩子的行为问题自责，当他们试图去惩罚孩子时尤为感到内疚。自责与内疚阻止了父母去教育孩子改善行为。这类父母变得更被动，对孩子更放任。发怒的父母。许多父母在惩罚孩子时会变得心烦意乱并发怒。因为他们无法在惩罚孩子时不生气、不心烦，所以他们索性对孩子的不良行为熟视无睹，以免动怒。相互妨碍的父母。有时当父母中一方试图管教孩子时，另一方可能会加以阻止。如果出现这种情况，父母双方应就孩子应该达到的行为目标进行交谈。目标一致后，还应在使用何种恰当的奖罚方法方面达成一致。困境中的父母。婚姻问题、财政问题以及其他生活困境有时会成为父母的重负。这类父母通常缺乏充足的精力、时间与动机来帮助孩子。

家庭对一个孩子的塑形力包括：

第一个是家庭的内部知觉。这是家庭的集体无意识，父辈们说不清，道不明，却一直在为此痛苦烦恼。他们可能为一些琐碎的事彼此争吵，抱怨与愤愤不平，这一切却来源于家庭内核的不稳定。观察什么事情能激起他们极大的幸福感和尊严感，什么事情造成他们的恐慌与混乱，什么事情又是他们不愿言明的禁忌，以此可以透视一斑。事实上，为钱争吵不休的家庭，孩子长大后喜欢对钱有控制力；为婚姻争吵不休的家庭，孩子对情感也敏感；深受慢性病与不健康折磨的家庭，孩子会把健康放在重要的位置；为社会地位和权力大伤脑筋的家庭，孩子对社会的攻击欲就会增强，不是精英就成其为叛逆。家庭内部的知觉与父辈们的内心体验必然导致孩子的主动关注增强，发展的力量便以此为中心积聚。

第二个对孩子有雕塑作用的是父母的行为。尊师重道的家庭，孩子知书识礼，喜欢藏书读书的父母，孩子小时候虽然也会撕书毁书，长大后却会自然的爱书读书，孩子的行为就像是父母行为的延续。要想孩子长成后孝顺自己，那你要好好孝顺你的父母，孩子看在眼里会记在心里，顺其自然地会孝义为先。抱怨孩子不爱学习的人，常常也不能在学习中获得快意，学习对他们是受罪，孩子也不会把学习当作乐事。在十年动乱后最初的三届高考，大多教师，医生、知识分子的子女考中，原因是他们的父母因为知识获益和生存，孩子对学习也要灵光一些。现在每个孩子都可以接受同等的教育环境，这样的差异不再明显，但潜在的发展力还是不能小觑。父母的行为，生活习俗，兴趣爱好对孩子都有潜移默化的功用，希望孩子成为什么样的人，父母要装作喜欢那一行来做诱导。我们也观察到，打骂孩子，虐待与暴力也是有家族“遗传”的，父母的行为对幼小孩子有心理印刻作用，在孩子还未有自己的判断和决断之前，内心的认知和情绪模型已基本形成。

第三个对孩子品行的雕塑力量是父母的语言。语言是一种描述，而非家庭内部的感觉，语言中有评价和判断，涉及世界观，但语言总是会激发内心情绪。心理学认同“皮格马利翁效应”——你用什么方式与孩子说话，把孩子描述成什么样，孩子也慢慢地变成什么样。有些家长喜欢贬低、否定孩子，以为这样会激发他的自尊心和奋斗心，那样激发出来的自尊是假的自尊，是为了掩藏自卑的自尊，这自尊是做给父母看的。语言上贬低孩子，势必把孩子导向弱势人群，所以，心理学者都建议用积极，正面的语言肯定孩子，为他导航。在家庭治疗的技术中，常常使用夸大孩子的优点，缩小孩子的缺点的方法，为孩子营建一个“自己还行”的心理气氛，好的习惯和情绪就会慢慢接踵而至。夸奖和批评都可能是一种强化，批评缺点也可能强化或者建构了这些缺点，使孩子完整的自我变得百孔千疮。我们也观察到，好的老师和好的教育都是建立在积极肯定和奖励之上的，孩子在学校不仅学习知识还能体验学习的快乐，喜欢学习便成了自然的事！

第四个塑型力量是环境。环境的问题不是单个家庭能很好解决的，除了家庭的生活环境外，更主要是社会风气，社会教育状况，社会物质条件，社会治安秩序等。环境的改变必须是社会整体的努力，家长可以鼓励孩子对环境选择，减少与不良环境的接触。确保孩子的温饱与安静的学习条件，选择秩序严明、教育水平高的学校，鼓励孩子交往有上进心的同学朋友，以及欣赏社会正面文化与精神道德，做到了这些，家长们可以是问心无愧。

增强亲子关系是一项讲究技术的工作，家长们首先要明确以下几个要点：

1. 何种行为是可取的，何种行为是不可取的，父母对此应当达成一致。

2. 有良好、明确的沟通。

3. 传达清楚、有效的命令。

4. 孩子需要爱，也需要规范约束。若亲子关系不良，要查明原因并予以解决。

增进亲子关系，给父母的建议：

1. 当子女想讲话时，你要全神贯注，不要看书报、电视或忙别的事；

2. 平静、专注地倾听并了解子女的观点；

3. 就算你不一定同意他的行为，也要接纳子女感受。试着不要加以判断；

4. 开放各种主题的谈话，作个“可被询问”的父母；

5. 避免对你看来愚蠢、天真的问题或谈话加以羞辱或嘲笑；

6. 鼓励孩子参与自己的选择，来帮助他们建立信心；

7. 试着经常并适当地对孩子表示意见。我们常将好事视为理所当然，而只注意不好的一面，但每个人都需要被欣赏；

8. 鼓励孩子参加家庭的决策，并一起合力完成；

9. 了解他们需要向你的意见和做法挑战，以达成和你有所区分的目的，这点对他们的自我认定而言是不可或缺的。

面对亲子冲突，父母应思考的问题：

1. 你和你的孩子是否经常争吵？为什么？这些争吵有多激烈？争吵后你的孩子恢复得怎样？你们是否就同一个问题多次争吵却一点进展也没有？为什么？

2. 你的孩子在家是否一直不快乐和畏畏缩缩？为什么？这种行为是否干扰了家中的生活？为什么？

3. 你的孩子是否一直特别回避家中的某个人或者某些成员？为什么？这种回避是否影响了被回避的这个人或者这些人？

4. 你的孩子在家中的行为，最近是否曾出现重要的和持久的变化，而且是向更恶劣的情况转化的？怎样变化的？为什么？

父母应当持有的正确观念：

1. 孩子的问题行为是他在家庭中适应不良的表现，孩子体验到的痛苦比父母更强烈。

2. 孩子有充足的理由为自己辩护，只是父母从来没有给他机会。

3. 误解是导致关系恶化的主要因素。

4. 问题关系的形式，双方都有责任。

5. 发现问题的下一步是双方做出改变，首先改变的应当是成人，然后才是孩子。

6. 改变需要长久的努力，暂时的挫折是难免的。

7. 父母是爱孩子的，孩子也是爱着父母的。

8. 真正的情感表达是解决问题的金钥匙。

父母应当避免的错误观念：

1. 无论如何孩子应当对父母有礼貌。

2. 孩子应当可以理解父母做出的决定是出于为孩子着想。

3. 我的孩子一点都不爱我。

4. 孩子之所以发生这样的问题，完全是因为他不肯听我的话。

5. 孩子想干什么就干什么吧，我管不了他了。

6. 孩子太小什么都不懂，我替他拿主意是理所当然的。

7. 我只有这么一个孩子，只要他觉得高兴，我就安心。

8. 我们父母闹矛盾，孩子是不会知道的。

增进亲子情感沟通的技巧：

技巧一：谈话中父母多使用我“我觉得……”的句式会比用“你……”的话更能维持缓和的气氛，减少谈话中的冲突。例如“昨天妈妈让你把自己的屋子打扫干净，你没说话就出去了，我猜你当时一定很生气。是吗？”而不要说“你妈让你打扫房间，你就气得摔门走了”。

技巧二：重复孩子的话，以确保自己没有误解。例如“你的意思是说，当时你正要把打扫，但是妈妈的口气让你受不了，你才不愿意打扫的，是这个意思吗？”

技巧三：承认孩子的感受。父母要能够理解孩子当时的感受，而且他的感受对他来说是非常有道理的。例如“你生气是因为你自己打算要打扫了，但是妈妈完全把你当成懒惰的丫头来批评，反正已经挨了骂，还不如不打扫。”

技巧四：同理心——感受孩子所感受的心情，把自己放在孩子的处境之中。例如“我了解当时妈妈责怪你的时候，你心里一定是很委屈的！”

步骤三：在矫正人员的指导下，矫正对象与其监护人签订《不良交往阻断家庭支持协议书》。

<table>
<tr><td colspan="6">不良交往阻断家庭支持协议书</td></tr>
<tr><td>姓名</td><td></td><td>性别</td><td></td><td>年龄</td><td></td></tr>
<tr><td>家庭成员</td><td colspan="2"></td><td>社会关系</td><td colspan="2"></td></tr>
<tr><td>监护人</td><td></td><td>关系</td><td></td><td>职业</td><td></td></tr>
<tr><td>住址</td><td colspan="2"></td><td>联系电话</td><td colspan="2"></td></tr>
<tr><td colspan="6">矫正对象承诺</td></tr>
<tr><td colspan="6">我承诺：
在回归社会后，我将在__________的监督指导下进行社会交往活动，及时向其告知面临的不良交往问题，积极增强家庭成员间、亲子间的关系，在遇到下列情境时保证做到：
当我收到过去犯罪团伙成员电话或信息时，我会__________________。
当我在工作生活中遇到问题心理有波动时，我会__________________。
当我结识到新朋友时，我会__________________________________。
当我意识到可能面对不良交往对象时，我会______________________。
承诺人：
时间：</td></tr>
<tr><td colspan="6">监护人承诺</td></tr>
<tr><td colspan="6">我承诺：
在__________回归社会后，我将积极履行关心、监督、指导其社会交往活动的职责，帮助其解决不良交往问题，增强家庭成员间的紧密关系，在遇到下列情境时保证做到：
当他收到过去犯罪团伙成员电话或信息时，我会__________________。
当他在工作生活中遇到问题心理有波动时，我会__________________。
当他结识到新朋友时，我会__________________________________。
当我知道到他可能面对不良交往对象时，我会____________________。
承诺人：
时间：</td></tr>
</table>

续表

民警寄语
________回归社会后，可能还会遇到各种不良交往问题，希望你认识到自己______________等性格特点，克服___________等坏习惯，切实阻断不良交往。希望监护人_________关心_________的成长，对其社会交往加强监督指导，控制其与不良交往对象的往来，解决其面临的人际交往困境。在一方遇到难以解决的问题时，可坐下来共同商量，也可拨打我的电话：_________。祝愿你们家庭幸福、平安和谐。 民警： 时间：

步骤四：以"我、朋友、家人"为题，写一篇矫正作业。要求对自己过去的家庭关系、社会关系等进行反思总结，就如何处理与朋友的关系、与家人的关系提出设想。

要重点围绕以下三个问题，澄清认识、制定计划：

（1）为建立良好的家庭关系，我能做些什么？

（2）当家人对我的交往对象发表意见甚至反对时，我应当如何处理？

（3）如果我在社会交往中面临让自己犹豫或不能解决的问题时，家人能帮我吗？

单元十三：签订社会帮教协议

一、活动方案

矫正目标	建立不良交往环境的社会帮教控制体系，解决回归后的社会持续跟踪服务。
矫正重点	引导矫正对象认同社会帮教，吸纳社会资源用于不良交往环境的社会控制。
矫正关键	建立社区、警官、志愿者及“爱心妈妈”的帮教体系，形成多对一的管教格局。
方式方法	主题帮教活动、签订协议、个别辅导、微电影
辅助手段	“爱心妈妈”QQ 群、爱心联系卡、交往档案
活动时间	6 课时
操作步骤	“为了孩子”主题活动→“妈妈看望孩子”活动→建立交往档案→跟踪

二、活动内容

步骤一：组织“为了孩子”主题帮教活动

邀请矫正对象原生活所在地学校、社区、妇联、关心下一代工作委员会、共青团组织、志愿者联合会等社会团体和公益组织，围绕“未成年人不良交往的社会控制”为主题，组织开展“为了孩子”社会帮教活动。活动主要包含以下三个方面的内容：

（1）建立“一个孩子，一个社区，一名警官，一群志愿者”帮教联系制度，并签订相关社会帮教协议。为每名矫正对象确立三个方面的社会帮教联系人，“一个社区”即矫正对象户籍所在地或常住地社区、村委会的联系人，“一名警官”即矫正对象户籍所在地或常住地派出所民警或司法所社区矫正挂职民警，“一帮志愿者”即矫正对象户籍所在地或常住地的社会公益组织和爱心团体的志愿者。三方就矫正对象户籍所在地或常住地的社会交往环境进行座谈评估，提出针对矫正对象不良交往阻断方面的合理化建议，并共同签订帮教协议。

“一个孩子，一个社区，一名警官，一群志愿者”

未成年人不良交往社会控制帮教协议

矫正对象基本情况					
姓名		性别		家庭住址	
籍贯		出生年月		联系方式	
其他信息					
	姓名	关系	常住地址		联系方式
主要社会关系					
不良交往关系					
矫正对象接受帮教承诺					

我，________，自愿接受不良交往社会控制帮教协议，在以后的日子里，我将积极主动做到协议规定的内容，并加强与社区、警官、志愿者的联系，阻断不良交往，构建健康生活。

一、从内心真正接纳来自社区、警官和社会帮教志愿者们关爱帮教，对他们所言所感认真思索，对他们就我社会交往方面提出的意见建议及时记录，定期整理，并进行反复揣摩。

二、在面对不良交往环境时，在面临不良交往群体、内容的诱惑时，及时与社区、警官、志愿者进行沟通，不定期将自己一段时期内的社会交往与他们进行交流，虚心听取建议。

三、确保每月有一个小时以上时间，与社区、警官或志愿者进行面对面或电话交流。

四、确保每周有一次以上的记录反省活动，对一周的人际交往情况进行反思。

受帮教方：

续表

<table>
<tr><td colspan="6">户籍所在地或常住地社区帮教承诺</td></tr>
<tr><td>社区名称</td><td colspan="2"></td><td>通讯地址</td><td colspan="2"></td></tr>
<tr><td>负责人</td><td></td><td>指定联系人</td><td></td><td>联系方式</td><td></td></tr>
<tr><td colspan="6">我社区居民____________现在____________服刑，将于____________刑满释放。鉴于不良交往环境对未成年人成长的巨大影响，我社区将积极创设良好的社区环境，有针对性地开展各类法律政策宣传、人际沟通指导、社会关爱帮助等活动，并承诺做到以下几点：
一、主动关注____________的社会交往情况，定期对其家庭关系、朋友交际等方面进行了解。
二、每月进行一次家庭走访，与其就近期社会交往进行沟通交流，及时作出引导。
三、每年组织一次社区内帮教活动，引导其建立良好的社交关系，阻断不良交往。
社区联系人：</td></tr>
<tr><td colspan="6">派出所或司法所帮教承诺</td></tr>
<tr><td>警官姓名</td><td></td><td>工作单位</td><td></td><td>联系方式</td><td></td></tr>
<tr><td colspan="6">作为____________帮教协议联系人，我承诺做到以下几点：
一、主动关注____________的社会交往情况，定期对其家庭关系、朋友交际等方面进行了解。
二、对____________与原犯罪的同案犯及辖区内不良群体的交往进行重点关注，并及时提醒。
三、每月进行一次家庭走访，与其就近期社会交往进行沟通交流，及时作出引导。
四、每年组织一次辖区内帮教活动，引导其建立良好的社交关系，阻断不良交往。
司法所联系人：</td></tr>
<tr><td colspan="6">社会志愿者帮教承诺</td></tr>
<tr><td>志愿者组织</td><td></td><td>所在地</td><td></td><td>负责人</td><td></td></tr>
<tr><td>志愿者</td><td colspan="3"></td><td>联系方式</td><td></td></tr>
</table>

续表

我们自愿承担＿＿＿＿＿＿的不良交往社会控制志愿服务，在＿＿＿＿＿＿期间，我们将通过＿＿＿＿＿＿＿＿＿＿＿＿＿＿＿＿＿＿＿＿＿＿＿＿＿＿＿＿＿＿，关注其社会交往的环境对象，帮助其建立健康良好的社会交往关系。 志愿者团体联系人：

（2）由矫正对象原生活所在地的学校、社区等单位共同推荐，为每名矫正对象确立一名“爱心妈妈”（并建立爱心妈妈 QQ 群），在矫正对象服刑期间及回归社会后进行“一对一”的贴心帮教，对其遵纪守法、远离是非、就业入学、家庭修复、困境处置等方面进行引导。

每名“爱心妈妈”要求具备稳定的工作与住址；有较强的社会责任感，对帮助未成年犯顺利回归社会具备热情与精力；能够每周抽出 1～2 小时时间与帮教对象进行面对面或电话、书信沟通；在处置未成人心理与成长问题上有一定经验；具备一定的沟通能力，具有良好的人际关系，与矫正对象就“不良交往”“朋友”“家庭”等话题能进行深入地沟通。

每名矫正对象要求积极配合与参与到“爱心妈妈”的帮教活动中，在遇到困难和心理波动时主动与“爱心妈妈”联系。尤其是在面对不良交往环境时，应第一时间告知自己的监护人与“爱心妈妈”。在面对人际交往方面的困惑时，也应及时征询“爱心妈妈”的意见建议。

（3）制作“爱心妈妈”联系卡，由矫正对象与其爱心妈妈签字并分别保存。

“爱心妈妈”联系卡（正面）	“爱心妈妈”联系卡（反面）
孩子： 联系方式： 爱心妈妈： 联系方式：	妈妈，我想对你说：________ ________ 妈妈寄语：________ ________ ________ 孩子：______爱心妈妈：______

步骤二：组织一次“妈妈看望孩子”活动

组织矫正对象与其“爱心妈妈”每周进行一次书面或电话沟通；每月进行一次面对面交流；以管区开放日、主题帮教等活动为契机，适时组织一场“妈妈看望孩子”活动。

（1）观看微电影《检·爱》（第二届“为了明天——关爱青少年彩虹行动”微电影大奖赛获奖作品），引导矫正对象体味社会“爱心妈妈”的良苦用心，营造相互亲近的活动氛围。

（2）共同阅读短文《小心七种“毒”朋友》，并由此引入到对不良交往话题的讨论。

小心七种“毒”朋友

英国的《每日电讯报》刊登过一篇有关友谊的文章。文章引用美国的一些实例，说明人们在交往的过程中常常被一些特别的友谊折腾得一塌糊涂，有时候甚至毁掉一个人的生活。这就是所谓“有毒朋友”的说法。据报道，这一说法已经为美国心理学会认可，也有专著出版论述这个问题，包括《有毒朋友，真心朋友》（Toxic Friends/True Friends）和《聪明女孩交友指南》（A Smart Girl's Guide to Friendship）在内的一批专著登上了畅销书排行榜。

刺人不见血 就有这样的人。平时跟你关系不错，对你也很了解，可是每每有了合适的机会，就会对你激扬文字，刺激你一番。我小时候住在一个大杂院里，相邻而居的人都是几十年的交情，应该算不错了吧？然而，一到夏天，大家在院子里纳凉的时候，我的一个邻居就凑到家父的跟前闲聊。话不过三句就问家父工资几何，是不是有百八十块。六十年代一个人的工资能有五六十块的就不错了，超过百元的可是凤毛麟角。家父回答没有。当时，我家这个邻居是个工艺美术家，月薪一百二十块。可是没过几天，对方又来询问家父一个月挣多少钱。这种询问几乎每年都有。面对老朋友，家父既不能拒绝回答，又不好怒目而视。对方之所以如此，就是对家父太了解了。这话问得就连家母都觉得很不舒服，可是又能怎么办呢。时至今日，我也不知道这种人当时这样做是出于一种什么心理。说者好像无意，听者却像是一把刀子扎在心里，而且还不见血——你说难受不难受。

讲话不停歇　这样的人诸位我估计是很常见的。几个朋友碰在一起，总有一位在那里滔滔不绝，旁人根本插不上嘴。如果是大家邀请你作主旨发言，还可以理解；如果彼此坐在一些相互沟通，你就应该收敛一点表现欲。可是有的朋友就是不懂这一点——每当这样的时刻到来，他总是一副旁若无人的架势。我就有一个这样的朋友。不论是两个人见面，还是有第三者在场，他总是像上了弦一般，说个没完没了。先是说他的工作如何重要，后来又说他的工作有多少成绩，再后来实在没别的了，就说他准备将来干什么。这位仁兄每次跟我见面都是如此，有些话大概说了好多遍，极少给我机会说话。你说在这样的朋友面前，你会做何感想。人们之间交往是为了互相沟通、建立友谊，不是为了找一个演讲家。这样的朋友就是有表现欲，要他不表现那是非常困难的。

小题爱大作　我们生活在社会中，免不了要碰到各种各样的挫折。不知你是否碰到过，有这样的人别人两天没跟他说话，他就沉不住气，跟朋友唠叨个没完没了，好像天要塌下来一番，弄得人很紧张。我有个熟人就跟我说了这样一件事。她有个朋友把她当成知己，生活中不论有什么事情，都找她。有一次，她这个朋友觉得有个人平时对其还挺热情，可是突然几天不理她了。这位就小题大做开了，是不是她有什么地方做错了，是不是别人说她什么坏话了，等等。其实，一个人的情绪不可能总是那么高涨，如果碰到不顺心的事情很可能就不怎么爱跟别人说话。如果反躬自问没有什么过错的话，你就不必要那么敏感。如果你总是拿这等事情搅扰朋友，时间久了，朋友就会觉得你令人厌烦，那恐怕离你而去的日子就不远了。

开口唱反调　朋友之间最大的乐事就是交流，而交流的内容也是多种多样。有一种交流我看必不可少，那就是请朋友为自己的计划、甚至梦想参谋一番。我有时候就请朋友给我的“宏伟蓝图”提意见，也有时候给朋友的计划说说自己的想法。我就遇到过这样的事情，当我兴高采烈地把自己的想法告诉朋友的时候，朋友摆出了一副不屑一顾的架势，有时候还兜头泼来一瓢凉水。如此下来几次，我的消极情绪就会增加，而积极的想法就会丧失殆尽。我倒不是说不论朋友跟你讲什么想法，你都是一通的奉承话，那也没有必要。正因为我有过常被朋友否定的经历，如今，每当朋友就某个问题向我征询意见的时候，我一般都要做一些详尽的分析，结论则由人家自己得出。前几天，有一位媒体年轻朋友拿出一个设想，让我提提意见。我说我看看再提意见。两天后，小朋友问我有什么意见。我就说你的设想好想与现实还是有些距离，于是我就将我的想法详细介绍了一番。最后我说，对年轻人来讲，想法能否实现不是最要紧的，最要紧的是要有想法。只要有想法，大脑就会处于活跃状态，只有大脑经常处于活动状态，一个人才会不断产生奇思妙想，说不定什么时候自己的想法就会变成现实。我告诉她最可怕的是没有想法，那才是最要命的。

傻里不傻外 朋友之间交往最起码的原则是平等，也就是相互尊重。然而，我们经常会遇到这样的事情。一方总是按照自己的意愿来行事，搞得另一方不知怎么办才好。电视上曾经演过一个小品，讲一个人如何死要面子活受罪的事情。本来夫妻俩准备吃完饭去听音乐会，就在这时候，男主人的同事来到家里。说完事情本来已经要走了，结果男主人的一句客套话，同事返回来，坐下就吃了起来。后来听说，男女主人要去听音乐会，这位不速之客也不客气，非要去不可。从男主人角度讲，事情完全是因为他太好面子。从朋友的角度看，大家会说，那家伙真不懂事。什么是不懂事？还不是把自己的利益凌驾于别人之上。如果不是，他的每一举动怎么都是对自己有利？换句话说，这种人怎么总是往里傻而不往外傻呢？在我看来，这种人并不缺心眼儿，相反却聪明得很。

说话无信誉 人与人交往是要讲信誉的，也就是要信守承诺。当然，有时候情况变了，作出的承诺很难兑现，这也是常有的情况。问题是你是如何对待这种情况，是努力将食言的负面影响降到最低还是一副无所谓的态度？我在交往中就碰到这样的人。大家约好了见面的时间。见面的前一天，我给对方打电话，对方始终联系不上。在这种情况下，我只好如期赴约。一边赶往见面的地点，一边联系对方。真不容易，联系上了——对方说她去郊外参加一个活动去了，只是“忘了通知”我了。交往当中，有一条规则是不能忽视的，那就是如果你不能如期赴约，应该尽可能早地告诉人家。这也是对朋友的起码尊重。

消极毁人多 有一种人多愁善感，跟朋友交往的时候动辄向朋友发泄自己的消极情绪。我从前有个朋友。我们两人只要一见面，他就会把自己的烦恼倒给我。朋友之间相互倾诉是可以的，也是应该的。不过，凡事要掌握在一定的程度上。如果一而再、再而三地总是这样，就会给朋友带来消极影响，正所谓“近朱者赤，近墨者黑”。据我了解，这种情况女性之间发生得比较多。我就听一个熟人讲。她有时候就接到朋友的电话，一打就是一个小时，内容要么是对方生活遇到了什么巨大的困难，要么就是对方的婚姻出现了什么暗礁。如果一个人跟他人交往的时候提供的总是这类信息，那就不好了，因为你不愉快，别人也会受感染的。我就对这个熟人讲，最好与这样的朋友疏远一些。人生在世也就几十年，还是多一些快乐为好。除了自己对很多事情要看得开以外，还要多与快乐、幸福的人交往——根据国外的最新理论，幸福也会传染的。我有一个朋友关系特别好。我们俩人不论是谁，有了好消息都告诉对方，让对方分享自己的快乐。当然这是有前提的，那就是任何一方都能是那种嫉妒心强的人，否则结果就适得其反。

（3）以“妈妈同我聊交往”为题写一篇矫正作业，要求列举出自己的主要社会交往对象包括今后可能面临的不良交往对象，写下自己预定的交往策略和“爱心妈妈”提供的控制方案。

妈妈同我聊交往			
交往对象	特征描述	我的交往策略	“妈妈”的建议

步骤三：帮助“爱心妈妈”建立《“孩子”的交往档案》，协助其掌握不良交往控制的方式方法及与矫正对象沟通交流的相关事项。

（1）定期填写交往记录表或观察日记，对“孩子”的社会交往情况持续关注。

交往记录表	
近期主要交往对象	
出现的不良交往情况	
拟采取的教育引导措施	

（2）在教育引导矫正对象控制不良交往、营造良好人际环境时，应注意的事项：

①教育引导中先要建立良好的“亲子关系”（可参见家庭支持的相关内容），本着平等友善的态度获得矫正对象的尊重，对沟通中出现的矛盾要深挖思想根源，并积极寻找解决办法。

②对矫正对象的社会交往对象，不要存在主观偏见，所作的评价必须要有事实依据。

③要积极引导矫正对象自主认识和反思自己的交往对象与环境，尊重矫正对象选择权。

④要善于运用沟通技巧，可单刀直入，也可侧面迂回，亦可正话反说，不拘于传统方法。

⑤要善于运用社会资源，通过加强与矫正对象家庭、社区、学校的联系，形成控制合力。

（3）在矫正对象接触不良交往群体或环境时，“爱心妈妈”可采取的控制策略：

①及时向矫正对象反馈所掌握的信息，指明不良交往对象或环境的现实危险。

②及时与矫正对象的家庭、社区、辖区派出所等取得联系，共同商讨对策。

③引导矫正对象建立不良交往自控预案（参见单元十一），并监督矫正对象认真实施。

（4）在矫正对象已出现不良交往时，“爱心妈妈”可采取的行动：

①增加与矫正对象见面或对话的频次，直到不良交往阻断。

②将矫正对象拉离不良交往的场所和环境，监督其从事正常的社会交往活动。

③引导矫正对象投身健康的交往活动，为其创设参与良好的交往活动的机会。

④与社会帮教协议方取得联系，在社区、志愿者的支持下共同实施不良交往控制方案。

模块测试评估（四）

步骤一：矫正效果测试

（一）量表测试。在控制模块的矫正活动结束后，运用《不良交往控制能力测试问卷（BJK 测试）》对矫正对象的矫正目标达成情况进行测试。

（二）围绕不良人际交往控制的家庭与社会支持，对矫正对象的家庭关系、亲子沟通、社会环境等情况进行评估，可结合矫正对象及其家长、监护人、所在社区等各方意见进行综合评估。

1. 矫正对象的家庭关系是否融洽，是否存在较严重的家庭问题；

2. 矫正对象的家长或监护人是否对不良人际交往控制有清晰认识，是否掌握相关方法；

3. 矫正对象的社区、辖区派出所、司法所等是否了解其社会交往情况；

4. 有无形成对矫正对象不良人际交往阻断的社会控制体系。

步骤二：矫正效果评估

根据测试情况，评估矫正对象对不良人际交往的自我控制能力，以及家庭、社区、公安、司法等组织对阻断其不良交往的关注程度和控制水平。

90 分以上：提升效果显著，对不良交往的控制能力很强；80 分以上 90 分以下：提升效果明显，对不良交往的控制能力较强；70 分以上 80 分以下：取得了一定的效果，对不良交往的控制能力相比以前有所上升；60 分以上 70 分以下：效果一般，对不良交往有一定的控制能力；60 分以下：没有效果。

步骤三：互动交流

矫正人员就测试中发现的问题，给予矫正对象必要的帮助和指导，共性问题团体辅导，个性问题个别交流，以巩固这一模块的矫正效果。

项目测试评估

步骤一：矫正效果测试

在整个项目的矫正活动实施结束后，运用《不良交往阻断技能情境模拟测试系统（BBS 系统）》对矫正对象的矫正目标达成情况进行测试。该测试所运用的系统软件功能模块图如下：

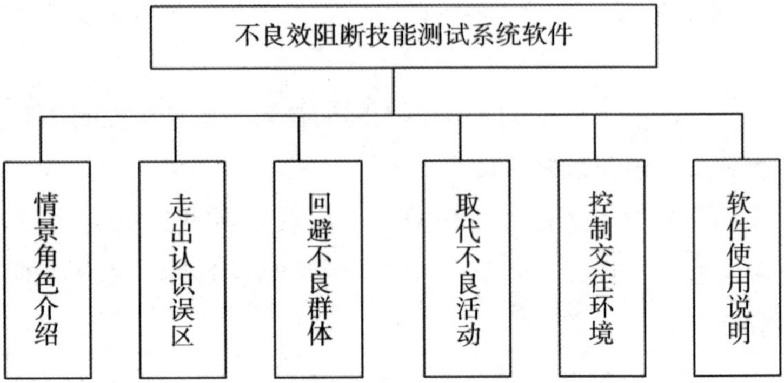

软件主界面

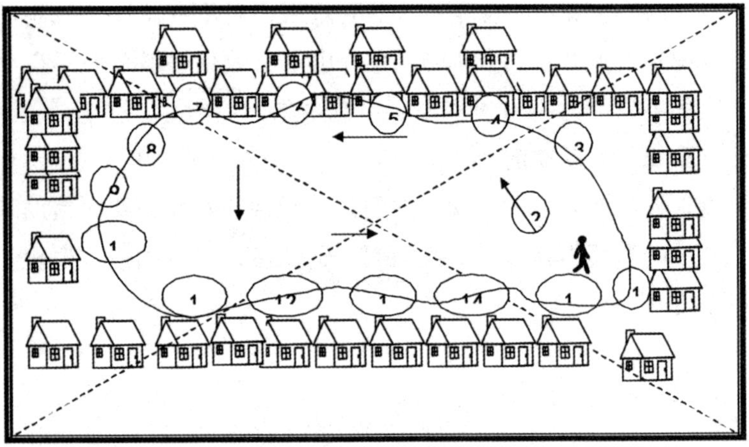

基本线索

角色设定 → 模拟生活 → 触发剧情 → 认知测试及应对方式选择 → 学习训练评分

该软件主要是通过不良交往情景模拟的方式测试矫正对象的不良交往阻断技能改善情况。本测试根据模拟刘备、关羽、张飞等人的实际交往情境，设计了 4 个章节，共 41 道题目。在每个情境中，刘、关、张等人都对具体的问题做出了自己的回答，要根据自己的理解选择出最正确的回答，每题只有一个答案。

步骤二：矫正效果评估。

根据测试情况，评估矫正对象不良交往阻断技能改善情况。

29 分以上（含 29 分），对不良人际交往的阻断能力较强，能有效识别和处置自身的不良交往。

21 分—28 分（含 21 分），对不良人际交往具备一定的阻断能力，基本能够识别和处置自身的不良交往。

20 分以下（包含 20 分），对不良人际交往的阻断能力较弱，不能有效识别和处置自身的不良交往。

步骤三：互动交流。

矫正人员就测试中发现的问题，给予矫正对象必要的帮助和指导，共性问题团体辅导，个性问题个别交流，以巩固本项目的矫正效果。

第四章
附　录

一、项目实施记录表

表1：　　　　　不良交往矫正项目实施对象汇总表

编号	实施对象	年龄	文化	籍贯	罪名	刑期	刑期起止	释放日期	家庭住址及联系方式

续表

编号	实施对象	年龄	文化	籍贯	罪名	刑期	刑期起止	释放日期	家庭住址及联系方式

填表人：________填表日期：________年____月____日

表2：　　　　项目实施对象__________测试记录

编号	实验对象	测试记录	结果分析

续表

编号	实验对象	测试记录	结果分析

测试人员：______ ______ 填表日期：____年____月____日

表3： **项目实施活动记载表**

第 模块第 单元

日期		活动名称			课时	
活动情况记载						

编号	实验对象	活动表现评议		得分	实验对象签名
		矫正工作者评议	实验对象自评		
1		5 4 3 2 1	5 4 3 2 1		
2		5 4 3 2 1	5 4 3 2 1		
3		5 4 3 2 1	5 4 3 2 1		
4		5 4 3 2 1	5 4 3 2 1		
5		5 4 3 2 1	5 4 3 2 1		
6		5 4 3 2 1	5 4 3 2 1		
7		5 4 3 2 1	5 4 3 2 1		
8		5 4 3 2 1	5 4 3 2 1		

续表

9		5 4 3 2 1	5 4 3 2 1		
10		5 4 3 2 1	5 4 3 2 1		
11		5 4 3 2 1	5 4 3 2 1		
12		5 4 3 2 1	5 4 3 2 1		
13		5 4 3 2 1	5 4 3 2 1		
14		5 4 3 2 1	5 4 3 2 1		
15		5 4 3 2 1	5 4 3 2 1		
16		5 4 3 2 1	5 4 3 2 1		
17		5 4 3 2 1	5 4 3 2 1		
18		5 4 3 2 1	5 4 3 2 1		
19		5 4 3 2 1	5 4 3 2 1		
20		5 4 3 2 1	5 4 3 2 1		
备注					

矫正工作者：______ ______ 填表日期：______年____月____日

表 4：　　项目实施对象异常行为控制记载表

时间		记载对象		矫正工作者	
异常行为描述					

续表

教育矫正措施

表5：　　　　项目实施过程质量控制跟踪记录表

<table>
<tr><td>姓名</td><td colspan="2"></td><td>罪名</td><td colspan="2"></td><td>出生年月</td><td></td><td>刑期起讫</td><td colspan="2"></td></tr>
<tr><td>性别</td><td colspan="2"></td><td>前科情况</td><td colspan="2"></td><td>文化程度</td><td></td><td>入监时间</td><td colspan="2"></td></tr>
<tr><td rowspan="2">矫正模块</td><td rowspan="2" colspan="2">矫正内容</td><td colspan="2">矫正时间</td><td rowspan="2">活动表现情况</td><td colspan="3">作业完成情况</td><td rowspan="2">效果评价</td></tr>
<tr><td>参加矫正活动</td><td>完成矫正作业</td><td>检查分析</td><td colspan="2">修正跟踪</td></tr>
<tr><td rowspan="4">一、认知</td><td colspan="2">单元一：人际交往与社会化</td><td></td><td></td><td></td><td></td><td colspan="2"></td><td></td></tr>
<tr><td colspan="2">单元二：不良人际交往与犯罪</td><td></td><td></td><td></td><td></td><td colspan="2"></td><td></td></tr>
<tr><td colspan="2">单元三：不良人际交往状况分析</td><td></td><td></td><td></td><td></td><td colspan="2"></td><td></td></tr>
<tr><td colspan="2">模块测试评估（一）</td><td colspan="7"></td></tr>
</table>

续表

二、回避	单元四：常见不良人际交往群体						
	单元五：不良人际交往的信息识别						
	单元六：不良人际交往的回避策略						
	单元七：不良人际交往“识别+回避”训练						
	模块测试评估（二）						
三、取代	单元八：三方沟通内容评议						
	单元九：健康网络交流活动						
	单元十：兴趣爱好养成引导						
	模块测试评估（三）						
四、控制	单元十一：建立自我控制计划						
	单元十二：寻求家庭亲情支持						
	单元十三：签订社会帮教协议						
	模块测试评估（四）						
项目验收评估							

续表

综合 评价	

表 6：　　项目实施对象________实施前后测试对比表

序号	实施对象	前测		后测		对比分析
		时间	结论	时间	结论	
实验效果分析						

表7：　　　　项目实施对象月度计分考核记录

序号	实施对象	5月	6月	7月	8月	9月	10月

表8：　项目实施对象回归社会后违法犯罪行为状况跟踪记录

序号	矫正对象	释放日	6个月后		1年后		1年半后		2年后		3年后	
			跟踪方式	行为状况	跟踪方式	行为状况	跟踪方式	行为状况	跟踪方式	行为状况	跟踪方式	行为状况

续表

序号	矫正对象	释放日	6个月后		1年后		1年半后		2年后		3年后	
			跟踪方式	行为状况	跟踪方式	行为状况	跟踪方式	行为状况	跟踪方式	行为状况	跟踪方式	行为状况

二、评估工具

工具一：

不良交往诊断问卷（简称BJZ问卷）

W01. 你的性别是：（单选）

（01）男　　（02）女

W02. 你的年龄是______周岁。（请在横线上填上具体数字）

W03. 此次犯罪之前，你最好的朋友主要有哪些人？（有几项选几项）

（01）同乡　（02）同学　（03）同事/同行/工友　（04）网友　（05）邻居　（06）其他________（请注明）

W04. 在生活中对你产生正面影响最大的人是：（单选）

（01）父亲　（02）母亲　（03）祖父母或外祖父母　（04）兄弟姐妹　（05）老师　（06）朋友　（07）书刊影视人物　（08）其他________（请注明）

W05. 你认为自己对不良交往的识别控制能力处在什么水平?（单选）

（01）高　（02）中　（03）低

W1.1 你此次犯罪的主要目的是:（有几项选几项）

（01）为了钱财　（02）为了朋友　（03）为了报复　（04）为了性满足　（05）为了好玩　（06）为了面子　（07）其他________（请注明）

W1.2 实施此次犯罪行为时，你有没有意识到自己是在犯罪?（单选）

（01）没意识到

（02）知道，但没有想到行为的性质有这么严重

（03）知道，而且清楚行为的严重性

W1.3 你认为自己犯罪的主要原因是:（有几项选几项）

（01）家庭环境不好　（02）学校教育不足或失败　（03）就业受挫　（04）事业发展不顺　（05）感情受挫　（06）性格脾气不好　（07）交友不慎　（08）抵不住物质诱惑　（09）生活空虚　（10）社会不公　（11）得不到尊重　（12）其他________（请注明）

W1.4 你比较愿意与什么样的人交朋友?（有几项选几项）

（01）聪明好学　（02）品行好　（03）和自己有相同的兴趣　（04）爱好广泛　（05）有钱　（06）长相漂亮　（07）身体强壮　（08）讲义气　（09）其他________（请注明）

W1.5 在人际关系中，你的信条是：（单选）

（01）大多数人是友善的，可与之为友的　（02）人群中有一半是狡诈的，一半是良善的，我将选择良善者而交友　（03）大多数人是狡诈虚伪的，不可与之交友的

W1.6 你认为不良交往是否会影响一个人的成长？（单选）

（01）会　（02）不会

W2.1 此次犯罪过程中，你是与________个人一起实施的。（请把具体数字填在横线上，没有的填“0”）

W2.2 此次犯罪之前，你和哪些人生活在一起？（有几项选几项）

（01）父亲　（02）母亲　（03）兄弟姐妹　（04）其他亲属　（05）恋人　（06）独自生活　（07）同事或工友　（08）同学　（09）朋友　（10）其他________（请注明）

W2.3 你上学期间有和社会上的不良青少年来往吗？（单选）

（01）有　（02）没有

W2.4 你结交过的朋友中有违法犯罪的人吗？（单选）

（01）有　（02）没有

W2.5 你所交的朋友是：（单选）

（01）那些与自己利益密切相关的人　（02）与自己相投的人　（03）能和任何人和谐相处

W2.6 当你的朋友是犯罪团伙成员时，你会：（单选）

（01）回避与他的接触　（02）正常接触，但避免参与他们的犯罪活动　（03）出于朋友义气，能帮忙的尽量帮忙　（04）规劝他脱离团伙　（05）遇到困难时请朋友帮忙

W3.1 你有过的违法犯罪行为有：（有几项选几项）

（01）盗窃　（02）故意伤害　（03）抢劫　（04）抢夺　（05）赌博　（06）吸毒　（07）办假证　（08）非法经营　（09）猥亵妇女　（10）诈骗　（11）敲诈　（12）聚众斗殴　（13）杀人　（14）组织卖淫　（15）卖淫嫖娼　（16）贩毒　（17）强奸　（18）组织或参加团伙（19）传播色情信息　（20）网络造谣　（21）携带管制刀具　（22）其他________（请注明）

W3.2 你有没有加入某个专门从事违法或者犯罪活动的团伙？（单选）

（01）有　（02）没有

W3.3 你结交朋友的途径有哪些？（有几项选几项）

（01）朋友介绍　（02）网上聊天　（03）娱乐场所　（04）其他________（请注明）

W3.4 你与酗酒者、吸毒者有无密切交往？（单选）

（01）有　（02）没有

W3.5 进入未成年犯管教所之前，你与朋友的主要交往活动有：（有几项选几项）

（01）闲逛　（02）上网　（03）体育运动　（04）挣钱　（05）出入休闲娱乐场所　（06）赌博　（07）学习　（08）喝酒　（09）其他________（请注明）

W3.6 你如何评价网络交友？（有几项选几项）

（01）网上信息多是虚假的，不必认真　（02）网上也有真朋友，但要经过现实的检验　（03）大家都是玩玩的，就像游戏一样　（04）网络是年轻人社会交往的重要方式

W4.1 你是否容易受他人影响？（单选）

（01）是　（02）不是

W4.2 你是不是不好意思拒绝他人要求的人？（单选）

（01）是　（02）不是

W4.3 在生活中对你产生不良影响最大的人是：（单选）

（01）父亲　（02）母亲　（03）祖父母或外祖父母　（04）兄弟姐妹　（05）老师　（06）朋友　（07）书刊影视人物　（08）其他________（请注明）

W4.4 对于你的犯罪，你认为和以下哪些人有关？（有几项选几项）

（01）父亲　（02）母亲　（03）兄弟姐妹　（04）要好的朋友　（05）同学同事　（06）邻居　（07）违法犯罪人员　（08）老师　（09）其他________（请注明）

W4.5 在你生活的地方，有以下哪些场所________；在你学校附近有以下哪些场所________；你去过以下哪些场所________？（请将相应的代号填在横线上，有几项选几项）

（01）网吧　（02）台球厅　（03）KTV　（04）游戏室　（05）演艺吧　（06）酒吧　（07）桑拿房　（08）洗脚房　（09）美容店　（10）歌舞厅　（11）麻将馆　（12）洗浴中心　（13）少年宫　（14）文化馆　（15）图书馆　（16）录像厅　（17）其他________（请注明）

W4.6 当你遇到困难时，你会向谁求助？（有几项选几项）

（01）家人/亲戚　（02）邻居　（03）同学校友　（04）同乡　（05）同事/同行/工友/朋友　（06）社会爱心人士　（07）雇主或单位　（08）帮派组织　（09）当地民间公益组织　（10）当地政府机构　（11）当地工会/妇联/共青团　（12）当地居委会/村委会　（13）其他________（请注明）

W4.7 你的家长或监护人是否关心你的社会交往情况？（单选）

（01）关心　（02）不关心，但知道我的主要朋友　（03）不关心，不认识我的朋友

评分说明

W01：不计分；W02：不计分；W03：不计分；W04：不计分；W05：不计分。

W1.1：包含（02）计1分；W1.2：（01）计1分；W1.3：包含（07）计1分；W1.4：包含（05）、（06）、（07）计1分，包含（08）计2分；W1.5：（02）计 -1 分；W1.6：（02）计1分。

W2.1：1以上（包含1）计1分；W2.2：包含（05）、（06）、（09）计1分；W2.3：（01）计1分；W2.4：（01）计1分；W2.5：（03）计 -1 分；W2.6：（02）、（05）计1分，（03）计2分。

W3.1：包含（12）、（14）计1分，包含（18）计2分；W3.2：（01）计1分；W3.3：包含（02）计1分，包含（03）计2分；W3.4：（01）计1分；W3.5：包含（01）、（02）计1分，包含（05）、（06）、（08）计2分；W3.6：包含（01）、（03）计1分。

W4.1：（01）计1分；W4.2：（01）计1分；W4.3：包含（06）计2分；W4.4：包含（04）、（07）计1分；W4.5：生活、学校附近场所不计分，出入场所包含（01）、（02）、（03）、（04）、（05）、（06）、（07）、（08）、（09）、（10）、（11）、（12）、（16），4个以下计1分，4个到10个计2分，10个以上计3分；W4.6：包含（08）计2分，包含（09）、（10）、（11）、（12）计 -1 分；W4.7：（02）计1分，（03）计2分。

21分以上（包含21分），个体不良交往状况较为突出，需要参与矫正；

11分~20分，存在不良交往状况，并有恶化可能，可以参与矫正；

10分以下（包含10分），基本能识别和处置自身的不良交往。

工具二：

不良交往结构分析问卷（简称BJJ问卷）

<table>
<tr><td>面谈时间</td><td></td><td>面谈地点</td><td></td><td>面谈人</td><td></td><td>被谈者</td><td></td></tr>
<tr><td colspan="2">问题清单</td><td colspan="6">回答记载</td></tr>
<tr><td rowspan="7">犯罪经历</td><td>犯罪案由</td><td colspan="6"></td></tr>
<tr><td>是否初犯</td><td colspan="6"></td></tr>
<tr><td>是否主犯</td><td colspan="6"></td></tr>
<tr><td>犯罪动机</td><td colspan="6"></td></tr>
<tr><td>是否与人共同犯罪</td><td colspan="6"></td></tr>
<tr><td>是否参与犯罪团伙</td><td colspan="6"></td></tr>
<tr><td>与同案犯的关系</td><td colspan="6"></td></tr>
<tr><td rowspan="4">成长经历</td><td>对个人成长经历与社会交往的回顾</td><td colspan="6"></td></tr>
<tr><td>犯罪前与谁生活在一起</td><td colspan="6"></td></tr>
<tr><td>产生正面影响最大的人</td><td colspan="6"></td></tr>
<tr><td>产生不良影响最大的人</td><td colspan="6"></td></tr>
</table>

续表

交往群体	最好的朋友	
	结交朋友的标准与途径	
	对好朋友的认识	
	是否交往违法犯罪人员	
	是否交往酗酒、吸毒人员	
	是否易受他人影响	
	是否不易拒绝朋友	
交往活动	日常交往活动的内容	
	是否与他人共同从事不良活动	
	是否与他人共同出入不良场所	
	是否知道并能遵守人际交往的规则	
	对网络交流活动的认识	
	日常兴趣爱好	
	文明礼仪情况	

续表

交往环境	生活区有哪些不良场所	
	学校周围有哪些不良场所	
	出入过哪些不良场所	
	家庭关系如何	
	父母对你社会交往的关注与指导情况	
	结交朋友遭到家人反对时的反应	
	遇到困难时你一般向谁求助	
	对社区活动的认识与参与	

工具三：

不良交往认知状况测试问卷（BJR 状况测试）

仔细阅读《不良交往认知测试量表》中的每一条，然后根据参加学习训练以来的实际感受，选择最适当的答案，在方格内画一个"√"，请不要漏掉问题（多数不符 = 有点符合）。

序号	题目	完全不符（0分）	多数不符（1分）	不清楚（2分）	多数符合（3分）	完全符合（4分）
1	我知道现实生活中的人都离不开人际交往					
2	我不认为"人都是自私的"					
3	我知道"人的社会化"的含义					
4	我清楚：如果一个人不能完成社会化，就不能在社会立足					

续表

序号	题目	完全不符（0分）	多数不符（1分）	不清楚（2分）	多数符合（3分）	完全符合（4分）
5	我知道人际交往与人的社会化的关系					
6	我知道：社会化的最终结果，就是要培养出符合社会要求的社会成员，使其在社会生活中承担起特定的责任、权利和义务。					
7	我知道：人际交往是形成人际关系的过程，也是社会化的必然途径。					
8	我知道：人生的意义在于奉献，人际交往是我们奉献的桥梁					
9	我认为：只有尊重别人才能得到别人的尊重					
10	我认为：只有诚以待人，胸无城府，才能产生感情的共鸣，才能收获真正的友谊。					
11	我相信：善解人意的人，永远受人欢迎					
12	我知道：人际交往是思想、情感、态度、信息和学习的交往					
13	我知道：正常人际交往是形成良好人际关系、促进个体社会化的交往					
14	我认为：不良人际交往所形成的人际关系往往是不和谐、紧张、消极和敌对的，					
15	我认为：几乎所有的人都是在与其他人密切交往中度过自己的一生，很少有自愿孤立的人					
16	我认为：不良人际交往的群体一旦形成，其成员之间就会渴望建立深刻的情感联系，真正成为群体中的一员					
17	我认为：犯罪团伙已不仅仅是单纯为求生存温饱而走上犯罪道路，更多的是为了寻欢作乐贪图享受而误入歧途。					
18	我渴望知道人际交往方面存在的问题					

续表

序号	题目	完全不符（0分）	多数不符（1分）	不清楚（2分）	多数符合（3分）	完全符合（4分）
19	我明白自己曾经是一名经不住诱惑的人，现在是一名服刑人员，更是一名病人					
20	我有决心克服今后生活道路上的困难					
21	因经不住不良群体诱惑，走上犯罪道路，我要摆脱他们					
22	我相信自己能够克服不良交往的心理需求					
23	我知道曾因不良交往做出的许多行为是违法行为而且会诱发犯罪					
24	为摆脱不良群体的影响，我什么困难都愿意面对，什么苦都愿承受					
25	我知道要改掉自己的不良交往行为需要家庭的帮助					
26	我知道彻底改掉自己的不良交往行为需要社会的帮助					
27	我知道自己的不良交往行为给家庭造成了巨大伤害					
28	最近，我感觉精神没有以前那么颓废了					
29	我的脑海里已经不再呈现曾让我感到愉悦和满足的那些诱惑情景了					
30	假若我做不到远离不良群体，我感觉是一种失败					
31	我相信“不良人际交往阻断学习训练项目”能够教会我阻断不良人际交往的方法					
32	我愿意坚持不懈地努力，直到能够成功阻断不良人际交往					

评分说明：

根据答案进行计算：

115 分以上：对不良交往的认知有了质的飞跃，已经具有强烈的阻断意愿。

100 分以上 115 分以下：效果明显，对不良交往有了深刻的认知。

85 分以上 100 分以下：取得了一定的效果，对不良交往的认知程度相比以前有所上升。

70 分以上 85 分以下：效果一般，对不良交往的有一定的认识。

70 分以下：没有效果。

工具四：

不良交往回避能力测试问卷（BJH 测试）

该问卷是不良人际交往阻断技能的回避能力维度测试，其构成为："影视剧情 + 危险信息识别 + 回避策略运用"，根据测试情况，评估矫正对象对不良人际交往回避能力的提升程度。

1. 观看电视剧《拯救少年犯》，并简要写出剧情。

2. 危险信息识别能力测试

分析剧情里复杂的人际关系中有哪些危险人物或不良群体？他们释放出的哪些危险信息能够被用来帮助识别其危险性？

3. 回避策略运用技能测试

剧情里的蓝毛一伙人是一群不良社会青年，设想你是剧情里的静静，面对来自团伙的"同病相怜感、群体的温暖"诱惑，应当如何分别或综合运用婉言拒绝法、联想后果法、理智警醒法、寻求帮助法等回避策略远离这一不良团伙？

评分说明：

90 分以上，提升效果显著，对不良交往的回避能力很强；80

分以上 90 分以下，提升效果明显，对不良交往的回避能力较强；70 分以上 80 分以下，取得了一定的效果，对不良交往的回避能力相比以前有所上升；60 分以上 70 分以下：效果一般，对不良交往有一定的回避能力；60 分以下：没有效果。

参考答案：

1. 剧情简介。花季少女静静放学归来，迎面遇上被拘捕的父亲，她从李方夫妇嘴中得知，父亲强奸并杀死了他们的女儿。静静在课堂上遭同学议论耻笑，奔出教室。静静向母亲小霞哭诉，坚决不再上学。宣判之日静静跑进法庭。质问父亲这一切到底是不是真的，父亲含泪点头，静静挥手向父亲打去。小霞求老同学帮忙给静静转学，不料在新学校的语文课上，老师出的作文题是“我的爸爸”，静静写不出一个字，用钢笔戳破手指。老师不解，问其原因，静静大喊：“我没有爸爸！”并冲出教室，李方不断跟踪并恐吓静静。静静不想再上学，小霞决定再给静静转学，但需要高额的借读费。吕明同情并爱慕小霞，并甘愿承担静静昂贵的借读费。小霞决定接纳吕明，要女儿叫她爸爸。静静怒道：“你男人死了，当然要再找一个。”小霞打了静静一巴掌。李方妻子因痛失女儿精神失常，愤怒的李方扬言要让小霞处于有女儿比没女儿还难过的境地。李方将静静父亲的事告诉外甥，他是静静在新学校的同班同学。李方外甥在课堂上说出静静的父亲是强奸杀人犯，静静愤怒地打了他，并冲出教室。

在回家路上静静遇到蓝毛一伙人，倍感屈辱的静静决定加入她们。蓝毛向静静讲述了自己的遭遇。蓝毛的生父嗜赌成性，将家里的东西都输光了，还经常毒打她母亲。蓝毛逼母亲和生父离婚，但继父趁她母亲不在家迷奸了她。当蓝毛醒后要杀继父却被她的母亲制止，失望的蓝毛向她的继父敲诈了一笔钱。静静感觉自己的经历和蓝毛很像，也借酒浇愁。静静开始逃学，和蓝毛一伙人出入舞厅，被吕明看到并告知小霞。小霞大怒以死相逼，静静更加痛恨吕明。静静带着蓝毛等人将李方外甥打成脑震荡，并在舞厅被抓到被拘留。吕明将静静保了出来。静静染发后回家，小霞看到静静的样子一怒之下把她赶出家门。焦急万分的吕明找到李方家，却看到李方家已经被静静带人砸毁。蓝毛等人在一个破砖窑里给静静过16岁生日，吕明找来欲带静静走。静静拿起一块破砖头砸向疼爱她的继父头部……

2. 危险信息识别。(略)

3. 回避策略运用。在此案中，静静面对很复杂的家庭问题和社会情境，其自身也具有冲动、叛逆等性格特质。而其主要面临的是蓝毛一伙人的诱惑。虽然蓝毛一伙人只是一群不良社会青年，也有着自身的不幸与委屈。但正是加入到他们中间去，才更快地促成了静静滑向违法犯罪的深渊。如果静静没有蓝毛等人的支持与鼓动，在正确的行为方式引导下，她可能可以制止住自己的冲动行为。面对来自团伙的同病相怜感、群体的温暖诱惑，静静可以按照交往程度的不同，选择和综合运用婉言拒绝法、联想后果法、理智警醒法、寻求帮助法等策略。

（1）婉言拒绝。对来自蓝毛等人的邀请要学会说不，既不能参与团伙日常活动，如喝酒、聚会、唱歌等娱乐活动，也不能利用团伙的支持和帮助从事打架、斗殴等违法犯罪。要态度坚决地远离不良朋友圈，与他们保持距离，对来蓝毛等人的劝说、鼓励、帮助等保持警醒。建立正常的社会交往圈子，学会主动帮助他人，从与他人正常交往交流中寻找支持温暖。

（2）联想后果。运用联想后果法，对加入蓝毛朋友圈、逃学、喝酒、聚众斗殴、暴力伤害等行为的后果仔细和认真的思考。逃学作为未成年人不良行为的一种，经常是青少年学生走向违法犯罪的先兆。接触社会不良青年，加入违法犯罪团伙更会因群体文化和氛围的影响，逐渐丧失冷静认识问题的能力，倾向诉诸暴力解决问题。而喝酒、出入舞厅酒吧等不良场所，也会使未成年人暴露在易接触诱惑、易发生矛盾、易受到侵害的环境中。综合考虑这些行为可能带来的危害，对行为成本进行分析与累加，可以预计：参与到蓝毛朋友圈当中，过度放纵自己，并在团伙的支持与帮助下使用暴力、威胁、伤害等手段解决问题，早晚会自食恶果。

（3）理智警醒。运用理智警醒法，对自身的行为和影响应该有理性的认识，对接触不良朋友圈和参与团伙犯罪活动应该保持理性克制，对与蓝毛等人产生的同病相怜感、沉迷于舞厅酒吧等不良场所，应提醒自己保持理智警醒。冲动是静静行为特征中的一个重要方面，因家庭问题导致的叛逆是静静走向违法犯罪的重要诱因。试想，如果静静能够理性地看待身边的人、事、物，能够客观的评价自己与他人的行为，能够对蓝毛、对加入不良团伙保持足够的警醒心，那么也许静静会有个不幸的少年期，但在自己的努力和他人的帮助下，并不一定走向违法犯罪。外部环境对青少年的成长具有十分重要的作用，但起关键作用的还是青少年自身的心理素质和行为素养。保持理智警醒对青少年抵制诱惑、解决矛盾具有关键性作用。

（4）寻求帮助。运用寻求帮助法，是在自己无法有效解决矛盾时，积极主动、有意识地去寻求他人的帮助，以提高抵制诱惑的能力。案例中，静静一直与家庭、母亲、继父、老师等存在隔阂，这也是静静走向不良圈子和团伙的重要原因。由于复杂的家庭问题，静静从父母身上没有得到家庭的温暖，从学校里没有得到集体的支持，从而转向从蓝毛等人身上寻求认同感与温暖。相似的经历和群体行为的放纵，使静静误认为这就是她安全的港湾。此时，静静如果能找一个理智的第三者倾诉自己的苦恼，倾吐自己的困惑，一方面可以得到心理上的疏导与支持，一方面也能防止对不良朋友圈产生认同感。如果她不能或不愿从父母亲人身上得到帮助，也可向广播电台、心理咨询专栏、青少年成长专家、老师、同学、长辈等求助。

工具五：

不良交往取代能力评价表（BJQ 测试）

该评价表是不良交往阻断技能的取代能力维度评价，分为自我评价和民警评价，是凭感觉和观察而进行的定性评价，重点考察矫正对象对社会交往活动、网络交流活动和兴趣爱好活动的问题查找的准确程度和取代内容的合理程度。

评价项目	单元七实施前		单元七实施后 单元八实施前		单元八实施后 单元九实施前		单元九实施后	
	存在问题	取代内容	存在问题	取代内容	存在问题	取代内容	存在问题	取代内容
社会交往活动								
网络交流活动								
日常兴趣爱好								
矫正人员评价	查找准确度	取代合理度	查找准确度	取代合理度	查找准确度	取代合理度	查找准确度	取代合理度

工具六：

不良交往控制能力测试问卷（BJK 测试）

该问卷是不良交往阻断技能的控制能力维度测试，由 25 道测试题组成，根据测试情况，评估矫正对象对不良交往控制能力的提升程度。

1：完全不符合；2：不符合；3：不确定；4：符合；5：非常符合					
1. 我对未来能很好地抵制诱惑有信心。	1	2	3	4	5
2. 对我来说改掉坏习惯并不困难。	1	2	3	4	5
3. 我会变得越来越勤快。	1	2	3	4	5
4. 我会做一些能给自己带来快乐但对自己有害的事情。	1	2	3	4	5
5. 我相信我会坚持按计划做事。	1	2	3	4	5
6. 对我来说，早上起床是件困难的事。	1	2	3	4	5
7. 我觉得很难改变自己冲动的脾气。	1	2	3	4	5
8. 我太能花钱了，对将来能否收敛，我也说不清楚。	1	2	3	4	5
9. 我会因为情感而激动得不能自持。	1	2	3	4	5
10. 我会因为一时冲动，做出一些自己都认为错误的事。	1	2	3	4	5
11. 大家说我有钢铁般的自制力。	1	2	3	4	5
12. 我可能会被有乐趣的事情干扰而不能按时完成任务。	1	2	3	4	5
13. 我难以集中注意力。	1	2	3	4	5
14. 我能为了一个长远目标高效地工作。	1	2	3	4	5
15. 我担心自己将来会忍不住去做一些事情，即使我知道那样做是错误的。	1	2	3	4	5
16. 我对将来考虑不周的事情不会付诸行动。	1	2	3	4	5

续表

17. 我觉得自己太容易发脾气了。	1	2	3	4	5
18. 以后我不会经常打扰别人。	1	2	3	4	5
19. 我一定会改掉饮酒（或上网）过度的问题。	1	2	3	4	5

附加：不良交往自我控制					
20. 以后朋友邀请我参加活动，我会思考一下。	1	2	3	4	5
21. 我不会再喜欢龙蛇混杂的地方，哪怕跟熟人在一起。	1	2	3	4	5
22. 回归社会后，晚上十二点前我一定回家。	1	2	3	4	5
23. 与朋友在一起时，我会觉得很安全。	1	2	3	4	5
24. 我不能够确定以后是否能经得住别人的劝说。	1	2	3	4	5
25. 说到享受生活，我首先想到的是酒吧、夜店这些娱乐场所。	1	2	3	4	5

1. 计分规则：（1）题 1、2、3、5、7、11、14、16、18、19、20、21、22 为正向计分，选完全不符合计 0 分，选不符合计 1 分，选不确定计 2 分，选符合计 3 分，选非常符合计 4 分；（2）题 4、6、8、9、10、12、13、15、17、23、24、25 为反向计分，选完全不符合计 4 分，选不符合计 3 分，选不确定计 2 分，选符合计 1 分，选非常符合计 0 分。

2. 评分说明：90 分以上：提升效果显著，对不良交往的控制能力很强；80 分以上 90 分以下：提升效果明显，对不良交往的控制能力较强；70 分以上 80 分以下：取得了一定的效果，对不良交往的控制能力相比以前有所上升；60 分以上 70 分以下：效果一般，对不良交往有一定的控制能力；60 分以下：没有效果。

工具七：

不良交往阻断技能情境模拟测试系统（BBS 系统）

【测试背景人物介绍】

刘备、关羽、张飞三人是从小到大的好朋友。

刘备，父亲早逝，家境贫寒；老实木讷，不善言辞，交往圈子较小，容易相信他人；学习成绩一般，但热心肠，乐于助人，备受老师、同学、朋友喜欢。

关羽，性情孤僻自负，会武术，好欺负人；曾因参与聚众斗殴打伤人被判处有期徒刑五年；出狱后学会了冷静处事，好读书，希望通过努力改变自己命运。

张飞，脾气暴躁，遇事易冲动；好抽烟喝酒，玩世不恭；富二代，家庭条件较好；好结交朋友，中专辍学后喜欢约三五朋友出入酒吧、夜店、KTV 等场所。

三人相约，在涿郡一起闯出一番事业来。

本测试根据模拟刘备、关羽、张飞等人的实际交往情境，设计了 4 个章节，共 41 道题目。在每个情境中，刘、关、张等人都对具体的问题做出了自己的回答，请认真阅读，根据自己的理解来选择出最正确的回答，每题只有一个答案，请在正确答案前打“√”。

第一章　走出认识误区

一日，关羽读书，陷入沉思。

刘备、张飞问他在想什么。

关羽说：“西人萨特《禁闭》里说到‘他人即地狱’，意为如果你不能正确对待他人，那么他人便是你的地狱。咱们三人也都受过他人的苦，大哥你人性懦弱，总受他人欺负；三弟你虽好结交朋友，但总多是狐朋狗友，来得快散得也快；我原本不喜与人交往，也因一时气愤打伤了人而坐牢。似乎人与人之间的交往都是错的，如果没有人与人之间的交往，是不是就不会有争执、痛苦、失败、罪恶了呢?”

问题一：你认同谁的观点?

刘备：我认为，人是社会的人，我们活在社会上，必然要与他人打交道。

关羽：我认为，只要一个人的内心足够强大，就可以独立于他人而存在。

张飞：我认为，大家既然在一起了，就应该大口吃肉、大口喝酒，尽情享受生活。

问题二：你认同谁的观点?

刘备：我们在现实生活中，总是免不了这样或那样的需要，自私是人的本性。

关羽：我认为，要区别对待，社会上虽然有些人自私自利，但也有急公好义之人。

张飞：我觉得，追逐个人利益没有什么正当不正当的，只要不做损人利己的事就不是错。

问题三：你认同谁的观点?

刘备：我是出了家门进校门，出了校门进家门，两点一线，还没有真正开始社会化。

关羽：我们读书受古往今来先贤事迹的影响熏陶形成不同个性，就是在社会化。

张飞：人要多结交各种各样的朋友才能真正长大。

问题四：你认同谁的观点?

刘备：在处理人际关系矛盾时，我一般坚持“人不犯我，我不犯人，人先犯我，我再犯人。”

关羽：我在与人交往时，坚持“言必信，行必果”，但分清对象，不能轻许诺言。

张飞：我认为，再好的朋友也是讲利益的，做朋友要学会照顾他人的利益。

刘备的初中同学公孙瓒在一家保安公司任职，人面广、能量大，据传闻有涉黑涉赌嫌疑。他几次邀请刘备到他们公司工作，刘备觉得专业不对口，没有答应。每逢节假日，公孙瓒常找刘备一起喝酒，刘备推脱几次，但实在碍于同学情面参加过两次，两人关系变得更融洽。

关羽坐牢出来后，遇到以前的共同服刑的周仓。周仓出狱后找不到工作，以盗窃为生。关羽看他可怜，又没有地方住，就让他搬到自己租的房子里。周仓感激关羽照顾，常帮着做做家务。

张飞父母忙于工作，无暇照顾其生活，在经济上对其较为宽松。张飞常和糜竺、糜芳出入桑拿会所、酒吧、KTV 等娱乐场所，夜夜笙歌、灯红酒绿，也过得无拘无束、逍遥自在。

问题五：你认同谁的观点？

刘备：我与公孙赞的交往只涉及叙旧聊天，并不过问他是否涉黑涉赌，不属于不良人际交往。

关羽：我与周仓交往虽有一定风险，但也希望可以通过自己来影响他，不属于不良人际交往。

张飞：我跟几个一起长大的朋友唱唱歌、喝喝酒，又碍着别人什么事，不属于不良人际交往。

问题六：你认同谁的观点？

刘备：我与公孙瓒是同乡加同学，有着共同的成长经历，容易产生共鸣，这是激发我们交往的动机。

关羽：我认为，刘备对黑帮、社团存在崇拜向往之心，希望借此得到照顾。

张飞：我认为，刘备家境一般，希望依靠公孙瓒迅速成功，改变命运。

问题七：你认同谁的观点？

刘备：对于张飞与糜竺、糜芳兄弟交往，我认为，张飞正值青春期，精力旺盛，时常遇到开心的或不开心的事，想以此调节放松自己。

关羽：对于张飞与糜竺、糜芳兄弟交往，我认为，张飞缺乏父母关爱照顾，能从糜竺、糜芳那里得到帮助和温暖。

张飞：我与糜竺、糜芳兄弟交往，是因为我好奇心强，对酒吧、KTV 这些场所很有兴趣。

刘备觉得公孙瓒终非益类，与其长期交往必然导致恶果，于是决心减少乃至断绝与其的交往。他听闻同郡好友赵云在公孙瓒的公司打工，可能参加了犯罪团伙，他觉得也应该提醒好友远离不良交往。于是，刘关张三人去找赵云，了解到一些赵云目前的处境。

赵云高中毕业后四处打工，一直找不到合适的工作。公孙瓒的公司到人力资源市场招聘员工，赵云被其保安部录用。公孙瓒与赵云是同乡，挺照顾赵云，常带他出入高档消费场所："这是我同乡的兄弟，外面的事不要他掺和，负责给看好公司就行。"赵云入职后不久发现，公孙瓒的公司从事的不是正当生意。但迫于生计，赵云硬着头皮干了下去。他想着骑驴找马，找到新工作就辞职不干了。一段时间下来，赵云对公孙瓒的照顾还是很感谢，觉得既然拿人家钱了，本职工作应该做好。虽未参与讨债、看场等业务，但常将前来公司找茬的人打跑。

问题八：你认同谁的观点？

刘备：我认为，赵云的不良人际交往主要来自不良交往群体，在公孙瓒的公司打工，接触的领导同事都可能是犯罪团伙成员。

关羽：我认为，赵云的不良人际交往主要来自不良交往内容，公孙瓒带赵云出入娱乐休闲场所，很可能涉及吸毒、赌博等活动。

张飞：我认为，赵云的不良人际交往主要来自不良交往环境，赵云身处环境复杂，虽暂时无忧，但不良人际交往隐患较大。

问题九：你认同谁的观点？

刘备：我认为，赵云心如明镜，虽身在公孙瓒公司打工，但目前没有实施过犯罪行为，我们应该放心。

关羽：我认为，赵云在公孙瓒公司打工，容易受帮派组织的影响、怂恿、引诱而催生犯罪动机，从而参与犯罪活动。

张飞：我认为，赵云在公孙瓒公司打工，虽然存在着一定的风险，但也会有巨大的收益，可以凭借帮会更快地走向成功。

问题十：你认同谁的观点？

刘备：我认为，赵云的不良人际交往还处于认同阶段，他认同自己在公司的工作，对其交往对象已有亲密感。

关羽：我认为，赵云的不良人际交往已处于参与阶段，他虽未参与公司的不正当业务，但常将前来公司找茬的人打跑。

张飞：我认为，赵云的不良人际交往已进入依赖阶段，他与公孙瓒称兄道弟，已陷入其中，虽想抽身，但已经不可能了。

第二章　回避不良群体

刘关张三人离开公孙瓒后，想着整天“漂着”也不是事，必须尽快找一份工作养活自己。关羽刚刚刑满释放，经济上本就不宽裕，求职也是四处碰壁。张飞虽有父母接济，但却无一技之长。通过赵云的事，他们认识到今后要远离不良交往人群，绝不能去做违法犯罪的事。

一日，刘备在学校偶遇高年级的学长何进。何进是校学生会主席，与刘备从高中起就是旧相识。在何进的介绍下，刘备加入了学校的勤工俭学社，负责每天给报刊亭送报纸。刘备没有自行车，所以每天都跑得很累。何进偷偷告诉刘备，他有一个朋友有门路弄到便宜的二手车，虽是贼赃但保证安全，并约刘备周末去看车。于是刘备将这件事情告诉了关羽和张飞。

问题十一：你认为谁的看法是正确的？

刘备：何进约我周末去看车，我虽然不想买，但他也是一片好心，还是去看看吧。

关羽：我看还是找借口推了吧，毕竟何进约你去见的是偷车贼，能避就避吧。

张飞：去，现在校园里面买辆二手车太正常了，车又不是你偷的，去看看怕什么呢。

问题十二：你认为谁的看法是正确的？

刘备：何进与我家境相似，但出手很大方，往往为了朋友慷慨解囊，他应该可以做朋友。

关羽：我听说何进在朋友当中威信很高，再说也不是他去偷车，我们应该区别对待。

张飞：如果何进明知销赃违法还铤而走险，是占小便宜吃大亏，还是远离他的好。

问题十三：你认为谁的看法是正确的？

刘备：如果何进周末真来找我去看车的话，我还是跟他去吧，只要我心里面打定主意不买就行。

关羽：我看你可以婉言拒绝他，说明暂时没有钱买车，谢谢他的好意，他会理解的。

张飞：你到时候就先躲着他，电话关机，他找不到你，这件事拖几天他也就忘了。

一日，关羽的舍友周仓过生日，邀请刘备、关羽、张飞一起去 KTV 唱歌。当他们到达 KTV 时发现包厢里还有很多人，其中有一个是周仓的表哥张角，现在某家贸易公司任经理。周仓盛情款待大伙，刘备不喝酒，关羽、张飞喝了不少，于是与其他人一起“嗨”了起来，现场氛围很好。突然关羽感觉身体有些不舒服，头直犯晕。旁边张角见了，从兜里掏出几颗药片，对关羽说：“是不是头犯晕生病了，来两颗这个，我保管你立马就好，咱们可以接着喝。”

问题十四：你认为谁的看法是正确的？

刘备：我认为，关羽对张角的药片，应当小心，我们与张角都是第一次见，又在娱乐场所，还是婉拒尽快离开为妙。

关羽：张角是周仓表哥，他见我犯晕，才给我药片，如果当面拒绝，觉得有点不合情理，也会弄的场面很尴尬，再说，就算是毒品只试一次也没事。

张飞：在 KTV“磕点药”在年轻人中再正常不过，如果拒绝会被人瞧不起的，吃了会更“嗨”。

问题十五：你认为谁的看法是正确的？

刘备：我们应当对涉毒不良群体保持高度警惕，这类群体常会劝诱他人吸食不明的香烟、药片、奶片等。

关羽：我认为，涉毒不良群体往往是在娱乐场所遇到的社会闲散人员或陌生人，远离这些人即可。

张飞：我认为，涉毒不良群体因长期吸毒会有明显的生理特征，如面黄肌瘦、两眼无神等等。

问题十六：你认为谁的看法是正确的？

刘备：吸毒很可能会上瘾，据说毒瘾发作会很痛苦，为一时快乐不值得，应能避则避。

关羽：吸毒对身体有巨大伤害，成瘾后的经济精神负担更是害人不浅，应坚决拒绝。

张飞：吸毒成瘾会形成对毒品的依赖，不过第一次不会上瘾，就尝试一下也未尝不可。

一日，刘关张三人在家上网，忽然张飞大叫一声："啊，二位兄长快来看。"原来是张飞的QQ好友吕布发来一个链接："性感美女极致诱惑 https：//www. ……"，并配上"你懂的"与"嘿嘿"的表情。吕布是张飞父亲朋友的儿子，两人经常一起上网、喝酒、聊天，十分熟悉。

问题十七：你认为谁的看法是正确的？

刘备：现在网上有很多色情淫秽信息通过即时通信平台传播，还是克制好奇不要点开。

关羽：窈窕淑女，君子好逑，看看网站视频并不犯法，人总有好奇心的嘛，看看无妨。

张飞：吕布是我多年的朋友，我问问是不是真是他发的，只要没有病毒可以点开看看。

吕布又发来QQ短讯："兄弟看了吗，我最近发现一个好地方，明天带你们去开开眼界。"

问题十八：你认为谁的看法是正确的？

刘备：看他带我们去哪再决定吧，我见过吕布，高大威猛，热爱体育，不像不良青年。

关羽：观看传播淫秽色情影片的属于涉黄不良群体，应避免与其深入接触，不能去。

张飞：去吧，我以前跟吕布去过一些会所，没事的，很好玩，再说如果有事他不也在嘛。

问题十九：你认为谁的看法是正确的？

刘备：吕布是有点色，但人无完人嘛，我们跟他接触时，多加注意就是。

关羽：对于吕布这样的人，我们应保持理智警醒，遇事先冷静思考，提醒自己“祸患常积于忽微”。

张飞：吕布是我朋友，何必大惊小怪，想想事情的后果，也没什么，难道为了这点事与朋友绝交吗？

一日，吕布邀请张飞到他家吃饭，酒桌上在场的还有吕布的两个干爹丁原、董卓。酒足饭饱之后，董卓提议时间还早不如玩两把。董卓问张飞牌九、麻将、纸牌玩哪个，张飞大叫：“我只会斗地主”。张飞不想玩，但经不住董卓、吕布、丁原三人的劝说，最后以不玩钱为条件答应了。谁知张飞一玩就会，一晚上都是赢，最后赢了相当于一万多元的筹码。董卓连夸张飞“聪明”“手气好”，并约定下个星期还在吕布家继续，谁也不准不到。

张飞回去后兴奋不已，将自己的彪炳战绩告诉了刘备、关羽。

问题二十：你认为谁的看法是正确的？

刘备：董卓等人将玩牌作为娱乐消遣，并习以为常，且有聚赌的苗头，应属于涉赌不良群体。

关羽：赌徒往往是以赌博为生，或者引诱他人入局骗钱，董卓等人与亲戚朋友一起玩玩，不能算是涉赌不良群体。

张飞：董卓等人与我玩了一次牌，只是茶余饭后的消遣娱乐，也没真拿钱，与赌博是有区别的，应该不能算是涉赌不良群体。

问题二十一：你认为谁的看法是正确的？

刘备：如果张飞与董卓等人已经赌博多次，也赢了钱，因张飞与吕布的多年朋友关系，要回避他们恐怕就很难了，少参加就行。

关羽：我认为，只要发现董卓等人是涉赌不良群体，都应尽量回避与他们的交往，无论是赢是输。

张飞：人说“小赌怡情、大赌发家”，既然我与董卓等人玩玩牌还能赢钱，又何乐而不为，回避什么呢。

问题二十二：你认为谁的看法是正确的？

刘备：张飞沉迷赌博不能自拔，我认为，他这是冒险、侥幸、寻求刺激的心理在作祟，我们可以向专家求助。

关羽：赌博是要有闲钱的，张飞沉迷赌博不能自拔，我们可以断了他的经济来源，让他没钱可赌，自然也就好了。

张飞：我也不想赌，只要看到就会心里痒痒的，你们千万别让我看到任何有关赌的东西。

这段时间刘备正苦不堪言。刘备本身不爱与人交际，平常也就喜欢看看书、上上网。这段时间，刘备在网吧认识了一个网友叫袁绍，与刘备相聊甚欢，一起聊理想、聊人生。袁绍告诉刘备，自己是计算机系的学生，正在筹划创办一家网站，正在招募创业者，邀请刘备加入。没想到每天的工作就是跟袁绍一起帮人玩游戏升级，刘备参与其中逐渐沉迷网络游戏，常常为了杀怪升级一天一夜不睡，时刻处于兴奋状态，不仅荒废了学业，人也憔悴不少。

问题二十三：你认为谁的看法是正确的？

刘备：我认为，我与袁绍的交往还处在情感探索阶段，我们虽有共同的兴趣爱好，但只谈工作，没有情感上的交流。

关羽：我认为，刘备与袁绍的交往处在情感交流阶段，他们只是因为兴趣而走到一起，还谈不上有什么感情，我们可以劝阻他。

张飞：我认为，刘备与袁绍的交往已经处在稳定交流阶段，因刘备已对袁绍深信不疑，才导致在袁绍的影响下沉迷网络。

问题二十四：你认为谁的看法是正确的？

刘备：我虽觉得沉迷网络并不好，但现在袁绍还处于创业初期，属于原始积累阶段，我相信，等我们掘到第一桶金，我们的状况就可以变好。

关羽：我认为，刘备要避免继续深陷网络，就应当工作归工作、生活归生活，将他们区分开来，做到下班时间绝不上网。

张飞：我认为，袁绍本人就是痴迷网络游戏的人，刘备应该避免与他交往，正经找个工作。

问题二十五：你认为谁的看法是正确的？

刘备：如果关羽和张飞能来整天监督我，让我不能跨入网吧的大门，就能回避涉网不良群体。

关羽：我认为，刘备应将危险信息识别卡随身携带，用来不断提醒自己，就能回避涉网不良群体。

张飞：我认为，刘备只要做到不去网吧和不上网与不认识的人聊天，自然就会远离涉网不良群体。

第三章　取代不良活动

刘关张三人通过应聘，来到老板曹操的制鞋厂打工，刘备到生产线任技术员，关羽在门卫做保安，张飞在市场部做销售。由于刚刚工作，三人都十分忙碌，几乎都得到凌晨才回家。

一日，三人聚在一起，聊一聊自己最近的生活。

问题二十六：你认为，他们三人发生的交往活动中哪一个是属于不良交往？

刘备：最近生产线故障多，我白天“跟线”没时间，就用晚上时间跟徐庶他们一起商讨问题。

关羽：最近老板曹操托人给我送来一辆摩托车，让我夜班方便回家，我正考虑怎么处理。

张飞：最近陪客户时发现吕布也在做销售，我们有空就会约在夜店聚聚交流感情。

问题二十七：你认为，他们三人即将发生的交往活动中哪一个是适宜交往？

刘备：我想利用业余时间多进修，多掌握一些技术，打算和徐庶一起报个培训班。

关羽：我打算练练车技，晚上想跟着老板曹操、经理张辽去环城线飙车，也能增进感情。

张飞：我最近喝酒也累了，不想跟吕布去夜店玩了，到时约他去高级会所按摩舒服一下。

刘备认为关羽、张飞两人的交往活动都存在一些问题，希望他们能运用适宜的交往活动来取代不良交往活动，从而走向健康生活。于是，刘关张三人分别设想了一个取代方案。

问题二十八：你认为，他们哪一个取代方案更合适？

刘备：关羽想练车，张飞想放松，我们可以自己自驾旅行，选择更健康的活动内容。

关羽：我就两个爱好，一个是车、一个是书，如果不让飙车，那我只能一个人关起门来读书了。

张飞：我是闲不住的人，这也不让那也不让，我带着你们一起约人喝酒吃饭总可以吧。

三人到诸葛亮老师的兴趣培训学校学习，诸葛老师希望按照他们各自的特点分班学习。于是，询问他们三人以往有什么兴趣爱好或特长，三人分别做了陈述。

问题二十九：你认为，他们哪一个的兴趣爱好更容易滋生不良交往活动？

刘备：我以前做技术员，喜欢摆弄些电子器械原件，对学习电器维修知识很感兴趣。

关羽：我对汽车和读书感兴趣，喜欢拳击、武术等体育项目，也喜欢看看香港警匪片。

张飞：我就是喜欢跟讲义气的朋友在一起吃饭喝酒、娱乐聊天，没有其他什么特别的兴趣爱好。

问题三十：对张飞培养哪方面的兴趣，你认同他们哪一个人的看法？

刘备：张飞四肢发达、头脑简单，更适合体育运动类的活动，建议他跟关羽学习武术。

关羽：应根据张飞自己的兴趣选择，只要对身心有益的健康活动就可以，可动可静。

张飞：我想学点对工作生活有用的，现在喝酒都要划拳玩骰子，我想学点这方面技术。

诸葛亮老师给刘备以兴趣爱好方面的指导。鉴于刘备之前沉迷网络，诸葛老师决定在网络交流活动方面给刘备树立正确的行为方式。一日，刘备在上微信，突然有附近的人加他好友。对方没有姓名标注，头像是一个美女。

问题三十一：对刘备该不该加对方为好友，你认同他们哪一个人的看法？

刘备：既然是附近的人，就算是陌生人，认识一下也没坏处嘛，有朋自远方来不亦乐乎。

关羽：网络交友须谨慎，我们不知道对方是什么人、有何目的，不应随便加人为好友。

张飞：我看可能是骗子，不如我们耍他一下，看看他到底想干什么，我们又不损失什么。

刘备加了对方为好友，对方发来一条语音，刘备认出是表哥刘表。刘表向刘备述说了自己的生活处境，向刘备抱怨现在这个社会人心不淳、唯利是图，自己多次被老板拖欠薪水。刘表说着说着情绪变得激动，他询问刘备最近过得怎么样，对目前的社会怎么看。

问题三十二：对刘备该怎么回复刘表，你认同他们哪一个人的看法？

刘备：告知刘表自己也遇到一些事，但也劝慰刘表看到积极面，重树对生活的信心。

关羽：将自己最近受到不良交往困扰的遭遇告诉刘表，与刘表一起发泄对社会的不满。

张飞：夸耀自己最近万事顺遂，生意蒸蒸日上，表示等自己事业成功时一定会帮助刘表。

经过聊天，刘表得知刘备也曾在黑心老板曹操的制鞋厂打过工，于是约刘关张三人一起去报复曹操。刘表说他知道曹操在城郊有个别墅，平常没有人，可以去那“捞一笔”解燃眉之急。

问题三十三：对刘表的约请，你认同他们哪一个人的看法？

刘备：刘表是一时气愤，我们应该好言相劝，不能跟着他一起失去理智做违法的事。

关羽：曹操势力庞大，我们还是不要轻易去惹他，不如在网上发布他制鞋厂的负面消息。

张飞：我们离开曹操公司时，他还欠我们三万块的薪水呢，这次正好可以出出这口恶气。

第四章　控制交往环境

刘备既没有选择在网络世界造谣谩骂，也没有选择纠结刘表对曹操打击报复。关羽和张飞都十分不解，认为刘备太容易被人欺负。刘备却说：“作为社会人，每个人都不是单独的个体，不能不考虑自己行为对他人的影响，与人交往不能任性，更不能丧失自我控制。”

问题三十四：你认为，他们哪一个人的行为属于有自控力的表现？

刘备：我与公孙瓒从小相识，虽然知道他从事违法行为，但拗不过面子常和他混在一起。

关羽：我以前烟瘾很大，坐牢后把它戒了，现在基本不会去抽，除非有朋友时才抽着玩。

张飞：我喜欢喝酒，但常常因喝多误事，后来规定自己非休息日不喝酒且不超过一杯。

问题三十五：你认为，他们哪一个人的自我控制计划有所偏差？

刘备：我想多挣钱，应坚持奋斗，放弃奢靡，远离纵情享乐的人，亲近踏实做事的人。

关羽：我想有自己的事业，应坚持努力挣钱，多结交那些聪明、有门路、能赚钱的人。

张飞：我想家庭幸福，应坚持照顾家人感受，远离影响家庭关系的人，亲近有责任感的人。

此时，刘关张三人已经几个月没有工作，现实与梦想之间越行越远。遇到过形形色色的人，但他们走投无路时却备遭白眼、无人伸手。只收到曹操的邀请，到一家赌场任保安。

问题三十六：对曹操的邀请，你认同他们哪一个人的看法？

刘备：虽然曹操不是什么好人，但我们已沦落至此，不如暂时去那栖身，日后再想出路。

关羽：曹操几次三番招徕我们，说得上是有恩于我们，我们不如跟他混，也无衣食之忧。

张飞：曹操组织赌博，咱们参与其中既是违法行为，又是不良交往，决不能去。

刘备、关羽经不住曹操的高薪诱惑，答应去赌场当保安，无论张飞怎样劝说都劝不住。张飞想到请人帮忙，他请来刘备的母亲刘阿姨、关羽的父亲关叔叔和他们的朋友诸葛老师。

问题三十七：对张飞请来的亲友，你认为他们哪一个人的态度是正确的？

刘阿姨：刘备从小就有主见，我一个农村妇女什么也不懂，怎么劝得了他，随他去吧。

关叔叔：关羽以前就因为结交坏朋友而坐牢，这次居然如此堕落，看我不打断他的腿。

诸葛亮：家庭的力量不容小视，你们应该好言相劝，以亲人间的情感去感化他们。

张飞向他们询问刘备、关羽从小的亲子关系、生活习惯等，希望以此找到突破口。

问题三十八：你认为，刘备或关羽与哪一个人的关系更有利于阻断不良交往？

刘阿姨：我一个人把刘备抚养长大，刘备从小就非常孝顺懂事，有什么事都跟我说。

关叔叔：关羽从小就性子野，好惹火，后来我在外打工也顾不上他，他也不怎么回家。

诸葛亮：我与刘备、关羽的交往多是谈理想聊兴趣，因为是外人，他们也总有所保留。

在刘阿姨的苦口婆心之下，成功阻断了刘备与曹操的不良交往。可关羽重义气、好面子，就是认为曹操是真朋友，对大家的劝说无动于衷。正当张飞等人抓耳挠腮之时，诸葛亮提出可以寻求社区和社会团体的帮助。一时间，几个人议论开来。

问题三十九：你认为，下面哪个人的观点更正确？

刘备：关羽现在与曹操走这么近，很可能已经犯罪了，我们找社区不等同于举报他了。

关叔叔：这毕竟是自家的私事，为这种事去找社区，他们肯定说管不了，不会理咱们。

张飞：良好的社会环境关系每个人，社区有义务维护它，我们也应及时报告情况。

社区介入后，联系公安部门打掉了曹操的犯罪团伙，关羽虽成功脱离团伙，但对曹操等人还心有留念。关羽虽还未参加犯罪活动，但也拒绝配合公安机关的侦查。在社会志愿者组织的参与下，刘关张三人开始反思自己的人际交往。

问题四十：你认为，他们哪一个人的人际交往观念是不够正确的？

刘备：我认为，不良交往不能影响什么，关键在于自己在交往中不能犯错。

关羽：我认为，无论是对亲人、同学、朋友，都要学会分辨、思考、选择，不能偏听偏信。

张飞：我认为，很多时候我们的交往行为易受他人影响，是因为我们缺乏正确的生活目标和健康的生活方式。

问题四十一：你认为，他们哪一个人总结的不良交往阻断的方式更科学？

刘备：我认为，只要多从事一些健康有益的活动，充实业余生活，就会阻断不良交往。

关羽：我认为，要阻断不良交往，应该首先认清其危害，再按交往实际情况，综合采取回避、取代、控制等措施。

张飞：只要牢牢记住“识别 + 回避”的几种方法，我们完全可以自己阻断任何不良交往。

刘关张三人决定从头开始，到四川重新开始自己的生活。他们又会面临什么新的境遇呢？

【评分说明】

29 分以上（含 29 分），对不良人际交往的阻断能力较强，能有效识别和处置自身的不良交往。

21 分—28 分（含 21 分），对不良人际交往具备一定的阻断能力，基本能够识别和处置自身的不良交往。

20 分以下（包含 20 分），对不良人际交往的阻断能力较弱，不能有效识别和处置自身的不良交往。

【参考答案】

第一章：1. 刘备　2. 关羽　3. 关羽　4. 关羽　5. 关羽
6. 刘备　7. 张飞　8. 张飞　9. 关羽　10. 刘备

第二章：11. 关羽　12. 张飞　13. 关羽　14. 刘备　15. 刘备
16. 关羽　17. 刘备　18. 关羽　19. 关羽　20. 刘备
21. 关羽　22. 刘备　23. 张飞　24. 张飞　25. 关羽

第三章：26. 张飞　27. 刘备　28. 刘备　29. 张飞
30. 关羽　31. 关羽　32. 刘备　33. 刘备

第四章：34. 张飞　35. 关羽　36. 张飞　37. 诸葛亮
38. 刘阿姨　39. 张飞　40. 刘备　41. 关羽

后　记

自司法部将循证矫正引进我国罪犯矫正领域以来，江苏积极探索，努力实践，初步构建了以个案为主要形式、以矫正项目为主要载体的循证矫正模式，依据对个案的详尽分析，设计针对性的矫正项目开展矫正。当前，迫切需要一些科学实用的矫正项目支撑循证矫正工作的实践和发展，同时，为建设中国循证矫正项目库、构建中国监狱循证矫正模式奠定坚实的数据基础。正是在这样的背景下，江苏省未成年犯管教所接受司法部“循证矫正研究与实践领导小组”和江苏省监狱管理局的委托，承担“未成年犯不良交往矫正项目”的研发任务。之后，经过大量调查研究充分表明，从服刑人员的犯罪现状与犯罪原因看，解决其不良交往矫正问题具有研究的紧迫性；从不良交往的发展后果与矫正目标看，研发其不良交往矫正项目具有现实的需求性；从矫正实践的理论依据与成功经验看，实施其不良交往矫正项目具有推进的可行性。

未成年犯不良交往矫正项目，作为改善或消除未成年犯不良交往问题的矫正工具，从开发设计、实验运用、验证分析，到调整完善，历时两年，最终完成该项目三个组成要件的研发，即《未成年犯不良交往矫正项目指导手册》《未成年犯不良交往矫正项目自助手册》和《未成年犯不良交往阻断学习训练软件系统》等。2016年6月24日，司法部“循证矫正研究与实践领导小组”办公室组织周勇、李豫黔、张桂荣、吴宗宪、边玉芳、杨波、王平、翟中东、黄兴瑞9名国内知名专家，对该项目进行严肃认真的专业评审和鉴定，获得评审专家的高度认可和评价，一致同意该研究成果通过鉴定。专家组认为，该项目选题重要，目标明确，思路清晰，设计新颖，方法恰当，结论可靠，其科研成果质量居于国内同类先进水平，具有较高的创新性，对于深化未成年犯教育改造内容与方法，提高未成年犯教育改造质量具有一定的理论意义和良好的实践应用价值。

《未成年犯不良交往矫正项目指导手册》是“未成年犯不良交往矫正项目”的核心要件，在研发过程中，江苏省未成年犯管教所成立了循证矫正项目领导小组，并下设了循证矫正科研工作和实施工作两个办公室，江苏省未成年犯管教所所长、江苏监狱系统理论研究专家管荣赋同志任领导小组组长，江苏省未成年犯管教所政委、江苏监狱系统理论研究专家徐肖东同志任领导小组副组长；江苏省未成年犯管教所副所长韩晓勇同志任循证矫正实施工作办公室主任，成员有黄强、张以林、王勤、韩清华、柏丽华；江苏省未成年犯管教所（江苏省未成年人犯罪与改造）研究所所长、中国监狱工作协会理论研究专家、江苏监狱系统罪犯矫正领军人才李凤奎同志任循证矫正科研工作办公室主任，成员有潘雄伟、陈小杭。同时，江苏省未成年犯管教所成立了循证矫正项目专家顾问团队，江苏省监狱管理局副局长、中国监狱工作协会理论研究带头人、江苏监狱系统监狱学研究首席专家吴旭同志担纲总指导，其成员有：江苏省监狱管理局狱情信息站主任、江苏监狱系统理论研究首席专家张建秋同志，江苏省监狱管理局理论研究部主任、江苏监狱系统理论研究首席专家张庆斌同志，江苏省监狱管理局教育改造处副处长、江苏监狱系统理论研究专家杨木高同志，江苏省司法警官学校教授、江苏监狱系统理论研究首席专家宋行同志。

参加本书编写的人员有李凤奎、潘雄伟、陈小杭，由李凤奎对全书统稿和修改，管荣赋对全书进行初步审核，特邀张庆斌、宋行对全书审读，最后，由江苏省监狱管理局循证矫正项目专家组审查定稿。

由于时间紧，可供参考的资料少，加之我们研发水平有限，本书必然存在这样或那样的问题，敬请批评指正。

图书在版编目（CIP）数据

未成年犯不良交往矫正项目研发报告与指导手册／管荣赋主编．—北京：中国法制出版社，2018.7

ISBN 978－7－5093－9501－1

Ⅰ.①未… Ⅱ.①管… Ⅲ.①青少年犯罪－劳动改造－研究－中国 Ⅳ.①D669.5

中国版本图书馆 CIP 数据核字（2018）第 111366 号

责任编辑　王　熹　　　　封面设计　周黎明

未成年犯不良交往矫正项目研发报告与指导手册

WEICHENGNIANFAN BULIANG JIAOWANG JIAOZHENG XIANGMU YANFA BAOGAO YU ZHIDAO SHOUCE

主编/管荣赋

经销/新华书店

印刷/三河市紫恒印装有限公司

开本/880 毫米×1230 毫米　32 开　　　　印张/ 10.5　字数/ 206 千

版次/2018 年 7 月第 1 版　　　　2018 年 7 月第 1 次印刷

中国法制出版社出版

书号 ISBN 978－7－5093－9501－1　　　　定价：40.00 元

北京西单横二条 2 号

邮政编码 100031　　　　传真：66031119

网址：http：//www.zgfzs.com　　　　**编辑部电话：66010493**

市场营销部电话：66033393　　　　**邮购部电话：66033288**

（如有印装质量问题，请与本社印务部联系调换。电话：010－66032926）